古代歷史文化^{研究}^{輯刊}

三 編

王明蓀 主編

第 26 冊

先秦知識分子的歷史述論
——以《詩經》、《尚書》、《左傳》、《國語》爲中心（下）

謝昆恭 著

國家圖書館出版品預行編目資料

先秦知識分子的歷史述論——以《詩經》、《尚書》、《左傳》、
《國語》為中心（下）／謝昆恭 著— 初版 — 台北縣永和市：
花木蘭文化出版社，2010〔民99〕
目 4+156 面；19×26 公分
（古代歷史文化研究輯刊 三編；第 26 冊）
ISBN：978-986-254-110-4（精裝）
1. 知識分子　2. 先秦史
546.1135　　　　　　　　　　　　　　　　　　99001357

ISBN - 978-986-2541-10-4

9 789862 541104

古代歷史文化研究輯刊
三　編　第二六冊　　　　　　ISBN：978-986-254-110-4

先秦知識分子的歷史述論
——以《詩經》、《尚書》、《左傳》、《國語》爲中心（下）

作　　者　謝昆恭
主　　編　王明蓀
總 編 輯　杜潔祥
出　　版　花木蘭文化出版社
發 行 所　花木蘭文化出版社
發 行 人　高小娟
聯絡地址　台北縣永和市中正路五九五號七樓之三
　　　　　電話：02-2923-1455／傳真：02-2923-1452
網　　址　http://www.huamulan.tw 信箱 sut81518@ms59.hinet.net
印　　刷　普羅文化出版廣告事業
初　　版　2010 年 3 月
定　　價　三編 30 冊（精裝）新台幣 46,000 元

先秦知識分子的歷史述論
——以《詩經》、《尚書》、《左傳》、《國語》爲中心（下）

謝昆恭　著

目

次

第四章　列國時期載籍中的歷史述論──《左傳》、《國語》(上)

第一節　委曲如存、循環可覆

　　《左傳》一書，司馬遷說是孔子「次《春秋》，而「七十子之徒口受其傳指，為有所刺譏褒諱挹損之文辭不可以書見也。魯君子左丘明，懼弟子人人異端，各安其意，失其真，故因孔子史記具論其語，成《左氏春秋》。」〔註1〕這也是目前為止，關於《左傳》成書最早的敘述。

　　孔子次《春秋》，是依魯國國史加以一番編纂。歷來有關孔子與《春秋》的關係，學者之間存在著不同的意見，其中包括了孔子「修」、「作」《春秋》的問題。孔子是否修、作過《春秋》，都不妨《春秋》的存在。經學史上的紛紛擾擾，討論的文章不勝枚舉，基於本文論旨所在，無需涉入其中。《春秋》編年紀事，體例本屬史籍，只是二百餘年的歷史而求詳於萬餘字的載記，事屬難能。〔註2〕就史而論，記事一端固然是史籍必有的基本要件，但只是如此，還不能說是充分，必有一番來龍去脈的交待，才能使史事有個或鮮明或隱晦

〔註1〕　《史記‧十二諸侯年表‧序》。見《新校本史記三家注》，頁509、510。
〔註2〕　《春秋》字數，《史記‧太史公自序》《集解》引張晏說為一萬八千字。《公羊傳》徐彥《疏》說同。南宋王觀國《集林》云一萬六千五百字。李燾細數一過，為一萬六千五百七十二字。汪伋十三經計字則為一萬六千五百十二字。以上資料轉引自張以仁，〈孔子與春秋的關係〉，注16。文收入張以仁，《春秋史論集》，頁59。另張氏該文，詳繹細考，對孔子與《春秋》的歷史公案進行實證且詳盡的分疏。

的面貌；因此，十餘倍於《春秋》的《左傳》，所提供的歷史記載，即使不能完善呈現春秋時期列國的歷史情狀，卻是後之來者研究該時代所能掌握的最好的文獻資料。

> 司馬遷說左丘明「因孔子史記具論其語，成《左氏春秋》」。「具論其語」，說明《左傳》内容的呈現方式是經由「論」，也就是述論、申說的途徑結集而成的。既然如此，史迹組成的重要因素：時、地、人、事、因，便有比較具體、明晰的呈現。撇開經學上的義理之爭，就史論史，說《左傳》解經或傳經，其實都沒錯。因爲《春秋》言簡，以年月繫史事，如果不加以説明，雖賢明睿智也難得其意。《左傳》解説簡略的《春秋》記事，出之以條貫、系統，經過組織，詳具時、地、人、事、因，使《春秋》所繫之事不只眉目鮮明，也在敘述中彰顯了人物行止，其中自然包含了行止之義，因此也可説是某種意義上的傳經。

《左傳》記春秋史迹，對於當代人物言行，極盡描述的能事，雖千百年後依然明晰，如在眼前，尤其是賢卿大夫，時時可見，無國不有。劉知幾指出，這一群當世重要人物「當時發言，形於翰墨，立名不朽，播於他邦。而丘明仍其本語，就加編次」，「尋《左氏》載諸大夫詞令、行人應答，其文典而美，其語博而奧，述遠古則委曲如存，徵近代則循環可覆。」〔註3〕呂思勉評論道：「要之《左氏》之可貴，在其能備《春秋》之本事。……。以《左氏》作史讀，則爲希世之珍，以之作經讀，則不免紫之奪朱，〈鄭〉之亂〈雅〉」。〔註4〕

《左傳》是史籍，但卻不同於典冊的《詩經》與《尚書》。《史通》云：「夫遠古之書與近古之史，非唯繁約不類，固亦向背皆殊。何者？近古之史也，言唯詳備，事罕甄擇。使夫學者睹一邦之政，則善惡相參；觀一主之才，而賢愚殆半。至於遠古則不然。夫其所錄也，略舉綱維，務存褒諱，尋其終始，隱沒實多。」〔註5〕依劉氏的意見，《左傳》所錄，仍然不免疏略。〔註6〕不過，與《詩經》和《尚書》相較，《左傳》還是詳備多了。論「遠古之書」的史迹叙述並及當代知識分子的「述遠古」、「徵近代」的歷史述論，《左傳》允爲首選。

〔註3〕 《史通・外篇・申左》，《史通釋評》，頁507。
〔註4〕 《史通・外篇・申左》，《史通釋評》，頁520。
〔註5〕 《史通・外篇・疑古》，《史通釋評》，頁468。
〔註6〕 《史通・内篇・二體》説：「案春秋時事，入於《左氏》所書者，蓋三分得其一耳。丘明自知其略也，故爲《國語》以廣之。」《史通釋評》，頁36。

「《左傳》之釋經也，言見《經》文而事詳《傳》內，或《傳》無而《經》有，或《經》闕而《傳》存。其言簡而要，其事詳而博，信聖人之羽翮，而述者之冠冕也。」〔註7〕司馬遷說左丘明「因孔子史記具論其語」，是指孔子所授的「傳指」，然而「傳指」爲何，若無《左傳》的「事詳而博」，恐怕眞的會是「人人異端，各安其意」，所以劉知幾稱許《左傳》「信聖人之羽翮，而述者之冠冕」。就文詳事具而言，劉氏論《春秋》《經》《傳》之語，徇有其理。

歷史綿長，史述雜沓。史迹因人而存在，歷史人物的行止、思維的呈現，最直接的當然是他們自身的著作，其次是他人的記錄。春秋時期雖然已是周文化燦備的時代，具有豐富知識與表述能力的知識分子也不在少數，但是類似後世的私人著作卻尙未出現。因此，想要尋繹當代知識分子的歷史述論，只能就他人的記錄加以按索。〔註8〕《左傳》中所見春秋時期的人物「有事跡可述」的有五百餘人，〔註9〕數量這麼龐大的個人，活動於二百餘年的歷史時期，他們所身處的時代，論變動層面的巨大，遠非夏、商、西周可比，而變動的內涵，也大異於共主時代的情狀。身處在這樣一個前所未有的時局，這一群具有知識，擁有表述能力的知識分子，固然有他們個別性的識見淺深之別，也有立足於不同的利益前提的發言，多少顯現了各人的特質；不過，從知識展現的角度來看，都不離具有「述遠古」的能力與「徵近代」的意圖、用心。另外，《左傳》中的人物、時代、地域（國別）、族屬以及名姓，率皆有徵，比起《詩經》的籠統或《尙書》的專美，更顯明晰與具體。《詩經》的籠統，求其歷史述論，只能概括以族群稱呼，如殷商、宋人、周族；〔註10〕

〔註7〕　《史通・內篇・六家》，《史通釋評》，頁 10、12。
〔註8〕　古代私人著作的出現，章學誠在《文史通義》中多有提及。大致而言，章氏以官司既分爲據，前此則無。其說分見〈經解上〉、〈原道中、下〉、〈史釋〉，並《校讎通義・原道》。參見《文史通義校注　校讎通義校注》，頁 93、94、131、139、231、951。近人羅根澤則認爲私家著作始於戰國。見羅根澤，〈戰國前無私家著作說〉，收入羅根澤，《諸子考索》（北京：人民出版社，1993），頁 13。
〔註9〕　許倬雲，〈春秋戰國間的社會變動〉，《求古編》，頁 320。許氏自稱該文「係社會研究，尤係社會變動（Social Mobility）之研究」，因而婦女與國君不在數內。至於選擇標準則以班固《漢書・古今人表》爲據。許氏之所以如此選擇，是因爲他認爲「見於表內的人物大致有事跡可述，否則班氏也無法把他們區爲九等。」
〔註10〕　也有像李辰冬者，將一部《詩經》視爲尹吉甫一人之作。李氏研究《詩經》亦可謂勤，唯其爲文亦只在證成此一深信之說，不免「其論固謬」之譏。按李氏論證見所著，《詩經通釋》（台北：水牛出版社，1996）。學者評語見楊晉龍，〈《詩經》學研究概述〉，收入《（1950~2000）五十年來的經學研究》，頁 119。

《尚書》的專美，則名歸周公、召公、成王。《詩經》的歷史意識，重在共主的國史，《尚書》也不例外。

　　春秋時期以列國爲中心，同時，華夏封建親戚之外，多有異族動向，華、夷界域，跡轍顯然。其次則因會盟、圖霸、求存，攸關列國存絕，國與國之間如何互動，不能沒有論據。此外，春秋時期，統治階層的降升，牽動的不只是國君地位，還深深影響卿室大夫家；因而，列國的國族、宗族的廢興，乃至個人的出處進退，無不與這一群知識分子息息相關。舉凡上述，都經由《左傳》的描寫，使這一群知識分子的行止，具實的呈現他們「述遠古」、「徵近代」的方式、目的。換句話說，這一時期個別知識分子的歷史述論與意識，雖然仍不脫以政治中心爲思維基柢的圍限，卻也拓寬了些許的歷史視野。他們的襟懷容或沒有戰國諸子的宏闊，這是時代遞變與個人自覺等外、內、客、主因素所使然，但是也不能說沒有他們與時代互動中得出的見識。當然，此一見識不只一端，就本文而言，我們所要探討的是他們的歷史述論爲何，以及此一歷史述論的用心、目的何在。

　　春秋時既然沒有私人著述，而個別知識分子對於時局不能沒有論議，求諸春秋文獻，最重要的除了《左傳》，尚有《國語》。司馬遷說：「左丘失明，厥有《國語》。」〔註11〕《國語》，又有《外傳》之稱。韋昭說：「（左丘明）其明識高遠，雅思未盡，故復采錄前世穆王以來，下迄魯悼、智伯之誅，邦國成敗，嘉言善語，陰陽律呂，天時人事逆順之數，以爲《國語》。其文不主於經，故號曰《外傳》，所以包羅天地，探測禍福，發起幽微，章表善惡者，昭然甚明，實與經藝並陳，非特諸子之倫也。」〔註12〕劉知幾稱《國語》爲《春秋外傳國語》，是左丘明在《春秋內傳》（《左傳》）之外，「稽其逸文，纂其別說」的成品，「其文以方《內傳》，或重出而小異」，爲「三《傳》之亞」。〔註13〕《國語》一書，自三家說是左丘明所爲、所纂之後，千餘年來贊同與反對者所在多有，其間爭議林林總總。由於本文旨趣所在爲春秋時人的歷史述論，不是《左傳》、《國語》作者的歷史述論，因此，這些爭議，基本上與

〔註11〕《史記‧太史公自序》，見《新校本史記三家注》，頁3300。另《漢書‧司馬遷傳》載〈報任安書〉云：「左丘失明，厥有《國語》；……。及如左丘明無目，孫子斷足，終不可用，退論書策以舒其憤，思垂空文以自見。」則司馬遷明揭《國語》爲左丘明所作。見《新校本漢書》（台北：鼎文書局，1979），頁728。
〔註12〕韋昭，〈《國語》解叙〉，《國語》，頁661。
〔註13〕《史通‧內篇‧六家》，《史通釋評》、頁14、15。

－164－

我們的關心無甚重要。我們參綜了前述爭議的論據，發覺學者對於二書中所錄當代人物的行止，並沒有什麼質疑，〔註 14〕因此，二書在學術史上的諸多問題，與我們的論旨並沒有扞格之處。我們的基本認知是，春秋時期出現在《左傳》與《國語》中的人物，他們的發言代表他們每一個人對人對事的意見，而不是二書作者自己作古，以自己的意見附麗於這些人物身上，〔註 15〕《史通》云：「當時發言，形於翰墨；立名不朽，播於他邦，而丘明仍其本語，就加編次。……。斯蓋當時國史已有成文，丘明但編而次之」，「觀夫丘明受經立傳，廣包諸國，蓋當時有《周志》、《晉乘》、《鄭書》、《楚杌》等篇，遂乃聚而編之，混成一錄」；「周監二代，郁郁乎文。大夫、行人，尤重詞命，語微婉而多切，言流靡而不淫」。〔註 16〕劉知幾雖然偏崇《左傳》，但前面這些話並不是他個人的發明，《左傳》書中皆可尋得例證。

　　晚近張以仁經由精密的考索，周詳的辨證，反覆推敲，深入剖析古今關於二書的質疑；覃思竭慮，費心鑽研，力主二書之為真。張氏申明二書不僅與左丘明關係匪淺，而書中所載多係春秋時人、時事，不宜輕率摧折。個人以為，學術有爭議，事屬正常，學人有異辭，亦學術得以長進所必需；唯當以實證為基礎，愈少夸示之勇，愈能減少成見，而藉資援用，取捨信疑，但視論證是否周延。張氏之說，或有異見者，然觀其論證，實契於理據，較諸晚清以降的辨偽、證偽者必以杜撰向壁責諸載籍，則詳讀張氏之文，康有為、顧頡剛等人的見解，視之為時代學風反映可矣，若取資以為論據，仍取張說為宜。〔註 17〕職是，我們以為不只《左傳》，同時也包含《國語》，其中人物

〔註14〕即使疑古派的大將顧頡剛舉朱子所指陳《左傳》中預言之載、宮闈之載以及一事誤傳為兩事之載「為《左傳》中不可信之三種史料」。（見顧頡剛講授，劉起釪筆記，《春秋三傳及國語之綜合研究》（成都：巴蜀書社，1988），頁 38。）也是就史料而說的。而談到《國語》，則說：「《左傳》作者及《史記》作者所見之《國語》，非今本《國語》，材料當較多也。」同書，頁 95。則顧氏以為今本《國語》之外尚別有一《左傳》、《史記》作者所見的《國語》，是《國語》有二，未言今本《國語》為偽。

〔註15〕若果如此，則二書除了人名、地名、事件為真，其餘人物言行舉止便都是二書作、纂者的自己創造。先秦的古人諒無如此心思，費心費力，只為寫一部「信實的價值，和《三國演義》差不多」的小說。引文係錢玄同的話，見氏著，〈答顧頡剛先生書〉，收入《古史辨》第一冊中編，頁 78。

〔註16〕引文分見《史通・內篇・申左》、〈採撰〉、〈言語〉。《史通釋評》，頁 507、137、177。

〔註17〕張以仁對於二書的研究有多篇質量精富的論文，不僅辨明二書的外在問

的發言屬於當事人的意見、議論應該是可信的。

第二節　封建宗法史述及其餘緒的強調

錢穆指出：「西周三百年歷史，最要者爲封建政體之創興」，〔註18〕許倬雲認爲周室的封建事業大成於成康，「說明了所謂封建親戚，以藩屏周室，屬於周初建國工作的一部分，並不是在後世仍繼續推廣進行的常制」。〔註19〕錢氏說封建著重於「政體」，許氏則指出封建的推行有其集中的時間性。封建之制，西周之前已有，柳宗元〈封建論〉謂始於「生人之初」，並歸於「勢」，亦即時勢所趨，不只「更古聖王堯、舜、禹、湯、文、武而莫能去之。蓋非不欲去之也，勢不可也」、「故封建非聖人意也，勢也」，抑此古聖王「徇之以爲安，仍之以爲俗」，不得不然的體制。〔註20〕是封建由來已久，實非周人首創。只是事有因革，政有損益，西周封建的源頭縱可上溯，卻難見內容、精神、性質的眞貌。至於西周，文物詳備，取資與論證，可得一比較清晰的面貌。因此，論封建，愈後則愈見精義，如「武裝移民、軍事佔領」，〔註21〕如周之統治者「在各地區與殷人舊族及當地土著建立『三結合』的政治權力」，

題，並申明其意旨，在辨析之外，亦多發明。張氏除早期的《國語斠證》（台北：臺灣商務印書館，1969）專書，其它論文分別收入《國語左傳論集》（台北：東昇出版公司，1980）、《春秋史論集》二書中。關於康有爲的「新學僞經」與以顧頡剛爲首的「古史辨派」的疑古、辨僞、證僞論點，已是史學界常識，不贅。雖然，有識之士，實學之人，早有實證辨說，其中如瑞典學者高本漢《左傳眞僞考及其它》已辨其非僞，若駁康說最力，仍以錢穆爲顯。錢氏長文力作〈劉向歆父子年譜〉以實證的方式列舉二十八端駁康，基本上已間接廓清《左傳》爲僞的迷霧，是以他在《兩漢經學今古文平議》的〈自序〉裡說道：「《左傳》遠有淵源，其書大部分應屬春秋時代之眞實史料，此無可疑者。」按錢氏該文曾刊載於《燕京學報》第七期，後重加修改刊於《古史辨》第五冊上編，最後收入《兩漢經學今古文平議》（台北：東大圖書公司，1971）。此外，關於古來《左傳》在學術史上的是是非非，近人沈玉成、劉寧父女完成的整理與介紹，頗具提綱契領之善，可以參考。見二人合著，《春秋左傳學史稿》（南京：江蘇古籍出版社，2000）。該書分上、下篇，此處所指爲下篇。

〔註18〕　《國史大綱　增修訂本》，頁30。
〔註19〕　《西周史　增訂版》，頁140。
〔註20〕　《河東先生集》卷第三（北京：中華書局，1964），頁43～48。
〔註21〕　《國史大綱　增修訂本》，頁30。斯維至亦認爲周族的軍事推展與封建是同時並存的。見斯維至，〈封建考原〉，《中國古代社會文化論稿》，頁090、091。

〔註22〕如「征服、殖民、分封三位一體」，〔註23〕如「封建的實行，乃由於周政治勢力的擴張」、「古代政治的統一性，至周的封建而大爲加強」，〔註24〕等等，都可看出論者對封建此一古制的探討用心。詳細來看，各家對於封建制在西周的推行與強化，落實在政治體制的完備，以及社會力量乃至階層的鞏固、經濟的征賦等層面上咸認有其重大影響。

　　封建始於「勢」，西周則循勢而爲之外，更輔以宗法之制充當骨幹。〔註25〕宗法與氏族的血、親緣密不可分，〔註26〕經由這一層關係，再配合「世官世祿」的實權厚勢，架構起整個天下秩序的格局，形成西周政治統御的形式與實質。（關於尊親、昭穆與世官世祿的詳情，前揭各家的鴻文已有精到深刻的疏理，不贅。）形勢既成，規制浸流，歷西周三百餘年，即便末季蕩亂，不能一仍舊貫與精神；然而，王政衰頹，猶不至於覆絕，所賴以自存自固的，還是封建宗法制度及相關禮制的餘緒。雖然精神與實質不能復返，然則形式與意識尚有餘韻。天子以封建宗法的尊親固其王室形式，封建列國以封建宗法的族類意識區別華、夷，這是時代趨變大潮流沖擊下的發展，而求詳於當代知識分子取資的論據，則可見出這一輩知識分子藉史迹以張目的歷史意識及其現實意圖。

一、周王室的自存、自固

　　西周末季，有識之士已有「王室其將卑」、「周將亡」的徵嘆。〔註27〕驪山之役後、平王東遷，依憑封建親戚與國的護持，得以維繫政權；然而，王

〔註22〕《西周史　增訂版》，頁142。說詳見頁107～137。

〔註23〕杜正勝，〈封建與宗法〉，《古代社會與國家》，頁349。說詳見頁333～394。

〔註24〕徐復觀，〈西周政治社會的結構性格問題〉，《兩漢思想史》卷一，頁25、26。

〔註25〕徐復觀說西周封建「是以西周的宗法爲骨幹所形成的；甚至可以說明，這是宗法社會的政治形態。」指的便是封建賴以維繫的支柱是宗法。徐復觀前書，頁14。並見斯維至前書，頁091。

〔註26〕氏族血、親緣的關係，概言之是《禮記・大傳》所說的「上治祖禰，尊尊也。下治子孫，親親也。旁治昆弟，合族以食，序以昭穆，別之以禮義」。見《禮記注疏》，頁0617。包含上下差序、左右旁行的倫常關係與祭祀崇拜定制，所謂的尊尊、親親、昭穆者是。

〔註27〕《國語・周語上》記芮良夫因屬王說好利的榮夷公，認爲天子不應「好專利」而好之，謂「王室其將卑」、「榮公若用，周必敗」。後「榮公爲卿士，諸侯不享，王流於彘。」《國語・鄭語》記幽王時，司徒（鄭）桓公問史伯，王室多故，何所可以逃死，史伯對曰：「王室將卑。」〈周語上〉載，幽王二年，西周三川皆震。伯陽父直指是「周將亡」的徵兆。分見《國語》，頁12、13、507、26。

室權威已難恢復，平王五十一年（720B.C），周鄭交質，是東周王室陵夷的顯例。其後桓王十三年（707B.C），王師伐鄭，鄭莊公箭中桓王肩，則王政頹傾不只空前，猶且每下愈況。〔註28〕爾後二百餘年，王室只能經由封建宗法及相關禮制餘緒的強調，藉由歷史性的過往遺制的申述，以求自存、自固。以下我們將從《左傳》的記載，兼及《國語》加以疏理。

魯僖公十二年（648B.C），齊桓公使管仲助襄王平戎，王以上卿之禮饗管仲。《傳》：

> 管仲辭曰：「臣，賤有司也。有天子之二守國、高在，若節春秋來承
> 王命，何以禮焉？陪臣敢辭。」王曰：「舅氏！余嘉乃勳！應乃懿德，
> 謂督不忘，往踐乃職，無逆朕命！」管仲受下卿之禮而還。

「舅氏」，杜預注云：「伯舅之使，故曰舅氏。」〔註29〕管仲是代表齊桓公，饗管仲義同饗桓公。管仲辭上卿之禮，是就本身身分所宜受下卿之禮的考量，天子則以勤王室的勳德，嘉勉盟主（桓公）的篤行合於封建的「親親」之禮，〔註30〕並期許桓公能夠繼續實踐盟主的職能，所謂的「往踐乃職」是。〔註31〕此事雖不明言封建宗法，然天子得以責求諸侯遂行義務，亦封建宗法所應有之禮。

類似於此的天子饗宴例子，如魯宣公十六年（593B.C）周定王爲晉卿士會解說「郁蒸」之禮。《傳》：

> 冬，晉侯使士會平王室，定王享之。原襄公相禮，郁蒸。武

〔註28〕 魯隱公十一年（712B.C），鄭莊公使公孫獲處許西偏，以存太岳之胤的許國時，雖慨嘆道：「王室而既卑矣，周之子孫日失其序」，《左傳正義》，頁 0081。彷如有憂恤王室之心，乃五年後因桓王奪其佐政之權，竟有不朝之舉，致桓王伐鄭而有繻葛之戰，是則王政頹傾，前所未有。繻葛之戰，在春秋時期是王室主動討伐同姓諸侯的首役，也是唯一的一次，此後王室勢卑力微，不再有征伐不義的能力。

〔註29〕 《春秋經傳集解》，頁 282。

〔註30〕 僖公元年（659B.C）《傳》：「凡侯伯（指齊桓公），救患、分災、討罪，禮也。」昭公十三年（529B.C）《傳》：「親親、與大、賞共、罰否，所以爲盟主也。」昭公二十三年（519B.C）《傳》：「所謂盟主，討違命也。」分見《左傳正義》，頁 0198、0814、0876。

〔註31〕 杜預解「往踐乃職」云：「管仲位卑而執齊政，故欲以職尊之。」《春秋經傳集解》，頁 282。杜氏認爲周天子以上卿之禮饗管仲是欲尊崇其職，似天子的權威猶可及於列國。以春秋時代的政治情勢來說，恐怕不盡然。且管仲見重於桓公已逾三十餘年，不待襄王之殊禮方顯殊要，因此，「往踐乃職」一語，不無期許於盟主之意。

子（士會）私問其故。王聞之，召武子曰：「季氏，而弗聞乎？

王享有體薦，宴有折俎。公當享，卿當宴，王室之禮也。」武子歸

而講求典禮，以修晉國之法。

晉景公時爲盟主，派士會調和王孫蘇與召、毛二氏的政爭。士會爲晉上卿，定王享以卿宴之禮，此禮於牲體爲「節解」的「郁蒸」，於禮制名稱則「折俎」，士會不知其故，遂有私問。定王答以公享體薦，卿宴折俎是「王室之禮」，亦即封建宗法身分差序所相宜的舊禮。依文意來看，這一舊禮，在晉國顯然已無人知曉，所以士會才在歸國後有「講求典禮，以修晉國之法」的舉動。封建宗法的舊禮制荒廢於封國，卻行於王室，是則王室對於封建宗法此一歷史餘緒的強調，猶有禮制上的理據。

魯昭公十五年（527B.C），周景王在葬完穆后後，與晉荀躒宴飲，晉籍談與會，景王以魯侯所貢獻的壺爲樽，晉則以無貢物而受責。《傳》：

王曰：「伯氏，諸侯皆有以鎮撫王室，晉獨無有，何也？」文伯揖籍談。對曰：「諸侯之封也，皆受明器於王室，以鎮撫其社稷，故能薦彝器於王。晉居深山，戎狄之與鄰，而遠於王室，王靈不及，拜戎不暇，其何以獻器？」王曰：「叔氏，而忘諸乎！叔父唐叔，成王之母弟也，其反無分乎？密須之鼓與其大路，文所以大蒐也；闕鞏之甲，武所以克商也，唐叔受之，以處參虛，匡有戎狄。其後襄之二路，鏚鉞、秬鬯、彤弓、虎賁，文公受之，以有南陽之田，撫征東夏，非分而何？夫有勳而不廢，有績而載，奉之以土田，撫之以彝器，旌之以車服，明之以文章，子孫不忘，所謂福也。福祚之不登，叔父焉在？且昔而高祖孫伯黶司晉之典籍，以爲大政，故曰籍氏。及辛有之二子董之晉，於是乎有董史。女，司典之後也，何故忘之？」籍談不能對。賓出，王曰：「籍父其無後乎！數典而忘其祖。」

諸侯於王室有貢器之禮，〔註32〕以鎮撫王室。可能是晉疏於此制，故景王有微詞。籍談的答覆引諸侯之封皆受明器於天子，是以能貢器，晉則因遠處戎狄之鄰，未蒙王靈（賜器），因此無器可獻。豈知景王頗曉五百年前唐叔分封賜器的歷史，也知悉一百年前襄王賜晉文公器物及田地的歷史，反駁籍談晉無分器之說。同時，對於籍談先祖職司晉國史籍的來龍去脈，也知之甚詳。

〔註32〕 《周禮・太宰》：「以九貢致邦國之用。……，三曰器貢。」（《周禮注疏》，頁0032。

景王知曉往史，並引此封建分器舊制，當然是爲他自己求器之舉張目。籍談說晉無分器，因而無器可貢，是籍談甚至是晉於封建之禮有所疏略。景王引唐叔、晉文公各有分器、賜物此一封建禮制，是陳述歷史史迹，也是以封建宗法餘緒強化理據的表現。

魯僖公二十五年（635B.C），晉文公勤王，夏四月三日，王入于王城。次日，晉文公朝王。《傳》：

> 王享醴，命之宥。請隧，弗許，曰：「王章也。未有代德，而有二王，
> 亦叔父之所惡也。」與之陽樊、溫、原、欑茅之田。

晉文公有功於襄王，於酒食之間向天子提出允許其死後得以天子之禮葬己的請求，襄王以非禮之所宜而拒絕。〔註33〕此事《國語·周語中》載襄王述史論禮制甚詳：

> 晉文公既定襄王于郊，王勞之以地，辭，請隧焉。王不許，曰：「昔
> 我先王之有天下也，規方千里以爲甸服，以供上帝山川百神之祀，
> 以備百姓兆民之用，以待不庭不虞之患。其餘以均分公侯伯子男，
> 使各有寧宇，以順及天地，無逢其災害，先王豈有賴焉。……。今
> 天降禍災於周室，余一人僅亦守府，又不佞以勤叔父，而班先王之
> 大物以賞私德，其叔父實應且憎，以非余一人，余一人豈敢有愛？
> 先民有言曰：『改玉改行。』叔父若能光裕大德，更姓改物，以創制
> 天下，自顯庸也，而縮取備物以鎮撫百姓，余一人其流辟旅於裔土，
> 何辭之有與？若由是姬姓也，尚將列爲公侯，以復先王之職，大物
> 其未可改也。叔父其懋昭明德，物將自至，余何敢以私勞變前之大
> 章，以忝天下，其若先王與百姓何？何政令之爲也？若不然，叔父
> 有地而隧焉，余安能知之？」文公遂不敢請，受地而還。

襄王說天子甸服方千里，諸侯均分其餘，指的是封建的授土，說「班先王之大物以賞私德」，是對文公勤王的嘉勉賞賜，亦封建禮制錫賜之宜。至於「更姓改制，以創制天下」，直是三代改朝換代，有德者居之的革命了。周文、武革殷商之命，實因「有德」、「明德」，此一姬姓光榮的國族歷史，晉文公應不致於不知。〔註34〕襄王舉此以爲例，語雖委婉，意實嚴峻，與《傳》文的「未

〔註33〕請隧，有謂請地，有說請賜天子葬禮。以《傳》文來看，宜屬後者。說詳楊
　　　　伯峻《春秋左傳注》，頁432、433。
〔註34〕晉文公身邊多有多識博聞之士，如趙衰以「文」名，多識《詩》、《書》，卜偃

有代德，而有二王」可相互發明，也與同年稍早卜偃以「周禮未改，今之王，
古之帝也」釋「黃帝戰于阪泉之兆」，答晉文公「吾不堪也」的疑懼可相印證。
周王室既承文、武大業，而文公之德恐怕也不堪革同姓之命。因此，襄王勉
文公「由是姬姓也，尚將列爲公侯，以復先王之職」，以同姓相勉，復先王有
天下時的分封之職，亦縮結封建宗法及相關禮制的餘緒，以固存王室。

　　魯昭公九年（533B.C），周甘大夫襄與晉閻縣大夫嘉爭田，晉平公使梁丙、
張趯率陰戎伐周邑，景王於是使詹桓伯責晉。詹桓伯歷數王室自后稷以魏、
駘、芮、岐、畢爲西土，及武王克商，以蒲姑、商奄爲東土；以巴、濮、楚、
鄧爲南土；以肅愼、燕、亳爲北土，稱周王室封之地無分遠近（意同「普天
之下，莫非王土」）。至於遂行分封，意在鞏固大宗本原。《傳》：

　　　　「文、武、成、康之建母弟，以蕃屏周，亦其廢隊是爲，豈如弁髦，
　　　　而因以敝之。」

《孔疏》云：「以同母爲親，故言母弟」、「建爲國君，所以爲藩籬屏蔽周室，
使與天子蔽障患難，亦其慮後世子孫或有廢隊王命，望諸侯共救濟之」、「猶
言以我王家封建晉國之後，因即弃而不事之」。〔註35〕封建屏周，既有蔽障救
難的根本企圖，以母弟之親，更不能自外。棄此不爲，斷非諸侯之職，而且
晉在百年前還將陸渾之戎遷入伊川（晉惠公十三年，638B.C）：

　　　　「使偪我諸姬，入我郊甸，則戎焉取之。戎有中國，誰之咎也？后
　　　　稷封殖天下，今戎制之，不亦難乎？伯父圖之！我在伯父，猶衣服
　　　　之有冠冕，木水之有本原，民人之有謀主也。伯父若裂冠毀冕，拔
　　　　木塞原，專棄謀主，雖戎狄，其何有余一人？」

王室的責難，舉國族歷史與封建宗法遺制，可說是引喻有據且義正而辭嚴，
所以叔向對晉執政韓宣子說：

　　　　「文之伯也，豈能改物（指晉文公請隧，襄王駁拒）？翼載天子，
　　　　而加之以共。自文以來，世有衰德，而暴蔑宗周，以宣示其侈；諸
　　　　侯之貳，不亦宜乎！且王辭直，子其圖之。」叔向指出，以晉文公

善《易》，郤縠「說禮、樂，而敦《詩》、《書》」。分見魯僖公二十三年、二十
五年、二十七年《傳》文。《左傳正義》，頁 0253、0262、0267。另〈晉語四〉
載文公曾「學讀書於白季」。《國語》，頁 386。周代貴族教育有其規制，《禮記·
學記》有明確的記載。《禮記注疏》，頁 0648～0656。〈楚語上〉申叔時論「九
教」亦貴族教育內容實甚博洽。《國語》，頁 528。
〔註35〕《左傳正義》，頁 0778。

霸業之盛，尚且不敢改易封建宗法的喪葬禮制，何況如今德衰猶暴蔑王室，無怪乎諸侯有携貳之心。叔向所在意的當然是諸侯的向背，以勢而言，實力才是最具體的條件，雖然，也不宜棄禮義仁德於不顧。禮義仁德，在封建宗法的政治綱常上的體現，於王室在屏蔽救濟的行爲上，既盡到封國的義務，在諸侯之間也符合霸主之所以服人的理據。因此，不只天子以冠冕的尊貴，本原的根源表述封建宗法此一歷史的基義，以維繫王室起碼的尊嚴，而有識者如叔向，也贊同王室的說法，可見封建宗法的歷史餘緒還是有它的作用。

同樣是諸侯與王室爭田的例子，見魯成公十二年（580B.C）。《傳》：

> 晉郤至與周爭鄇田，王命劉康公、單襄公訟諸晉。郤至曰：「溫，吾故也，故不敢失。」劉子、單子曰：「昔周克商，使諸侯撫封，蘇忿生以溫爲司寇，與檀伯達封于河。蘇氏即狄，又不能於狄而奔衛。襄王勞文公而賜之溫，狐氏、陽氏先處之，而後及子。若治其故，則王官之邑也，子安得之？」晉侯（厲公）使郤至勿敢爭。

鄇地屬溫別邑，與溫各爲一邑，究竟的歸屬則各執一辭。[註36] 若以封建授土爲依據，追究根源，溫地最早的封邑主人是蘇忿生，蘇忿生未封之前則爲王土。其後蘇忿生後代入狄再奔衛，溫地復爲王室所有。[註37] 蘇氏的溫邑

[註36] 《孔疏》謂鄇地：「本從溫內分出。溫屬晉，鄇屬周。溫是郤氏舊邑，郤氏既已得溫，則謂從溫而分出亦宜從溫而屬郤氏，故郤至爭之。其劉子、單子之言襄王勞文公而賜之溫，於時鄇已分矣。賜晉以溫，不賜以鄇也。狐氏、陽氏先處溫邑，於時亦不得鄇。鄇本未嘗屬晉，故爲王官之邑。」《左傳正義》，頁0457。

[註37] 溫地並蘇子或溫子事蹟，除此所記外，見於《經》、《傳》者尚有二十一處，如隱公三年（720B.C）：「鄭祭足帥師取溫之麥。」隱公十一年（712B.C）：「（桓）王取鄔、劉、蔿、邘之田于鄭，而與鄭人蘇忿生之田——溫、原、絺、樊、隰郕、欑茅、向盟、州、陘、隤、懷。」莊公十九年（675B.C）：「五大夫奉子頹以伐（惠）王，不克，出奔溫。蘇子奉子頹以奔衛。」僖公十年（650B.C）《經》：「狄滅溫，溫子奔衛。」《傳》云：「蘇子無信也。蘇子叛王即狄，又不能於狄，狄人伐之，王不救，故滅。蘇子奔衛。」分見《左傳正義》，頁0051、0078、0079、0220、0221。據此蘇氏似乎是一直到了僖公十年之前仍領有溫地，在此之前曾於莊公十九年出奔衛國，至於何時離衛返溫，於《傳》無載。僖公十年狄滅溫，至僖公二十五年襄王賜其地予晉文公，則溫地已不再爲蘇氏所有，而入於天子，故襄王得以其地賜文公。既賜晉文，則溫地自此屬晉，《左傳》自僖公二十八年後載溫事十五見，皆屬晉地。分見僖公二十八年，文公元年、五年、六年，宣公十七年，成公十一年、十六年、十七年，襄公十六年，昭公元年、三年、二十二年、二十四年，定公八年，哀公二年。《左

可上溯到封建之初，其後數百年蘇氏失地，地再入王室，王室以地代隧賜晉文公，五十餘年後周晉爭田，王室引封建宗法的史迹以相責；一句「若治其故，則王官之邑」，雖未必契合當時代侵地併邑的潮流，然而，追本溯源，必皆王土。捨此封建餘緒，王室恐怕也難有它途了。

魯襄公十四年（559B.C）周靈王將婚於齊，〔註38〕使劉定公賜齊侯命。《傳》：

> 曰：「昔伯舅太公右我先王，股肱周室，師保萬民。世胙太師，以表東海。王室之不壞，繄伯舅是賴。今余命女環，（杜注：環，齊靈公名。）茲率舅氏之典，纂乃祖考，無忝乃舊。敬之哉！無廢朕命！」

姜氏封齊，世爲姬周最爲親近的姻婭，齊與姬姓國也時有聯姻之好，姬姜雖爲二姓，關係卻非常密切。周靈王娶齊女而溯及封建之初的歷史，以及齊善盡諸侯表率之職，〔註39〕再度表揚齊自太公以來股肱周室的功勞，並藉由娶后，申命齊靈公繼續循守佐助周室的舊典，以無辱太公之職。凡此，皆以封建禮法的史迹以爲張本。

魯成公二年（589B.C），晉、齊鞌役後，晉景公使大夫鞏朔獻齊捷。《傳》：

> 王弗見，使單襄公辭焉。曰：蠻夷戎狄，不式王命，淫湎毀常，王命伐之，則有獻捷。王親受而勞之，所以懲不敬、勸有功也。兄弟甥舅，侵敗王略，王命伐之，告事而已，不獻其功，所以敬親暱、禁淫慝也。今叔父克遂，有功于齊，而不使命卿鎮撫王室，所使來撫余一人，而鞏伯實來，未有職司於王室，又奸先王之禮。余雖欲於鞏伯，其敢廢舊典以忝叔父？夫齊，甥舅之國也，而太師之後也，寧不亦淫從其欲以怒叔父，抑豈不可諫誨？」

傳正義》，頁 0276、0299、0311、0313、0411、0457、0481、0484、0573、0711、0724、0874、0886、0965、0996。

〔註38〕靈王立十一年，求后於齊，齊靈公許婚，王使大夫陰里結之。結，原作逆。見《左傳正義》，頁 0549。《春秋經傳集解》作結。杜預注謂：「結，成也。」，頁 893。楊伯峻引《公羊・桓公三年》：「古者不盟，結言而退。」謂：「蓋即口頭約定之意。」《春秋左傳注》，頁 997。觀襄公十四年《傳》云：「王使劉定公賜齊侯命」，襄公十五年《經》云：「劉夏逆王后于齊」，其時齊無有大事受王命，因此，賜命應爲迎娶齊女前所爲。杜、楊說是。

〔註39〕所謂：「表東海」，指的是作爲東海諸國的表率。魯襄公二十九年（544B.C），吳季札聘魯，觀樂及於〈齊〉，曰：「美哉，泱泱乎！大風也哉！表東海者，其太公乎！」杜預注云：「太公封齊，爲東海之表式。」《春秋經傳集解》，頁 1124。

蠻夷戎狄，本非封建所及，不用王命，淫湎於女色酒醴，始往征伐，始得獻捷；〔註40〕如係兄弟甥舅，縱使違逆王命，有所征討，也只需告事即可，不應如四夷的獻俘獻捷，此不合封建禮制。且齊既為姻親與國，又是太公之後，晉宜當親暱，今反而兵戎相向，豈是齊侯放縱私欲而激怒晉國，還是齊侯全然不聽勸諫？親戚而干戈相向，豈是封建本意？周定王責備晉國，不無偏祖齊頃公之嫌，〔註41〕且鞌之役，錯在齊頃與衛穆公，晉為盟主，應允衛君乞師，〔註42〕於理並無大過，反而是頃公的舉措符合了「淫從其欲」之實；因此，定王所能責備於晉的，便只好就封建親親的歷史餘緒加以立說。

　　魯昭公元年（541B.C），景王使劉定公勞趙孟（趙武、文子）於穎，館於雒汭。劉定公以大禹勤恪天下相勉。《傳》：

　　　　劉子曰：「美哉禹功！明德遠矣。微禹，吾其魚乎！吾與子弁冕端委，
　　　　以治民、臨諸侯，禹之力也。子盍亦遠績禹功而大庇民乎！」對曰：
　　　　「老夫罪戾是懼，焉能恤遠？吾儕偷食，朝不謀夕，何其長也？」
　　　　劉子歸，以語王曰：「諺所謂老將知而耄及之者，其趙孟之謂乎！為
　　　　晉正卿，以主諸侯，而儕於隸人，朝不謀夕，棄神、人矣。」

劉定公見河、雒而興起大禹功美德明之思，說禹治水勳業澤流後世，始有姬姓治民臨諸侯的奄有天下。禹治水患，輔弼虞舜，身分形同諸侯，義同封建諸侯股肱共主，憂勞勤恤，不為一己之私。以大禹的勤恪輔弼為例，劉定公期勉趙孟，實際上也是寄望身為諸侯盟主的晉國，能以王室為念，戮力於安定王室，克盡封建蕃屏之職。〔註43〕因此，禹、舜史迹，形式上縱使不能視

〔註40〕如魯宣公十五、十六年，晉兩次獻狄俘，王室皆不相責。另魯成公十六年，
　　　　晉、楚鄢陵戰後，晉亦獻楚捷，王室亦無責語，視楚如夷之故。分見《左傳
　　　　正義》，頁0409、0410、0480。
〔註41〕魯宣公六年（603B.C），定王使子服求后于齊。此時王后即齊女。《左傳正義》，
　　　　頁0377。
〔註42〕齊頃公無故伐魯龍邑，其嬖人死於龍，頃公親鼓南侵；衛穆公乘機侵齊。《史
　　　　記·衛康叔世家》云：「穆公十一年，孫良夫救魯伐齊。」史公以衛出係救魯。
　　　　《考證》引梁玉繩曰：「衛為齊所敗，如晉乞師。伐齊，非為救魯也。」《史
　　　　記會注考證》，頁604。楊伯峻認為齊是應衛師之偪。《春秋左傳注》，頁787。
〔註43〕「遠績禹功」，杜預注云：「勸趙孟使纂禹功」。《正義》：「績亦功也，重其言
　　　　耳。遠績禹功者，勸之為大功，使遠及後世，若大禹也。謂勸武何不遠慕大
　　　　禹之績，而立大功以庇民也。」《左傳正義》，頁0702。《正義》以功訓績，在
　　　　強調大禹的功勳，以《傳》文來看，不免疊沓。楊樹達以「迹」、「蹟」釋績，
　　　　意為「步處而追尋」。楊說較確。見楊樹達，〈讀左傳〉，收入氏著，《積微居

同姬周兄弟甥舅的封建規制，實質上卻同具有尊崇共主的行為意義。而當時求能安定共主的，捨兄弟甥舅的封建與國，別無可能，是以劉定公引大禹的安民史迹，雖不言封建，而賴以相期相責的理據還是在於封建的親尊餘緒。

魯昭公三十二年（510B.C），敬王使富辛與石張前往晉國，請晉定公主持成周的擴建工程。〔註44〕《傳》：

> 天子曰：「天降禍于周，俾我兄弟並有亂心，以為伯父憂。我一二親暱甥舅不遑啟處，於今十年。勤戍五年。余一人無日忘之，閔閔焉如農夫之望歲，懼以待時。伯父若肆大惠，復二文之大業，弛周室之憂，徼文、武文福，以固盟主，宣昭令名，則余一人有大願矣。昔成王合諸侯城成周，以為東都，崇文德焉。今我欲徼福假靈于成王，修成周之城，俾戍人無勤，諸侯用寧，蠻賊遠屏，晉之力也。其委諸伯父，使伯父實重圖之，俾我一人無徵怨于百姓，而伯父有榮施，先王庸之。」

天子兄弟鬩牆，諸侯戍守護持天子，亦封建親戚與國所當為。只是長年戍守，不如修固王城以為備患。敬王責成盟主負責，舉晉室一、二百年前的史迹，強調晉文侯殺攜王助平王以及晉文公納襄王，克盡諸侯輔弼、忠勤之職；晉定公於今亦為盟主，天子則想師法成王營建成周而諸侯合力致成的往例。因此，晉定公也應該負起託付之事，善盡盟主的義務，此亦封建餘緒，因為沒有封建便沒有屏藩，便沒有權利與義務間的執行與貫徹。所以周天子述往史的目的是為了城成周，而要求的理據不外是伯叔甥舅、親戚與國此一封建名分的餘緒。

不只名正言順的天子憑藉封建宗法自存自固，即使爭位作亂的王子，也

〔註44〕　讀書記》（台北：大通書局，1976），頁 59。

城成周，杜預注：「子朝之亂，其餘黨多在王城，敬王畏之，徙都作周。成周狹小，故請城之。」《春秋經傳集解》，頁 1598。按王子朝始亂於魯昭公二十三年（519B.C），《經》云：「天王居狄泉。」杜注、《孔疏》皆說在王城之外。《左傳正義》，頁 0875、0876。是年，王子朝入王城，三年後王子朝奔楚，敬王入成周，則成周與王城當為相近二城。《漢書‧地理志》河南郡條下謂周公遷殷民的雒陽是成周，武王遷鼎、周公營都、平王居之的郟鄏是王城。《新校本漢書》，頁 1555。是成周、王城分別為二地。許倬雲據此謂：「王城在西，成周在東。然而兩地合稱則是新邑。」《西周史　增訂版》，頁 121。城成周即對成周進行重建、擴建，所以昭公三十年《傳》文記秋八月天王請城成周之後，至十一月魏舒、韓不信合諸侯之大夫於狄泉，令城成周。十四日，「士彌牟營成周，計丈數，揣高卑，度厚薄，仞溝洫，物土方，議遠邇，量事期，計徒庸，慮材用，書餱糧，以令役於諸侯。」歷經三旬始完成。《左傳正義》，頁 0933、0941。

以封建宗法為己張目。最明顯的例子要算是魯昭公二十六年（516B.C）王子朝奔楚後告諸侯的論據。《傳》：

> （子朝曰：）「昔武王克殷，成王靖四方，康王息民，並建母弟，以
> 藩屏周，亦曰：『吾無專享文、武之功，且為後人之迷敗傾覆而溺入
> 于難，則振救之。』至于夷王，王愆于厥身，諸侯莫不並走其望，
> 以祈王身。至于厲王，王心戾虐，萬民弗忍，居王于彘。諸侯釋位，
> 以間王政。宣王有志，而後效官。至于幽王，天不弔周，王昏不若，
> 用愆厥位。攜王奸命，諸侯替之，而建王嗣，用遷郟鄏，則是兄弟
> 之能用力於王室也。……。今王室亂，單旗、劉狄剝亂天下，
> 壹行不若，謂：『先王何常之有，唯余心所命，其誰敢討之？』帥羣
> 不弔之人，以行亂于王室。……。矯誣先王。晉為不道，是攝是贊，
> 思肆其罔極。茲不穀震盪播越，竄在荊蠻，未有攸底。若我一二兄
> 弟甥舅獎順天法，無助狡猾，以從先王之命，毋速天罰，赦圖不穀，
> 則所願也。敢盡布其腹心及先王之經，而諸侯實深圖之。昔先王之
> 命曰：「王后無適，則擇立長。年鈞以德，德鈞以卜。王不立愛，公
> 卿無私，古之制也。穆后及太子壽早夭即世，單、劉贊私立少，以
> 間先王。亦唯伯仲叔季圖之。」

這一番告諸侯的說辭，主要的目的是在替自己與敬王爭王位的行為，鋪陳合宜的理據。同時也寄望天下諸侯，勿支持盟主晉國，而支持自己。王子朝先舉周初三王封建母弟以蕃屏周，係為振救後世的迷敗傾覆，有如未雨綢繆。次數西周晚季夷、厲、宣、幽以及平王、攜王並立的史迹；又次及春秋初、中期兩次王室之亂的史迹；再提到自己爭位之事，最後以王位繼承的法則，說明自己理當為王。這一篇文辭，層層鋪叙，史迹前後的時代軌轍也很有條理。細讀全文，一再強調歷史進程中，封建諸侯兄弟甥舅所扮演的角色、承擔的義務以及所發揮的作用。封建諸侯、兄弟甥舅之所以在王室關鍵時刻，發揮決定的作用、影響，根源處是武、成、康未雨綢繆推行封建宗法。因此，一旦王室有大事，諸侯或望祭祈王，或釋位間政，或志後效官，或替之建嗣，或咸黜不端；諸如此類，無一不是兄弟「能用力於王室」、「能率先王之命」。然而，亦有反其道而行的，如單旗、劉狄行亂王室，矯誣先王，如晉頃公的不道。兄弟甥舅對於這些

狷猾的人，應該加以唾棄，如此才能遵行「先王之道」。

　　揆諸魯昭公二十四年（518B.C），王子朝作亂之初，晉頃公曾使士景伯前往成周「問政」，〔註45〕經由詢問之後，晉頃公決定支持敬王，使王子朝在這場王位爭奪的政爭中，失去最有力的靠山。因為不滿晉頃公，王子朝在陳述封建宗法下兄弟甥舅佐助王室的義務時，特別對晉嚴辭指責，而於晉文侯、文公的襄助平王、襄王則頗致敬意。

　　比較前述敬王請晉城成周與王子朝期望諸侯背晉助己，一樣的訴諸兄弟甥舅親戚舊義，這一訴求的理據，無非是對封建宗法餘緒的強調。

　　以上所舉皆屬王室自存自固之例。尚有周王舉措可能悖離封建宗法大本大宗的楷則，違棄親暱尊德的基旨本義，招來諸侯離心離德災殃，而王室卿士憂忡不已，於是詳陳封建宗法的大義，企圖以往史陳迹戒止天子的一意孤行。當魯僖公二十四年（636B.C），鄭、衛二國因滑人先後服於二國，導致鄭、衛間的軍事緊張，〔註46〕襄王使伯服、游孫伯為滑請命，勸鄭文公勿興兵。鄭文公既怨襄王父惠王不報文公父厲公三十五年前資助惠王入國之功，不賜樽爵以為寵報，〔註47〕又懷疑滑捨鄭就衛，襄王難脫干係，〔註48〕故不聽王命，且執拘王使。王怒，將以狄伐鄭。富辰諫止。《傳》：

　　富辰諫曰：「不可。臣聞之：『太上以德撫民，其次親親，以相及也。』

〔註45〕杜預云：「就問子朝、敬王，知誰曲直也。」《孔疏》謂：「晉助敬王久矣。今使景伯如周問曲直者，以子朝更強。久競未決，晉人恐敬王不成，更審其事，故疑而使察之也。晉人於此乃辭王子朝，不納其使，則以前猶與往來，其心兩望，至此始絕耳。」《左傳正義》，頁0885。

〔註46〕滑，介於鄭、衛之間而甚偪近於鄭，顧棟高有辨。說詳〈春秋時之滑非今滑縣論〉，《春秋大事表》，頁888。另張以仁考論前人說「鄭人入滑」之三說，指出確實地望為如杜預所注的河南緱氏縣；地當周、鄭之間，且隣於衛。張以仁，〈春秋鄭人入滑的有關問題〉，《春秋史論集》，頁333～364。魯僖公二十年（640B.C），《傳》：「滑人叛鄭，而服於衛。夏，鄭公子士、洩堵寇帥師入滑。」楊伯峻據顧氏，說：「滑地近鄭，於鄭在所必爭。」《春秋左傳注》，頁387。自魯僖公二十年至二十四年，衛因狄難，不能與鄭爭地。至二十四年鄭師還，滑又即衛。

〔註47〕莊公二十一年（671B.C），《傳》載惠王賜「（鄭）武公之略，自虎牢以東。」則賞功以地，非為報。同年，厲公卒後，惠王有巡狩之行，鄭文公享王，「王以后之鞶鑑予之。虢公請器，王予以爵。鄭伯由是始惡于王。」《左傳正義》，頁0161、0162。爵，《史記・鄭世家》謂「爵祿」，《考證》云：「史公蓋誤解」。是。《史記會注考證》，頁678。則鄭文公之怨惠王與厲公無涉，而與下文「王與衛滑」有關。

〔註48〕楊伯峻謂滑捨鄭就衛，「疑周襄王使之。」《春秋左傳注》，頁420。

昔周公弔二叔之不咸，故封建親戚以蕃屏周。管、蔡、郕、霍、魯、
衛、毛、聃、郜、雍、曹、滕、畢、原、酆、郇，文之昭也。邗、
晉、應、韓，武之穆也。凡、蔣、邢、茅、胙、祭，周公之胤也。
召穆公思周德之不類，故糾合宗族于成周而作詩，曰：『棠棣之華，
鄂不韡韡。凡今之人，莫如兄弟。』其四章曰：『兄弟鬩于牆，外禦
其侮。』如是，則兄弟雖有小忿，不廢懿親。今天子不忍小忿以棄
鄭親，其若之何？庸勳、親親、暱近、尊賢，德之大者也。即聾、
從昧、與頑、用嚚，姦之大者也。弃德、崇姦，禍之大者也。鄭有
平、惠之勳，又有屬、宣之親，弃嬖寵而用三良，於諸姬爲近，四
德具矣。耳不聽五聲之和爲聾，目不別五色之章爲昧，心不則德義
之經爲頑，口不道忠信之言爲嚚。狄皆則之，四姦具矣。周之有懿
德也，猶曰『莫如兄弟』，故封建之。其懷柔天下也，猶懼有外侮；
扞禦侮者，莫如親親，故以親屏周。召穆公亦云。今周德既衰，於
是乎又渝周、召，以從諸姦，無乃不可乎？民未忘禍，王又興之，
其若文、武何？」王弗聽，使頹叔、桃子出狄師。

富辰述文昭、武穆，以及周公之胤共二十七國，幾佔同姓封國之半。〔註49〕
這些封建國家是王室安定天下、撫臨萬民、鞏固大宗（天子）地位最主要的
藩屏。有了封建宗國，尚有憂慮「周德不類（善）」，所以召穆公殷殷告誡兄
弟懿親之義，恪守「庸親、暱近、尊賢」的行誼，以昭同姓封建大德。鄭國
之封，雖晚於文、武、成、康、卻同屬天王母弟，〔註50〕而且於王室有「平、
惠之勳」，與王室的直接關係是「屬、宣之親」，且鄭公多有出任王室卿士者，
相較於它諸侯，尤爲親近。〔註51〕

〔註49〕 魯昭公二十八年（514B.C），晉成鱄答魏獻子舉親云：「武王克商，光有天下，
其兄弟之國者十有五人，姬姓之國者四十人，皆舉親也。」《左傳正義》，頁
0913。其數五十五。昭公九年《傳》：「文、武、成、康之封建母弟」，是康王
亦有姬姓國之封，至於鄭之封，又晚至宣王。《荀子·儒效》、〈君道〉並稱周
代封建「立七十一國，姬姓獨居五十三人」。《荀子集解》，頁 114、243。
〔註50〕 鄭始封之祖桓公友，杜預云：「屬王之子，宣王之母弟。」《春秋經傳集解》，
頁 348。《史記·鄭世家》作「宣王庶弟」。《考證》舉富辰「鄭有屬、宣之親」
語，謂：「以屬王之子而兼云宣王，桓公明是宣王母弟。」《史記·十二諸侯
年表》作「宣王母弟。」《索隱》：「宣王二十二年，封之鄭。」分見《史記會
注考證》，頁 674、238、239。
〔註51〕 杜預解「於諸姬爲近」爲「道近，當暱之」。《春秋經傳集解》，頁 348。以富辰
所說的「庸勳、親親、暱近」之意來看，勳指平、惠，親指屬、宣，則近當指

《國語·周語中》富辰云：

> 鄭在天子，兄弟也。鄭武、莊有大勳力于平、桓；我周之東遷，晉、
> 鄭是依；子頹之亂，又鄭之緣定。

兄弟為親，定危平亂是勳，為天子卿士，王室依焉是近。鄭與王室關係如此，實不應因小忿而違棄突顯兄弟懿德、禦侮屏親的封建大義。

封建宗法同姓為兄弟，不宜離棄；異姓的姻親，甥舅亦為親親，論婚姻也應考慮福禍，因此，當襄王以狄師伐鄭後，為酬狄人之德，將以其女為后時，富辰又曉以封建親戚的「內利親親」大義。〈周語中〉：

> 富辰諫曰：「不可。夫婚姻，禍福之階也。由之利內則福，利外則取
> 禍。今王外利矣，其無乃階禍乎？昔摯、疇之國也由太任，杞、繒
> 由太姒，齊、許、申、呂由太姜，陳由太姬，是皆能內利親親者也。
> 昔鄢之亡也由仲任，密須由伯姞，鄶由叔妘，聃由鄭姬，息由陳媯，
> 鄧由楚曼，羅由季姬，盧由荊媯，是皆外利離親者也。」

富辰所舉太任等內利親親的，都是周王室賢君明王女眷，能光寵周室，利以建邦傳國；反之，仲任以下外利離親的，率皆危邦亡國女寵。襄王更問何以分別利內、利外。

> 對曰：「尊貴、明賢、庸勳、長老、愛親、禮新、親舊。然則民莫不
> 審固其心力以役上令，官不易方，而財不匱竭，求無不至，動無不
> 濟。百姓兆民，夫人奉利而歸諸上，是利之內也。若七德判離，民
> 乃攜貳，各以利退，上求不豎，是其外利也。」

富辰以是否合於尊貴等七德做為內利、外利的準據，實際上，這裡的七德不外是親尊貴近，亦即封建宗法的基本精神。論納后而不外於封建宗法。富辰接著談到鄭、狄與王室的親疏，以及襄王宜慎為取捨。

> 「夫狄無列於王室，鄭伯男也，王而卑之，是不尊貴也。狄，豺狼之
> 德也，鄭未失周典，王而蔑之，是不明賢也。平、桓、莊、惠皆受鄭
> 勞，王而棄之，是不庸勳也。鄭伯捷之齒長矣，王而弱之，是不長老
> 也。狄，隗姓也，鄭出自宣王，王而虐之，是不愛親也。夫禮，新不
> 間舊，王以狄女間姜、任，非禮且棄舊也。王一舉而棄七德，臣故曰
> 利外矣。《書》曰：『必有忍也，若能有濟也。』王不忍小忿而棄鄭，

職任周室，近於天子。故杜氏的路途遠近說，恐不確。近作親近解，竹添光鴻已有指陳。見竹添光鴻，《左傳會箋》（台北：廣文書局，1961），頁 50、51。

又登叔魏以階狄。狄，封豕豺狼也，不可猒也。」王不聽。

鄭有封建宗法七德，狄則無一，這裡面固然有當代人華、夷界域的族類意識在，而恰恰也是此一意識的分疏，使封建宗法的餘緒更加突顯，也經由此一餘緒的強調，使富辰的歷史述論有更明晰的現世意義。畢竟周室東遷之後，王室所能依恃的便是鄭、晉少數幾個親戚與國了。

以周室東遷到襄王欲以狄伐鄭間一百三十餘年的關係而言，中間實有多次不甚相得，甚且違離封建宗法禮制的歷史，如魯隱公三年（720B.C），平王崩前的周、鄭交質，魯桓公五年（707B.C）桓王奪鄭莊公卿政與虢，使不復知王政，而有周、鄭的繻葛之戰，桓王且遭祝聃射中肩膀。如此史迹斑斑，富辰卻不及一語，從富辰能知封建大小國家所自出來看，他必然熟知歷史典故，之所以略而不談，也是因為這種事大大違背了他所要強調的封建蕃屏的道義。因此，詳述往史如洋洋長篇，與略去要聞而一語不及，同樣是基於對封建宗法餘緒的深刻致意。詳以顯揚，略為隱晦，個中意致，捨封建宗法的寄意，史迹如何也不會有什麼重大的意義。

表一：周王室述封建宗法史迹以自固

魯公紀年 （西元前）	當事人	事　由	述論略要	出　處
僖 12（648）	周襄王，齊卿管仲	襄王嘉齊桓公平戎事，以上卿之禮饗管仲	天下勉齊桓公「往踐乃職」	《左傳》
宣 16（593）	周定王，晉卿士會	晉景公使士會平王室，定王以「殽烝」之禮饗士會	定王說明王享有「體薦」，宴有「折俎」	《左傳》
昭 15（527）	周景王，晉大夫籍談	景王不滿晉無彝器之薦，籍談以晉之封而無明器之賜答	景王論晉之始封即有分器，其後至襄公、文公皆有受王器、王田	《左傳》
僖 25（635）	周襄王，晉文公	襄王獎晉文公勤王事，勞之以地，文公辭地請隧	襄王論王室封建諸侯地方、器物，然「隧」為「王章」，文公不應請隧	《左傳》《國語·周語中》
昭 9（533）	周詹桓伯，晉大夫梁丙、張趯	周甘地大夫襄與晉閻縣大夫嘉爭田，晉平公使梁、張率陰戎伐。周邑，周景王乃使詹桓伯責晉	詹桓伯論四土皆為王土，分封乃在鞏固大宗本原。爭地已非，率戎伐周邑形同「裂冠毀冕，拔木塞原」	《左傳》

成 11（580）	周劉康公、單襄公，晉卿郤至	晉郤至與周爭鄇田，周簡王使劉、單二公訟諸晉	二公舉封建之初，地皆「王官之邑」，郤至若以「故地」爲據，推本溯源，實爲王土	《左傳》
襄 14（559）	周靈王，齊靈公	周靈王求后於齊，齊禮公許婚，王使劉定公賜齊侯命	以「伯舅太公」股肱周室，王室賴之而不壞，期望靈公「率舊」「纂考」	《左傳》
成 2（589）	周單襄公，晉大夫鞏朔	晉、齊鞌之役，晉勝，晉景公使大夫鞏朔獻齊捷，周定王弗見，使單襄公辭	王命伐四夷，則有獻捷，王親受而勞之，兄弟甥舅有隙，王命伐之，告事而已，不獻其功，所以敬親暱	《左傳》
昭元（541）	周劉定公，晉卿趙武	宋之盟弭兵後，楚勢日盛，趙武執晉政，會諸侯之大夫於虢，周景王使劉定公勞於潁水	劉定公因水起興，以夏禹治水之功深，澤及後代，勉趙武「遠績禹功」，亦有望晉主諸侯安定王室	《左傳》
昭 32（510）	周大夫富辛、石張，晉定公	周王子朝出奔楚，周敬王入成周，諸侯戍成周五年後，敬王使二人往晉請晉定公主持成周的整建工程	王室以周初成王合諸侯城東都成周係「崇文德」之史，寄望晉侯爲王室謀	《左傳》
昭 26（516）	周王子朝，天下諸侯	王子朝爭位失利，尹氏、召氏、毛伯以周之典籍奉王子朝奔楚，以書告諸侯	歷數西周以降，封建屛固的親戚伯舅能用力王室，免除王室傾覆之危，冀望諸侯助己，以己爲長，而敬王爲少	《左傳》
僖 24（636）	周襄王，周大夫富辰	鄭文公因滑人服叛不常欲興兵入滑，襄王使伯服、游孫伯爲滑請命。文公因宿怨、新疑，有忿於王室，故不聽王命，且拘執二使。王怒，將以狄伐鄭，富辰諫止	富辰舉封建諸侯出自文之昭、武之穆、周公之胤，義在強調，周德之「庸勳、親親、暱近、尊賢」亦封建宗法「兄弟懿德」、「禦侮屛周」之大義	《左傳》《國語‧周語中》
僖 24（636）	周襄王，周大夫富辰	襄王先是不聽富辰勿以狄伐鄭之諫，既行之，爲酬狄人助其伐鄭，將以狄女爲后，富辰復止之	富辰以「尊貴、明賢、庸勳、長老、愛親、禮新、親舅」七德，區別「內利親親」與「外利離親」，並及鄭、狄與王室的親疏，亦封建宗法史迹之述論與申彰	《國語‧周語中》

二、列國以封建宗法史迹以爲依違理據

周王室之外，春秋列國間的互動，也經常援引封建宗法的餘緒，藉由彼此間所共知的歷史陳迹，強化在互動上利於彼此的理據，亦即經由封建宗法的歷史述論，充當依違應對的理據。

魯隱公十一年（712B.C），滕侯、薛侯朝魯，爭長。《傳》：

> 薛侯曰：「我先封。」滕侯曰：「我，周之卜正也；薛，庶姓也，我不可後之。」公使羽父請於薛侯曰：「……。周之宗盟，異姓爲後。寡人若朝于薛，不敢與諸任齒。君若辱貺寡人，則願以滕君爲請。」
> 薛侯許之，乃長滕侯。

「宗盟」，楊伯峻云：「猶言會盟。」〔註52〕《孔疏》謂：「周人貴親，先敘同姓，以其篤於宗族，是故謂之宗盟。魯人之爲此言，見其重宗之義」、「此言宗盟耳，取重宗之事以喻己也。」〔註53〕以上文觀，《孔疏》契合文旨。隱公分別同宗與異姓，正是藉封建宗法的歷史陳迹以爲調和理據，因此，即使薛國遠早於滕爲商代封國，猶不能先於滕，因爲滕爲姬姓，〔註54〕以滕先薛，符合封建宗法的親尊原則。

異姓爭長，援封建宗法以爲理據，至於同姓爭長亦然。魯定公四年（506B.C），諸侯會於召陵，在歃盟之前，衛祝佗與周太史萇弘有一段關於封建宗法究係以德或以年爲先的討論。《傳》：

> 及皋鼬，將長蔡於衛。（杜注：「欲令蔡先衛歃。」）衛侯使祝佗私於萇弘曰：「聞諸道路，不知信否。若聞蔡將先衛，信乎？」萇弘曰：「信。蔡叔，康叔之兄也，先衛，不亦可乎？」子魚曰：「以先王觀之，則尚德也，昔武王克商，成王定之，選建明德，以蕃屏周。故周公相王室，以尹天下，於周爲睦。分魯公以大路、大旂，夏后氏之璜，封父之繁弱，殷民六族，條氏、徐氏、蕭氏、索氏、長勺氏、尾勺氏，使帥其宗氏，輯其分族，將其醜類，以法則周公。用即命于周。是使之職事于魯，以昭周公之明德。分之土田陪敦、祝、宗、卜、史，備物、典策，官司、彝器；因商奄之民，命以〈伯禽〉而封於少皞之虛。分

〔註52〕《春秋左傳注》，頁 72。
〔註53〕《左傳正義》，頁 0079。
〔註54〕隱公七年《經》：「滕侯卒。」《孔疏》謂：「《（世）譜》云：『滕』，姬姓。文王子錯叔繡之後，武王封之，居滕。僖公二十四年，富辰論封建，滕爲文昭之一。分見《左傳正義》，頁 0071、0255。

> 康叔以大路、少帛、綪茷、旃旌、大呂，殷民七族，陶氏、施氏、繁
> 氏、錡氏、樊氏、饑氏、終葵氏；封畛土略，自武父以南及圃田之北
> 竟，取於有閻之土以共王職；取於相土之東都以會王之東蒐。聃季授
> 土，陶叔授民，命以〈康誥〉而封於殷虛。皆啟以商政，疆以周索。
> 分唐叔以大路、密須之鼓、闕鞏、沽洗，懷姓九宗，職官五正。命以
> 〈唐誥〉而封於夏虛，啟以夏政，疆以戎索。三者皆叔也，而有令德，
> 故昭之以分物。不然，文、武、成、康之伯猶多，而不獲是分也，唯
> 不尚年也。管、蔡啟商，惎間王室，王於是乎殺管叔而蔡蔡叔，以車
> 七乘，徒七十人。其子蔡仲改行帥德，周公舉之，以爲己卿士，見諸
> 王，而命之以蔡。其命書云：『王曰：「胡！無若爾考之違王命也！」』
> 若之何其使蔡先衛也？武王母弟八人，周公爲太宰，康叔爲司寇，聃
> 季爲司空，五叔無官，豈尚年哉？曹，文之昭也；晉，武之穆也。曹
> 爲伯甸，非尚年也。今將尚之，是反先王也。」

祝佗一口氣細數魯、衛、唐初封的實情。三者於長幼之別爲叔，然各授予土田、宗室、分族、類醜以及分物重器，之所以能夠如此受到寵賜，關鍵在於三人「有令德」。祝佗並魯、唐相提，有彰顯衛祖康叔之德美與魯、唐二叔相同之意，也再次強調他開頭說的「尚德」此一封建大事所憑依的本質。

祝佗熟悉周初封建的史迹，一旦衛命從君與盟，面臨先後的問題，善於將史迹之述縮結現實需要，爲衛國在外交事務上爭取到尊嚴。

魯僖公四年（656B.C），齊桓公以諸侯之師侵蔡，蔡潰，遂伐楚。楚成王以齊處北海，楚處南海，殊別二地「風馬牛不相及」，齊何故相侵問於管仲，管仲舉封建之義以答。《傳》：

> 管仲對曰：「昔召康公命我先君太公曰：『五侯九伯，女實征之，以
> 夾輔王室！』賜我先君履，東至于海，西至于河，南至于穆陵，北
> 至于無棣。」

管仲舉周初召公、太公史迹，陳說太公得以征討天下諸侯，〔註55〕「以夾輔王室」。這正符合封建宗法的屏周之意，因此，即使楚處南海，只要行爲上有違於封建禮制，齊亦得征伐。而楚正好有違諸侯之於天子應盡的義務之處。管仲接著說：

〔註55〕 五侯九伯，自賈逵、服虔、杜預以下至王引之、俞樾，說法略有不同，「其恉則一，皆謂五侯九伯統言天下諸侯。」說詳楊伯峻，《春秋左傳注》，頁289。

「爾貢苞茅不入，王祭不共，無以縮酒，寡人是徵。昭王南征而不
復，寡人是問。」對曰：「貢之不入，寡君之罪也，敢不共給？昭王
之不復，君其問諸水濱！」

諸侯貢獻方物，來源甚早，《尚書・禹貢》多記九州所貢方物。《逸周書・明
堂》謂周公「制禮作樂，萬國各致其方賄。」所謂的「方賄」指的是器、服、
物、嬪諸貢的物品。〔註 56〕苞茅，似爲南方所產，而於祭祀時用以濾酒的方
物，〔註 57〕管仲責問楚苞茅不入，顯然楚國負有貢獻苞茅的諸侯義務，所以
楚使也承認疏忽此貢是楚君的過錯。從《左傳》來看，楚國並不像周王室所
分封的封建諸侯，接受授土、授民以及分器分物的封建規制，卻也不是完全
自外於封建體系；雖無親戚之恩，卻也負王事之共禦。〔註 58〕管仲不以蠻夷
異族看待楚國，〔註 59〕不易知悉管仲是否眞的沒有族類意識，至少，從管仲
的責備來看，他是立基於封建諸侯須負貢獻此一歷史性的陳規上的。另子革
回答楚靈王的話中，也表明了楚自始便有貢獻方物的事實。所以，管仲的苞
茅之責，實際上是在強調封建此一歷史性的貢獻遺制爲楚所疏廢，以爲自己

〔註56〕《逸周書彙校集注》，頁 765、766。
〔註57〕〈禹貢〉荆州所貢有「包匭菁茅」。《孔傳》云：「菁以爲菹，茅以縮酒。」《孔
疏》引鄭玄之説：「菁茅爲一物，匭猶纏結也。菁茅之有毛刺者重之，故既包
裹而又纏結也。」《尚書正義》，頁 0084。是茅爲供濾酒以充祭祀的重要貢物。
另《周禮・天官・太宰》九貢第一爲祀貢。鄭玄注：「祀貢，犧牲、包茅之屬。」
〈天官・甸師〉有「祭祀共蕭茅。」《禮記・郊特牲》謂：「縮酌用茅，明酌
也。」分見《周禮注疏》，頁 0032、0064；《禮記注疏》，頁 0508。凡此，指
茅可濾酒。因此，茅之爲物，於祭祀縮酒爲不可或缺。
〔註58〕魯昭公十二年（530B.C），楚靈王説楚國先君熊繹與齊丁公呂伋、衛康叔子王
孫牟、晉康叔子燮父、魯公伯禽共事康王，四國皆有珍寶分器，唯獨楚國沒
有。子革答云：「昔我先王熊繹辟在荆山，篳路藍縷以處草莽，跋涉山川以事
天子，唯是桃弧棘矢以共禦王事。齊，王舅也；晉及魯、衛，王母弟也，楚
是以無分，而彼皆有。」《左傳正義》，頁 0794。是楚固無分器，然而涉遠以
事天子，貢物以共禦王事，形同封建諸侯，有其義務。
〔註59〕魯成公四年（587B.C），季文子勸止成公勿叛晉求成於楚，引《史佚之志》：「非
我族類，其心必異。」謂：「楚雖大，非吾族也，其肯字我乎？」《左傳正義》，
頁 0439。另如魯襄公二十七年（546B.C），晉、楚弭兵會盟於宋，楚爭先歃，
叔向説「昔成王盟諸侯于岐陽，楚爲荆蠻，置茅蕝，設望表，與鮮卑守燎，
故不與盟。」《國語・晉語八》。《國語》，頁 466。是姬姓與羋姓的族類分殊。
《史記・楚世家》載楚武王三十五年（魯桓公六年，706B.C）伐隨。隨人稱
自己無罪，武王説「我蠻夷也」。顯然不受封建討罪的制約，亦楚與異姓的族
類分殊。《新校本史記三家注》，頁 1695。

的征伐尋找理據。至於昭王南征不復的歷史大事、責任，楚使卻直截了當的認爲事不關楚，因爲當時楚國無有漢水。〔註60〕

　　魯僖公五年（655B.C），晉獻公將假道於虞以伐虢，宮之奇與虞公有一段對封建親戚史迹的不同見解。《傳》：

> （宮之奇說虢、虞如脣齒互依，虢亡，虞必亡。）公曰：「晉，吾宗也，豈害我哉？」對曰：「太伯、虞仲，太王之昭也；太伯不從，是以不嗣。虢仲、虢叔，王季之穆也；爲文王卿士，勳在王室，藏於盟府。將虢是滅，何愛於虞？且虞能親於桓、莊乎？其愛之也，桓、莊之族何罪？而以爲戮，不唯偪乎？親以寵偪，猶尚害之，況以國乎？」

虞君自恃與晉爲同宗，晉即使伐滅虢也不至於加害虞，這一見解揆諸當時史迹，實不盡然。以晉、虢關係而言，魯莊公二十六年（668B.C），虢曾二度侵晉，〔註61〕次年，晉一度想伐虢，士蒍諫止。魯僖公二年（晉獻公十九年，658B.C），晉以良馬寶玉賄虞，假道以伐虢，滅虢邑下陽。〔註62〕晉、虢互伐，於史有徵，論其親近，虞不過虢，虞君的見解，實際上不足爲自存的堅強理據，然而捨封建宗法親親關係，似乎也難以自解。由此亦可見出封建宗法的歷史陳迹，多少對虞君而言，似仍可爲據。只是此一理據並不能完全落實，虞於虢滅稍後亦亡於晉，適也應驗了宮之奇「將虢是滅，何愛於虞」的預言。虞君與宮之奇同樣引封建封法以爲言說，虞君泥於古制且昧於現實，不免一廂情願；宮之奇則體認到時移與勢變，深以親暱不足爲自存的依據。這裏面反映了主政者的見解，也說明以歷史陳迹爲自解它的局限性，不宜盲目信服。

　　封建宗法史迹爲春秋列國知識分子的歷史知識，此一歷史知識又往往成

〔註60〕　「問諸水濱」，杜預注云：「昭王時漢非楚境，故不受罪。」《正義》曰：「〈楚世家〉，成王封熊繹於楚，以子男之田國居丹陽。」《孔疏》：「宋仲子云：『丹陽，南郡枝江縣也。枝江去漢，其路甚遠，昭王時漢非楚境，故不受罪也。』」《左傳正義》，頁0202。近人王玉哲認爲楚國在熊渠（周夷王時）才開始從江蘇、安徽間的大江流域沿長江西上，停留於江漢之間。王玉哲，〈楚族故地及其遷移路線〉，收入杜正勝編，《中國上古史論文選集 上》，頁649。

〔註61〕　《左傳》但記虢侵晉，不言因由。《史記・晉世家》記晉獻公九年，「晉羣公子既亡奔虢，虢以其故再伐晉，弗克」。《考證》引梁玉繩之說，謂：「晉之公子盡殺于聚（去年），無有未殺而奔虢者。《史記會注考證》，頁623。

〔註62〕　《史記・晉世家》：「獻公曰：『始吾先君莊伯、武公之誅晉亂，而虢常助晉伐我。又匿晉亡公子，果爲亂，弗誅，後遺子孫憂』。乃使荀息以屈産之乘，假道於虞。虞假道，遂伐虢，取其下陽，以歸。」所記詳於《左傳》。《新校本史記三家注》，頁1644。

爲知識分子做爲勸諫的引據，以下出自《國語・晉語四》三則有關晉文公流亡列國的記載，頗可看出此一情狀。

先是晉文公去狄過衛，衛文公不以禮相待，衛卿甯莊子勸道：

「夫禮，國之紀也；親，民之結也；善，德之建也。……。晉公子
善人也，而衛親也，君不禮焉，棄三德也。臣固云君其圖之。康叔，
文之昭也；唐叔，武之穆也。周之大功在武，天祚將在武族。苟姬
未絕周室，而俾守天聚者，必武族也。武族唯晉實昌，晉胤公子實
德。晉仍無道，天祚有德，晉之守祀，必公子也。若復而修其德，
鎮撫其民，必獲諸侯，以討無禮。君弗蚤圖，衛而在討。」

其次是自衛過曹，曹共公亦不禮，大夫僖負羈在論說「愛親明賢」、「禮賓矜窮」後，又舉二國封建宗法之親相諫：

「先君叔振，出自文王，晉祖唐叔，出自武王。文、武之功，實建
諸姬。故二王之嗣，世不廢親。」

第三，晉文公過鄭，鄭文公亦如衛、曹二君，大夫叔詹稱道重耳有三福祚：成而雋才、晉國不靖、有狐、趙謀之。復諫之以封建宗法之親：

「晉、鄭兄弟也，吾先君武公與晉文侯戮力一心，股肱周室，夾輔
平王，平王勞而德之，而賜之盟質，曰：『世相起也。』若親有天，
獲三祚者，可謂大天。若用前訓，文侯之功，武公之業，可謂前訓。
若禮兄弟，晉、鄭之親，王之遺命，可謂兄弟。」

以上三事，《左傳》所載疏略，〔註63〕以〈晉語四〉所記來看，所著重的不在事，而在於言。甯莊子等人對重耳的讚許，難免有所溢美，然而三人在論說宜應以禮相待流亡的重耳時，一致的援引封建宗法的史迹，強調親親之義，可見封建宗法此一歷史餘緒在這些知識分子的認知裡，是有可供發揮的價值。因此，當他們希望自己的國君不要失禮時，除了以原則性的德、善相勸，猶不忘陳述眾所共知的封建宗法史迹，企圖以親親的舊義，彰顯自己諫言的理據。

當然，引用封建宗法的歷史述論是否能產生具體有利於己的效果，有時候還須視主政者的思維而定。如魯僖公二十五年（635B.C），陽樊人反對以其

〔註63〕《左傳》記三事全在魯僖公二十三年，次年，重耳入晉即位，顯然係追記。
三事發生的時間，以〈晉語四〉記衛文公因值邢、狄之虞而不能禮晉文公。
衛有邢、狄之難在僖公十八年，據此，三事在僖公十八年後。《左傳》但大略
記其事，〈晉語四〉則爲諫言之詳載。

地賜晉文公，引封建宗法而得以自存。《傳》：

> 陽樊不服，（晉）圍之。蒼葛呼曰：「德以柔中國，刑以威四夷，宜
> 吾不敢服也。此，誰非王之親戚，其俘之也？」乃出其民。

蒼葛以王之親戚之義爲據，使陽樊得免兵燹。《國語》記載較詳。〈周語中〉：

> 倉（蒼）葛呼曰：「王以晉君爲能德，故勞之以陽樊，陽樊懷我王德，
> 是以未從於晉。謂君其何德之布以懷柔之，使無有遠志？今將大泯
> 其宗祊，而蔑殺其民人，宜吾不敢服也！夫三軍之所尋，將蠻、夷、
> 戎、狄之驕逸不虔，於是乎致武。……。且夫陽，豈有裔民哉？夫
> 亦皆天子之父兄甥舅也，若之何其虐之也？」晉侯聞之，曰：「是君
> 子之言也。」乃出陽民。

〈晉語四〉：

> 倉（蒼）葛呼曰：「君補王闕，以順禮也。陽人未狎君德，而未敢承
> 命。君將殘之，無乃非禮乎！陽人有夏、商之嗣典，有周室之師旅，
> 樊仲之官守焉，其非官守，則皆王之父兄甥舅也。君定三室而殘其姻
> 族，民將焉放？敢私布於吏，唯君圖之！」公曰：「是君子之言也。」
> 迺出陽人。

王之親戚、天子之父兄甥舅、周室師旅、仲山甫之官守、王室姻族等等，無
一不是親親規制下的具體關係，亦即無一不是衍自封建宗法的親緣網絡。陽
樊近於成周王畿、襄王將之賜晉以酬文公定王室之功，始賜時陽人不服，才
有晉以兵圍之事。倉葛以德刑所施分別華、夷，陽樊非罪凶流裔，不可兵凶
相加，因此以封建宗法明德親親之義爲據，於史有徵，於理有據。文公亦善
爲人君，稱許倉葛爲君子，不無讚許倉葛善引史迹，善述封建義理之意。

　　魯僖公二十六年（634B.C），齊孝公伐魯北鄙，魯使展喜犒齊師，亦以封
建親親爲辭。《傳》：

> 齊侯（孝公）曰：「魯人恐乎？」對曰：「小人恐矣，君子則否。」
> 齊侯曰：「室如懸罄，野無青草，何恃而不恐？」對曰：「恃先王
> 之命。昔周公、太公股肱周室，夾輔成王，成王勞之，而賜之盟，
> 曰：『世世子孫無相害也！』載在盟府，太師職之。桓公是以糾合
> 諸侯，而謀其不協，彌縫其闕，而匡救其災，昭舊職也。及君即
> 位，諸侯之望曰：『其率桓之功！』我敝邑用不敢保聚，曰：『豈
> 其嗣世九年，而棄命廢職？其若先君何？君必不然。』恃此以不

恐。」齊侯乃還。

此事《國語‧魯語上》所載大意相同，而詞有小異，並不及齊桓之例。〔註64〕展喜說小人恐，君子則否，這裏的君子是指魯國的爲政者，亦即魯國的公族，這羣貴族知曉魯、齊二國關係親近的封建歷史。遠的是立國之初周公、太公股肱周室、夾輔王室，協心同志的舊職史迹，彼此間相親無相害；近的則是齊孝公之父桓公爲盟主，繼續履行原初封建宗法的義務。魯國的爲政者相信齊孝公必也知悉此一歷史，因此不會有所恐懼。最後，齊孝公果然退兵而返。

魯僖公二十八年（632B.C），晉文公有疾，曹伯之豎侯獳賄賂晉筮史，使其爲曹伯歸曹說項。《傳》：

> （曰）：「齊桓公爲會而封異姓，今君爲會而滅同姓。曹叔振鐸，文之昭也；先君唐叔，武之穆也。且合諸侯而滅兄弟，非禮也；與衛偕命，而不與偕復，非信也；同罪異罰，非刑也。禮以行義，信以守禮，刑以正邪。舍此三者，君將若之何？」公說，復曹伯。

晉筮史舉封建宗法親親之義，並比較齊桓、晉文會盟諸侯或封異姓或滅同姓的史迹與今事，以爲遊說的理據。曹、晉爲兄弟，親逾於異姓；衛、晉亦如兄弟，衛既允復，則曹亦當如之。

魯成公二年（589B.C），晉、齊鞌之役後，敗戰的齊頃公派遣賓媚人（國佐）以紀甗、玉磬與地求成，晉郤克不許。《傳》：

> 曰：「必以蕭同叔子爲質，而使齊之封內盡東其畝。」對曰：「蕭同叔子非他，寡君之母也。若以匹敵，則亦晉君之母也。吾子布大命於諸侯，而曰必質其母以爲信，其若王命何？且是以不孝令也。《詩》曰：『孝子不匱，永錫爾類。』若以不孝令於諸侯，其無乃非德類也乎？先王疆理天下，物土之宜，而布其利。故《詩》曰：『我疆我理，南東其畝。』今吾子疆理諸侯，而曰盡東其畝而已，唯吾子戎車是利，無顧土宜，其無乃非先王之命也乎？反先王則不義，何以爲盟主？其晉實有闕。」

國佐說以國君之母爲人質，不但不足言信，亦且於孝有虧，實爲悖德。而強迫改變田畝走向，只爲利於晉國兵車出入齊國，也大大違背了先王封疆平治天下，各盡地利之宜的初衷。二者都遠非封建周親，無相爲害的本義，晉如眞要一意孤行，豈能身任盟主？此事經國佐申明封建德義於先，再經魯、衛

〔註64〕《國語》，頁 160。

共諫於後，郤克遂答應國佐之賄。齊既免去國母爲質的恥辱，也保住了東南其畝的物土之宜，國佐引封建史迹而得二利。

魯襄公二十九年（544B.C）夏，晉平公合諸侯爲其母家杞修城，鄭游吉有一番分殊同姓、異姓的意見。《傳》：

> 晉國不恤周宗之闕，而夏肄是屏，其棄諸姬，亦可知也已。諸姬是
> 棄，其誰歸之？吉也聞之，棄同即異，是謂離德。《詩》曰：『協比
> 其鄰，昏姻孔云。』晉不鄰矣，其誰云之？」

同年，晉平公使司馬女叔侯治魯所歸還的杞田，平公母疑其有所隱漏。平公告知叔侯，叔侯先說一段晉國侵小、兼國甚多的往事，繼而談到杞、魯與晉的親疏。《傳》：

> 「杞，夏餘也，而即東夷。魯，周公之後也，而睦於晉。以杞封魯
> 猶可，而何有焉？魯之於晉也，職貢不乏，玩好時至，公卿大夫相
> 繼於朝，史不絕書，府無虛月。如是可矣，何必瘠魯以肥杞？」

這二件事都和杞有關。糾合諸侯爲盟主母家修城，諸侯不免微詞，游吉分殊周宗與夏肄，亦即同姓、異姓有其親疏。雖然杞爲武王封先朝之後，同爲封建舊史，以兄弟甥舅衡諸，親疏亦有等差。平公不恤宗闕而夏肄是屏，等於是棄同即異，深違合德的封建之義。女叔侯亦以親疏分殊魯、杞與晉的關係。魯爲姬姓且睦於晉並職貢不乏，杞則異姓且親近東夷，就封建宗法的親親本義言，中間的差異很清楚。此二事的發言者所引以爲理據的，主要也是封建宗法的歷史申論。

魯昭公十年（534B.C），魯季平子伐莒取郠，莒人愬於晉。十三年，晉昭公將討魯，使叔向辭魯昭公，不與魯君盟。魯子服惠伯謂季平子：

> 「晉信蠻、夷而棄兄弟，其執政貳也。貳心必失諸侯，豈唯魯然？」

惠伯建請平子往晉，自己以副貳相隨。晉執季平子，惠伯說晉執政韓宣子：

> 「今信蠻夷而棄之（指魯），……。若以蠻、夷之故棄之，其無乃得
> 蠻、夷而失諸侯之信乎？子計其利者，小國共命。」宣子說，乃歸平
> 子。

上面二則引文出自《國語·魯語下》。《左傳》所載大致同於第一則。《傳》：

> 子服惠伯對曰：「君信蠻夷之訴，以絕兄弟之國，棄周公之後，亦唯
> 君。寡君聞命矣。」

魯子服惠伯用以自解的，仍然是訴諸以封建宗法親親的歷史餘緒。

魯哀公十三年（482B.C），吳盟諸侯於黃池，吳、晉爭先。《傳》：

> 吳人曰：「於周室，我為長。」晉人曰：「於姬姓，我為伯。」〔註65〕

吳、晉爭為盟主，吳、晉各以長、伯為理據，亦封建宗法之義。

表二：列國述封建宗法史迹以應對

魯公紀年（西元前）	當事人	事由	述論略要	出處
隱11（712）	魯公子翬，滕侯，薛侯	滕侯、薛侯朝魯，爭長	薛自稱「先封」，滕云「我，周之卜正，薛，庶姓，我不可後之」。公子翬以「周之宗盟，異姓為後」，遂先滕後薛	《左傳》
定4（506）	衛祝佗，周太史萇弘	召陵之盟，將長蔡於衛，衛祝佗私於萇弘，爭長	祝佗論周初封建，述其發展史迹，強調衛雖少於蔡，然封建「尚德」，康叔德邁蔡叔；且封建分物亦不以長幼為依，乃以「令德」為據，康叔有令德，故宜長於蔡	《左傳》
僖4（656）	齊卿管仲，楚成王使者某	齊桓公以諸侯之師侵蔡，蔡潰，遂伐楚。楚成王使人問齊何以侵楚，管仲答之	管仲先述齊太公受王命，得征「五侯九伯」，更責以楚人不貢苞茅，並昭王南征不復之事	《左傳》
僖5（655）	虞公，虞大夫宮之奇	晉獻公將假道虞以伐虢，宮之奇諫止，虞公以與晉同宗，謂晉不害虞。宮之奇復引史勸諫	宮之奇謂封建同宗亦有親疏近遠，虞之於晉，親不如虢；不唯如此，設使虢滅，虞何能獨存，以獻公之戮同宗桓、莊之族言，虞危殆明矣	《左傳》
僖18後（642後）	衛文公，衛卿甯莊子	晉文公出亡在外，去狄過衛，衛文公不以禮相待	甯莊子以康叔是文之昭，唐叔是武之穆，重耳德、善，將守晉祀，宜禮之	《國語·晉語四》

〔註65〕這次爭奪先歃的結果，《左傳》與《國語·吳語》、《公羊傳》所記各異，即使《史記》，於〈吳太伯世家〉、〈晉世家〉、〈趙世家〉亦不相同。《左傳》、《吳太伯世家》以晉先，餘為吳先。分見《左傳正義》，頁 1028；《國語》，頁 615；《公羊傳注疏》，頁 0353；《新校本史記三家注》，頁 1474、1685、1792。

僖18後（642後）	曹共公，曹大夫僖負羈	晉文公自衛過曹，曹共公不禮，大夫負羈爲之諫說	僖負羈追述曹祖叔振出自文王，晉祖唐叔出自武王，文、武封建，不應廢親	《國語·晉語四》
僖18後（642後）	鄭文公，鄭大夫叔詹	晉文公過鄭，鄭文公亦不以禮相待，大夫叔詹諫	叔詹謂晉、鄭是兄弟，且同時股肱王室，夾輔平王，宜守此親尊之義	《國語·晉語四》
僖25（635）	晉文公，陽樊人蒼葛	周襄王酬晉文公納己，賜以陽樊等地，陽樊不服，晉圖陽樊	蒼葛以「德柔中國，刑威四夷」，謂陽樊亦「王之親戚」，「天子之父兄甥舅」晉豈可以威刑四夷之舉待之	《左傳》《國語·周語中》《國語·晉語四》
僖26（634）	魯大夫展喜，齊孝公	齊孝公以霸主自居，不以魯、衛互盟爲然，既侵西鄙，復伐魯北鄙，魯使展喜犒齊師	孝公問魯人恐乎？展喜云小人恐，君子則否，其所恃乃始自周公、太公夾輔王室，王室賜「世世子孫無相害」之盟，中則有齊桓「昭舊職」之典則	《左傳》《國語·魯語上》
僖28（632）	晉文公，晉筮史某	晉侵曹，拘曹共公，多，文公有疾，曹伯之豎侯獳貨賄晉筮史，使說文公以復曹伯	筮史以齊桓公會而封異姓，而晉文公會而滅同姓爲例，稱述文昭之曹與武穆之晉乃兄弟之國，文公爲盟主應復曹伯	《左傳》
成2（589）	齊大夫賓媚人（國佐），晉卿郤克	齊、晉鞌之役，齊敗，齊頃公使賓媚人以紀甗、玉磬與地求成，晉郤克要求齊以頃公之母蕭同叔子爲質，並將齊境田界由東南走向改爲東西向	賓媚人先說以國君之母爲質乃「以不孝令」，實「非德類」，次言齊田界的「南東其畝」係周初先王分封疆理之命，今強令更易是「非先王之命」	《左傳》
襄29（544）	晉平公，鄭卿游吉	晉平公糾合諸侯，命諸侯爲其舅家杞國修城，鄭游吉分疏同姓、異姓	游吉以杞爲夏後異姓，平公不恤「周宗之闕」而棄諸姬，係「棄同即異」，亦即「離德」。同姓、異姓分疏，乃封建宗法親疏之義	《左傳》

襄 29（544）	晉平公，晉馬女叔侯	晉平公使女叔侯治魯所歸還之杞田，平公母疑其有所隱漏。平公告之，女叔侯答二國與晉之親疏	女叔侯言杞是「夏餘」而近於東夷，魯爲「周公之後」，與晉殊親，且貢、朝不乏，「以杞封魯猶可」，卻不可「瘠魯以肥杞」	《左傳》
昭 13（529）	晉卿韓起，魯卿子服惠伯	晉昭公因莒人愬季平子伐莒取鄆事，將興兵討魯，子服惠伯相季平子往晉	子服惠伯說韓起，謂晉「信蠻夷之訴，以絕兄弟之國，棄周公之後」。兄弟之國、武之穆、周公之胤，皆封建親親之義	《左傳》《國語·魯語下》
哀 13（482）	晉人，吳人	吳勢盛，會諸侯於黃池，盟而爭先。	吳人曰：「於周室，我爲長。」晉人曰：「於姬姓，我爲伯，」爲長、爲伯，亦封建宗法史迹	《左傳》《公羊》《國語·吳語》

第三節　個己當下處境之分說

　　春秋時期知識分子的援史、申史、述史，除了基於國家立場發爲言論，如前面所述之外，亦頗多自我開解，爲人開脫、設想、荐舉，以及臧否他國君、臣行止的。此類例證爲數不少，以下試加分說。

一、自我開解

　　魯僖公二十四年（636B.C），晉文公得秦助入晉，呂甥、郤芮畏偪，將焚公宮而弒文公。寺人披請見文公，文公以十九年前甫出亡蒲城，寺人披奉獻公之命殺重耳的舊怨責備披。寺人披先以「君命無二，古之制」說自己但依獻公之命，竭力而爲，初不有重耳與蒲、狄之別。繼則引史迹爲自己開解。《傳》：

　　（曰：）「齊桓公置射鉤，而使管仲相。君若易之，何辱命焉？行者
　　甚眾，豈唯刑臣？」公見之，以難告。

寺人披先前於晉文公有斬袪之隙，事在魯僖公五年（655B.C），時重耳告蒲人勿抵抗，自己踰垣而走，寺人披斬其袪（袖口）。〔註66〕從僖公五年《傳》文：「重耳曰：『君父之命不校。』乃徇曰：『校者，吾讎也。』踰垣而走。披斬

〔註66〕袪，杜預注云：「袂也。」《春秋經傳集解》，頁253。楊伯峻說是「袖口」。《春秋左傳注》，頁305。

其袪。」來看，重耳並無命蒲人反抗，而寺人披斬重耳袖口，或不無取其信物以報獻公之命的可能；縱使披真有意取重耳性命，一來也是受君命的必然，二來斬袪的危險程度輕於射鉤，〔註67〕齊桓公幾蒙殺身危殆，尚不計前嫌，如今文公若不能釋嫌，恐將使離棄者眾。

　　魯襄公十年（563B.C），周靈王叔父陳生與伯輿爭權，靈王助伯輿，陳生怒而出奔，盟主晉悼公使士匄（范宣子）調和爭端。雙方各派代表，會於王庭。《傳》：

> 王叔之宰曰：「篳門閨竇之人而皆陵其上，其難為上矣。」（伯輿之
> 代表）瑕禽曰：「昔平王東遷，吾七姓從王，牲用備具，王賴之，而
> 賜之騂旄之盟，曰：『世世無失職。』若篳門閨竇，其能來東厎乎？
> 且王何賴焉？」

王叔之宰以尊卑貴賤的身分等差，說伯輿係「篳門閨竇」的微賤之家，其主王室政事是陵夷之勢。〔註68〕瑕禽則引平王東遷多有賴七姓襄助。七姓各有職掌，出於王命；如果真如王叔之宰所說的低賤，何以平王如此倚重？如果要追究周室的困窘，責任不在伯輿。瑕禽接著說：

> 「今自王叔之相也，政以賄成，而刑放於寵。官之師旅，不勝其富，
> 吾能無篳門閨竇乎？唯大國圖之！下而無直，則何謂正矣？」

瑕禽引史迹為今事爭理，用意在提醒聽訟正獄的范宣子，斷曲直以理，不能以身分的高下為準。

　　魯昭公五年（537B.C），楚靈王以諸侯及東夷伐吳。吳君使其弟蹶由犒師，楚王拘執之並將以釁鼓之前，詢諸其來楚時卜兆之吉凶。蹶由謂卜吉。《傳》：

> 「使臣獲釁軍鼓，而敝邑知備，以禦不虞，其為吉，孰大焉？國之
> 守龜，其何事不卜？一臧一否，其誰能常之？城濮之兆，其報在邲。
> 今此行也，其庸有報志？」乃弗殺。

〔註67〕〈晉語四〉云：「管仲賊桓公而卒以為侯伯。乾時之役，申孫之矢集于桓鉤，鉤近於袪，而無怨言，佐相以終，克成令名。」韋昭釋「鉤近於袪」謂：「近，害也。鉤在腹，袪在手。」《國語》，頁368、370。腹、手之傷，重、輕之別顯然。

〔註68〕伯輿主王政可能早於此。魯成公十一年（580B.C），《傳》記：「周公楚……，與伯輿爭政，不勝，怒而出。」杜預注云：「伯輿，周卿士。」《釋文》：「輿，本亦作興。」《春秋經傳集解》，頁713。楊伯峻據《釋文》，推言二伯輿「或為同一人。」《春秋左傳注》，頁853。顧棟高〈春秋王迹拾遺表〉記自魯襄公二年（周靈王元年，571B.C）至十年，王室執政為王叔陳生與伯輿。《春秋大事表》，頁1697、1698。如是，則伯輿主政之年不短。

晉、楚城濮之役與邲役相去前後三十六年（632～597B.C）。蹶由說前者楚人龜卜爲吉，實則挫敗，然而其後的邲之役，楚則獲勝；可見卜吉未必即是當時之吉，可能是後事之兆。以晉、楚二役爲例，時卜爲吉，其實是凶，然吉見諸後；如今我蹶由來時卜吉而被殺，則吉之應必在後日楚、吳相抗時，吳必得吉。蹶由說百年前楚國敗、勝的史迹爲眞，稱言卜兆乃應靈王之問，可見卜兆之論不管可信否，總之城濮與邲二役，昭昭在前；而如此引說，雖爲儆楚，更爲自己開解。

　　魯昭公七年（535B.C），楚芊尹無宇的守門人犯罪亡入楚靈王的章華宮，無宇往拘，司宮官員不僅不放人，且以無宇「執人於王宮，其罪大」爲名，執見靈王。無宇有一番自我辯白之辭。《傳》：

> 無宇辭曰：「天子經略，諸侯正封，古之制也。封略之內，何非君土？食土之毛，誰非君臣？故《詩》曰：『普天之下，莫非王土；率土之濱，莫非王臣。』天有十日，人有十等。下所以事上，上所以共神也。故王臣公，公臣大夫，大夫臣士，士臣阜，阜臣輿，輿臣隸，隸臣僚，僚臣僕，僕臣臺。馬有圉，牛有牧，以待百事。今有司曰：『女胡執人於王宮？』將焉執之？周文王之法曰：『有亡，荒閱』，所以得天下也。吾先君文王，作僕區之法，曰：『盜所隱器，與盜同罪』，所以封汝也。若從有司，是無所執逃臣也。」

無宇引〈小雅·北山〉證說封略古制，以人的十等身分區別等差，也說明各有職司之宜；既是如此，則王宮內外不應區別，而無宇執拘罪人，亦合乎十等之宜。更何況，聖德如周文王，賢明如楚文王都有搜捕、連坐的法令；前者得天下，後者開闢疆域，北達汝水。似此不因人廢法而得其大利的史迹，於楚豈不有啓示之用，而靈王更不應因一己之私而匿亡。無宇又舉反面史迹爲論證：

> 「逃而舍之，是無陪臺也。王事無乃闕乎？昔武王數紂之罪以告諸侯曰：『紂爲天下逋逃主，萃淵藪。』故夫致死焉。君王始求諸侯而則紂，無乃不可乎？若以二文之法取之，盜有所在矣。」王曰：「取而臣以往，盜有寵，未可得也。」

無宇說商紂王窩藏、收容天下的罪人，成爲逃亡者的主人，亦即是罪人中最大的罪人，其結果是亡國。如今君王想爲諸侯盟主，豈可取法紂王。而且，如果確實執行二文之法，靈王應受拘執的連坐。〔註69〕因此，無宇入王宮執

〔註69〕「盜有所在」，杜預注云：「言王亦爲盜。」《春秋經傳集解》，頁1289。前文

罪犯，合於法理，引正、反史迹爲說，爲己開解意圖明顯，而理據亦直。

　　魯昭公二十年（522B.C），齊景公田于沛，以弓招虞人，虞人不進，景公使人執之。虞人有辭。《傳》：

　　　　辭曰：「昔我先君之田也，旃以招大夫，弓以招士，皮冠以招虞人。

　　　　臣不見皮冠，故不敢進。」乃舍之。

虞人掌山澤，景公田獵，因招虞人前進之物不合規矩，虞人是以不應，所稱引史迹無具體事例，唯言「昔我先君」，當是其來有自之制，亦可視爲史迹。〔註70〕故虞人得以自我開脫。

　　魯哀公二十四年（471B.C），公子荊之母嬖，哀公將立爲夫人，使宗人釁夏獻其禮。宗人以於禮無有而拒之，哀公怒責其爲宗有司，事爲國之大禮，何故無有。宗人有說。《傳》：

　　　　對曰：「周公及武公娶於薛，孝、惠娶於商，自桓以下娶於齊，此禮

　　　　也則有。若以妾爲夫人，則固無其禮也。」公卒立之，而以荊爲太

　　　　子，國人始惡之。

春秋時魯爲保存周禮最完善的諸侯國，〔註71〕對於禮儀的相關規制，必有比較清楚的記載。魯哀公想以妾爲夫人，大概是要宗人以君夫人之禮從事，宗人如果不思其餘，順從哀公心意，自然不必加以分說；反之，宗人不循私，如此一來，必要有所分辯。宗人引自周公以迄於今，魯君聘娶夫人之禮則有，唯以妾爲爲妻，不合禮制，是以向無其禮，宗人引史迹爲自己的職司申辯，哀公雖執意爲之，而宗人亦不受其責。《傳》云：「國人始惡之」，則過歸於哀公。

二、爲人開脫、設想、助成

　　魯僖公六年（654B.C），夏，諸侯因鄭去年逃盟而伐鄭。秋，楚成王圍

　　　　云：「盜所隱器，與盜同罪」，則「盜有所在」指靈王包庇犯罪，形同罪犯，
　　　　取二文之法，王亦在拘捕之列。

〔註70〕《孔疏》云：「《周禮》：孤卿建旃，大夫尊，故麾旃以招之也。……。古者聘
　　　　士以弓，故弓以招士也。諸侯服皮冠以田，虞人掌田獵，故皮冠以招虞人也。」
　　　　證諸《傳》文，《周禮》所言，亦古制。

〔註71〕魯閔公元年（661B.C），齊仲孫湫答桓公問「魯可取乎？」時，稱魯秉周禮，
　　　　謂「周禮，所以本也。……。魯不棄周禮，未可動也。」魯昭公二年（540B.C），
　　　　晉新執政韓宣子聘魯，觀書於太史氏，稱言「周禮盡在魯」。《孔疏》云：「魯
　　　　國保文王之書，遵周公之典，故云：周禮盡在魯矣。」分見《左傳正義》，頁
　　　　0187、0188、0718。

許救鄭，諸侯救許，楚退師武城。冬，蔡穆侯帶領許僖公至武城見楚成王。
《傳》：

> 許男面縛，銜璧，大夫衰絰，士輿櫬。楚子問諸逢伯。對曰：「昔武
> 王克殷，微子啟如是。武王親釋其縛，受其璧而祓之。焚其櫬，禮
> 而命之，使復其所。」楚子從之。

許僖公面縛、銜璧；大夫衰絰，士輿櫬，如此場面儀節，直如國之大喪，宗
社云亡，是先示之以亡國之徵。楚成王不解其事，逢伯則深知其意，係效殷
末周初微子啟與周武王的互動往史。微子啟以亡國貴冑示以委曲，武王身當
共主之任，受其禮而存其宗祀。〔註72〕從《傳》文的內容及此事的來龍去脈
相關的記載，實在看不出逢伯有何理由，需捏造史實來欺騙楚成王。逢伯的
回答是針對許僖公君臣的行為而發的，逢伯舉數百年前受降存國的史迹，恰
反映強、弱互動上，強者不為己甚的處理方式。古今懸隔，而情境類似，逢
伯述史，許得以存。〔註73〕

　　魯成公八年（583B.C），晉趙莊姬與欒，郤二家討滅趙同、趙括。〔註74〕
韓厥為趙氏存後。《傳》：

> 韓厥言於晉侯曰：「成季之勳，宣孟之忠而無後，為善者其懼矣。三
> 代之令王皆數百年保天之祿。夫豈無辟王，賴前哲以免也。《周書》

〔註72〕微子啟與武王間的互動，除此處所述之外，見於《論語·微子》、《史記·宋
世家》者稍有不同。〈微子〉云：「微子去之」，〈宋世家〉載微子「持其祭器
造于軍門」、「武王乃釋微子，復其位如故」。馬驌《繹史》據〈微子〉之文，
謂「殷未亡時，微子已去矣，面縛之說，乃楚子以誆成王受許男之降耳。」
楊伯峻認為去紂與降周非同時事，他說：「微子雖去，仍可能以其國降，《左
傳》之說與《論語》並非不能兩立。」前述《論語》、《史記》並楊伯峻語俱見
《春秋左傳注》，頁314。另《尚書·微子》篇末「我不顧，行遯」一語，〈宋
世家〉亦指係太師、少師勸微子歸周。屈萬里從文章脈絡立說，指「行遯」
者，「實太師自謂。」屈萬里，《尚書集釋》，頁108。

〔註73〕類如此例的是魯昭公四年（538 B.C），楚靈王以諸侯滅賴。「賴子面縛，銜璧；
士袒，輿櫬從之，造於中軍。」靈王問椒舉，椒舉於是舉楚成王與許僖公的
往史為說。靈王乃遷賴於鄢，賴得免覆亡。《左傳正義》，頁0732。二者相隔
百年，而二小國得存，亦有賴二大夫的引史為說。

〔註74〕趙莊姬係趙盾子趙朔之妻，朔死後與趙盾異母弟趙嬰私通。事在魯成公四年。
次年，嬰同母兄趙同、趙括放嬰於齊。八年，同、括遭殺。趙盾、趙同、趙
括、趙嬰關係見魯僖公二十四年《傳》。趙姬事見魯成公四年、八年《傳》。《左
傳正義》，頁0254、0255、0439、0446。另據《史記·趙世家》，趙朔、同、
括、嬰俱死於屠岸賈謀，其事頗具戲劇張力，與《左傳》出入甚大。詳《新
校本史記三家注》，頁1783、1784。

曰：『不敢侮鰥寡』，所以明德也。」乃立武，而反其田焉。

韓厥為趙氏存後，先舉趙衰、盾父子佐晉文、襄、靈、成四君逾五十年的功勳與忠誠，〔註75〕事雖懸遠，功猶為晉人所知，為國忠忱若此而無後，如何能勸進忠良？又以遼遠的三代為例指出，縱使有邪僻之君，憑恃著先代令王，猶不至於傾廢亡滅。此史迹斑斑，周王室存先代之後，乃為君者的明德之舉。晉君當以此為訓，存功臣之後，以奉趙氏祭祀。《傳》稱晉景公以趙氏「田與祁奚」，後言「乃立武，而反其田」，是立趙武繼為趙氏宗主，反其田則祭祀有所出。〔註76〕

韓厥為趙氏存後，或有圖報之心，〔註77〕舉史迹以為趙氏開脫，立足的理據昭然大公，則私恩亦得以報。

魯襄公二十一年（552B.C），晉欒靨之妻，范宣子之女欒祁，於靨死後與家臣之長州賓私通，幾使欒氏家產為州賓所奪。祁子盈深以為患。欒祁乃與兄弟士鞅譖盈於范宣子前，范宣子遂使欒盈城著並逐之。當年秋，欒盈出奔楚。范宣子更殺友黨欒盈的十大夫，中有叔向異母弟叔虎，〔註78〕叔向因此而遭拘囚。時人以叔向不黨附范氏為不智，叔向說他以不介入大家族的爭執為持守的原則，至少遭囚比殺身明智。

叔向遭囚，樂王鮒往見，主動提出要為叔向說項。叔向不應。人皆責怪叔向，叔向答以樂王鮒只是順從君意的人，不能善導規諫，並非正直之人；唯有「外舉不棄讎，內舉不失親」，德行正直的退休大夫祁奚才能救他。〔註79〕果然，

〔註75〕晉文公出奔蒲城在魯僖公四年（656B.C），趙衰之卒在魯文公五年（622B.C）。次年，趙盾「始為國政」，大約到魯宣公八年（601B.C）前，一直為晉國執政。以上諸事分見各年《傳》文。《左傳正義》，頁0204、0312、0313、0379。

〔註76〕《史記・晉世家》：「韓厥曰：『趙衰、趙盾之功豈可忘乎？奈何絕祀。』乃復令趙庶子武為趙後，復與之邑。」《新校本史記三家注》，頁1679。意即存後奉祀。另據《史記・趙世家》，韓厥有答景公問卜時說往史以存趙孤之述。《新校本史記三家注》，頁1784。

〔註77〕魯成公十七年（574B.C），晉欒書、中行偃執晉屬公，召韓厥。韓厥辭拒，云：「昔吾畜於趙氏，孟姬之讒，吾能違兵。……。二三子不能事君，焉用厥。」是趙氏於韓厥似有字養之功。另據《國語・晉語五》，趙盾曾舉韓厥於靈公以為司馬，事在秦晉河曲之役（魯文公十二年，615B.C）前。分見《左傳正義》，頁0484；《國語》，頁396。

〔註78〕《傳》云：「初，叔向之母妒叔虎之母美而不使，其子皆諫其母。其母……使往視寢，生叔虎，美而有勇力，樂懷子（盈）嬖之，故羊舌氏之族及於難。」《左傳正義》，頁0592。

〔註79〕祁奚自中軍尉告老在襄公三年（570B.C），舉其讎解狐以代己，解狐未上任而

祁奚乘傳往見范宣子，爲叔向脫罪。《傳》：

> 曰：「《詩》曰：『惠我無疆，子孫保之。』《書》曰：『聖王蓍勳，明
> 徵定保。』夫謀而鮮過，惠而不倦者，叔向有焉，社稷之固也，猶
> 將十世宥之，以勸能者。今壹不免其身，以棄社稷，不亦惑乎？鯀
> 殛而禹興，伊尹放太甲而相之，卒無怨色；管、蔡爲戮，周公右王。
> 若之何其以虎也棄社稷？子爲善，誰敢不勉？多殺何爲？」宣子說，
> 與之乘，以言諸公而免之。

祁奚先說叔向是社稷所重，如《詩》、《書》所歌頌的賢德典型，不應因一件
小事而受拘囚。緊接著舉出三代不以親、近罪愆爲怨，而能成就功業的史迹，
如舜不移罪，遂得禹助平水土；太甲不怨伊尹流己，重而用之以興商；成王
不因管、蔡之亂而疑周公，乃得周公之助定天下。凡此，皆當代知識分子所
習知，祁奚不必細數過程，其結果如此；范宣子亦賢大夫，自知免叔向於國
有益。是說者有心爲他人開脫，引史迹爲據，理自彰明。

　　魯昭公元年（541B.C），三月，十一國的卿、大夫盟於虢。盟會期間，魯
國執政季武子伐取鄆。莒人告於楚，楚請主盟的趙文子（武）拘戮魯使叔孫
豹。趙文子深感叔孫豹身處險境，猶有所堅持：「臨患不忘國，忠也；思難不
越官，信也；圖國忘死，貞也；謀主三者，義也。有此四者，又可戮乎？」
於是乃向楚使公子圍請赦叔孫豹。《傳》：

> 曰：「魯雖有罪，其執事不辟難，畏威而敬命矣。子若免之，以勸左
> 右，可也。……。子會而赦有罪，又賞其賢，諸侯其誰不欣焉望楚
> 而歸之，視遠如邇？」

趙文子先讚美叔孫豹，藉以突顯其賢能，並以此爲據請公子圍賞賢以招諸侯
親己；如此，於楚實有大利。況且，此事緣於魯、莒二國之間長期的邊境糾
紛；而類此糾紛，其來有自，非一朝一夕之事。乃自古已然。趙文子接著說：

> 「疆場之邑，一彼一此，何常之有？王、伯之令也，引其封疆，而
> 樹之官，舉之表旗，而著之制令，過則有刑，猶不可壹。於是乎虞
> 有三苗，夏有觀、扈，商有姺邳，周有徐、奄。自無令王，諸侯逐

卒，更舉己子祁午；而中軍尉佐羊舌職亦卒，奚舉職子赤代其父以佐祁午。
此事《左傳》記「君子」之言，謂：「祁奚『於是能舉善矣。稱其讎，不爲諂，
立其子，不爲比；舉其偏，不爲黨』」。《左傳正義》，頁 0501。可見祁奚不以
讎、私爲慮，但以宜當爲意。故叔向說祁奚是有正直德行的人，而唯有不阿
順於君的祁奚才能救他。

進，狃主齊盟，其又可壹乎？恤大舍小，足以爲盟主，又焉用之？
封疆之削，何國蔑有？主齊盟者，誰能辯焉？……。莒、魯爭鄆，
爲日久矣。茍無大害於其社稷，可無亢也。……。」固請諸楚，楚
人許之，乃免叔孫。

趙文子一番「封疆之削，何國蔑有」的話，道出存在已久的當世情況，亦即侵
奪併兼乃普遍的情形，這固然是「令主」衰微，「諸侯逐進」的常態，即使有「令
主」、「王」、「伯」的三代，〔註80〕爲之制定規矩，也難保列國境界一成不變。

　　趙文子深許叔孫豹行止，可能有惜其賢才的心思，爲挽救叔孫豹，趙文
子除了強調叔孫豹個人的條件，還引古史上疆場不常之例爲說，乍看之下，
二者之間似無絕對的關連，實際上使者代表本國，本國執政有缺失，則使者
不免受責。此事錯在季武子，而叔孫豹可說是代罪，爲免代罪的無辜，必先
寬執政之失，此何以趙文子以古史述論封疆糾紛與難以定奪，是緣自遠古的
陳迹之因。所以，趙文子有惜叔孫豹之心，猶有待援據史迹以爲強化。

　　也是魯昭公元年的事，鄭下大夫公孫楚已聘徐吾犯之妹，另一上大夫公孫
黑強爲下聘，徐吾犯請示執政子產，子產不欲得罪二大夫，要徐吾犯的妹妹自
擇。後公孫楚中選，公孫黑不滿，私藏武器往見楚，欲殺楚而取其妻，反爲楚
所傷。黑誑言諸大夫：「我好見之，不知其有異志也，故傷。」於是執政子產以
雙方各有理由，而楚「幼賤有罪」、「奸國之紀、不聽政」，將楚流放於吳。行前，
子產徵求游氏宗主子太叔（吉）的意見，太叔要子產依自己的決定做。《傳》：

太叔曰：「吉不能亢身，焉能亢宗？彼，國政也，非私難也。子圖鄭
國，利則行之，又何疑焉？周公殺管叔而蔡蔡叔，夫豈不愛？王室
故也。吉若獲戾，子將行之，何有於諸游？」

子產，晉平公稱讚他是「博物君子」，自然熟知歷史掌故及其內涵、意義。不
過，處於「族大寵多」的七穆之間，要能政理事平，除了「擇能而使之」之
外，也得對強大的宗族表示一定的尊重。〔註81〕子產詢問子太叔便是對大族

〔註80〕「王、伯之令」，杜預注云：「言三王、五伯有令德時。」《春秋經傳集解》，
　　　　頁1181。楊伯峻以夏禹、商湯、周文武爲三王，以夏昆吾、商大彭、豕韋、
　　　　周齊桓、晉文爲五伯。《春秋左傳注》，頁1206。二說以後世王、伯（霸）爲
　　　　說，觀《傳》文脈絡似有不妥。所謂「自無令王」，以春秋時人的認知，王指
　　　　天下共主，齊桓、晉文固不足稱王，如昆吾、大彭、豕韋亦非王者之稱。因
　　　　此，依《傳》，稱三代或許較確實。
〔註81〕魯襄公三十二年，《傳》記子產從政，善於擇能而使，「將有諸侯之事，子產
　　　　乃問四國之爲於子羽（公孫揮），且使多爲辭令；與裨諶乘以適野，使謀可

宗主的尊重，而游吉以宗主身分支持子產的決定，從「亢身」、「亢宗」的分辨，可見子太叔有存宗爲先的考慮；爲此，他將二公子之爭歸於國之政紀，等於區別了公、私，也尊重子產的處置。或許也爲了替子產「利國」之舉找一個歷史理據吧，游吉以周公對管、蔡的處置非「不愛」乃爲「王室故」；一來爲子產設想，二來也爲自己開脫。

魯昭公二十八年（514B.C），晉滅祁氏、羊舌氏。不久之後執政韓宣子（起）卒，魏獻子（舒）爲政，分祁氏之田爲七縣，羊舌氏之田爲三縣，以賜「有力於王室」的賈辛、司馬烏；「不失職、能守業」的知徐吾、趙朝、韓固、魏戊（舒子）；「以賢舉」的司馬彌牟、孟丙、樂霄、僚安等十人。魏舒因其子戊亦在賞列，而心有所顧慮他人謂其黨私，成鱄則以爲魏戊爲人「遠不忘君，近不偪同；居利思義，在約思純，有守心而無淫行」，具有如此數美，宜其受賜。成鱄隨後更舉史迹以助成魏舒之舉。《傳》：

> 「昔武王克商，光有天下，其兄弟之國者十有五人，姬姓之國者四十人，皆舉親也。夫舉無他，唯善所在，親疏一也。」

武王行封建，五十五國無一不是「舉親」。武王爲賢君，舉親非爲黨私，但問所舉是否爲善，若是，則親疏可以無分。成鱄更以《詩經·大雅·皇矣》稱頌文王之心、之德、之行爲例，推衍「九德」，而稱許魏舒的舉親爲「近文德」。〔註82〕

否；而告馮簡子使斷之。事成，乃授子太叔使行之，以應對賓客，是以鮮有敗事。」至於對強宗大族的策略，除正文所述偏於上大夫公孫黑之例，另魯襄公三十年，《傳》記子產答子太叔問何以獨賄前執政伯有之子伯石時，說道：「《鄭書》有之曰：『安定國家，必大焉先。』姑先安大，以待其所歸。」當然，子產的「先大」原則也可以是一種方法、手段，一旦大族有重大過錯，則責之以當時之過，溯之以往昔之怨，出以剪除，如魯昭公二年以前罪今過責公孫黑，命其自縊者是。以上三事，分見《左傳正義》，頁 0688、0684、0720。

〔註82〕《傳》載成鱄云：「《詩》曰：『惟此文王，帝度其心。莫其德音，其德克明。克明克類，克長克君。王此大國，克順克比。比于文王，其德靡悔。既受帝祉，施于孫子。』心能制義曰度，德正應和曰莫，照臨四方曰明，勤施無私曰類，教誨不倦曰長，賞慶刑威曰君，慈和徧服曰順，擇善而從之曰比，經緯天地曰文。九德不愆，作事無悔，故襲天祿，子孫賴之。主之舉也，近文德矣，所及其遠哉。」《孔疏》云：「成鱄引此詩者，唯欲取『克類』、『克比』，二事同於文王，故云『近文德矣』。文王以有此德，故得施于子孫。魏子既近文德，亦將所及遠也。」克類、克比即物得其所以及相從以善的擇善，因而孔子稱揚魏舒「近不失親、遠不失舉，可謂義矣。」《左傳正義》，頁 0913、0914。

三、荐舉人才及其他

（一）荐舉人才

魯僖公三十三年（627B.C），《傳》追述晉文公功臣臼季（胥臣）推荐文公仇敵冀芮之子冀缺事。〔註83〕

> 初，臼季使，過冀，見冀缺耨，其妻饁之，敬，相待如賓。與之歸，
> 言諸文公曰：「敬，德之聚也。能敬必有德。德以治民，君請用之！臣
> 聞之：『出門如賓，承事如祭，仁之則也。』」公曰：「其父有罪，可乎？」
> 對曰：「舜之罪也殛鯀，其舉也興禹。管敬仲，桓之賊也，實相以濟。
> 〈康誥〉曰：『父不慈，子不祗，兄不友，弟不共，不相及也。』《詩》
> 曰：『采葑采菲，無以下體。』君取節焉可也。」文公以爲下軍大夫。

臼季以冀缺有敬有德，可用以治民，是但以人格特質爲考量，不以其身分爲計。文公則顧慮缺爲罪人之子，用之可適合？於是臼季述舜、禹遠史以及齊桓、管仲近史，並引〈康誥〉、〈邶風・谷風〉爲喻，請文公取其賢良，用其善，勿因其爲罪人之子而見棄。〔註84〕

臼季爲晉文公重臣，趙衰說他「多聞」，文公曾向他「學讀書」，也曾舉文王之質善且善於詢、諮、度、謀、諏、訪時賢的史迹，爲文公陳說傅教太子的向學之道，〔註85〕允爲見識深廣的知識分子；因此，當他所荐舉的人才縱使其父於國君有罪愆，臼季乃引史迹爲理據。此事係出於臼季的知賢愛才荐人爲國之公，並非私爲請託之舉；即使如此，若非臼季的「多聞」與善喻，並文公的了然其意，不計前嫌，將不可能有此結果。而臼季的史述，在此的確發揮了正面的功用。

魯哀公十七年（478B.C），楚惠王平定白公之亂後，將取陳國之麥。楚王問太師子穀與葉公諸梁，何人可爲軍帥。《傳》：

> 子穀曰：「右領差車與左史老皆相令尹、司馬以伐陳，其可使也。」
> 子高（諸梁）曰：「率賤，民慢之，懼不用命焉。」子穀曰：「觀丁
> 父，鄀俘也，武王以爲軍率，是以克州、蓼，服隨、唐，大啓羣蠻。
> 彭仲爽，申俘也，文王以爲令尹，實縣申、息，朝陳、蔡，封畛於

〔註83〕晉文公卒於魯僖公三十二年冬十二月，故謂「追述」，《傳》文亦著一「初」字。
〔註84〕《國語・晉語五》載臼季稱冀缺爲「賢人」、「國之良」，是臼季極欣賞冀缺。《國語》，頁393。
〔註85〕三事俱見〈晉語四〉。《國語》，頁382、386、387。

汝。唯其任也,何賤之有?」子高曰:「天命不謟。令尹(子西)有
憾於陳,天若亡之,其必令尹之子是與,君盍舍焉?臣懼右領與左
史有二俘之賤而無其令德也。」王卜之,武城尹(子西子公孫朝)
吉。……。楚公孫朝帥師滅陳。

陳國夾處大國之間,屢遭侵奪,尤以楚的威脅爲甚,〔註86〕《傳》稱「楚白
公之亂,陳人恃其聚而侵楚」,以白公勝之亂,惠王被刼而令尹子西、司馬子
期死難,楚國危難也不輕,陳國或許以爲有機可乘,遂有如此舉動。白公亂
平,楚欲奪陳國積聚而令尹、司馬方死於難,太師於是荐舉曾輔相令尹、司
馬的右領差車與左史老二人爲軍帥。葉公子高卻認爲二人出身俘虜,恐不能
服眾。〔註87〕子穀於是舉二百餘年前楚國先王武王、文王分別重用鄀俘觀丁
父與申俘彭仲爽,且皆著有功勳的往史,強調但問能力是否勝任,豈別貴賤。
此次軍帥之命,雖不如子穀之意,倒也顯示子穀援史以作爲荐舉俘虜的理據。

(二) 能否入國得政

魯僖公九年(651B.C),晉獻公卒,齊、秦會師納公子夷吾(惠公)。秦
穆公問秦大夫公孫枝,夷吾是否能安定晉國,公孫枝爲認很困難。《傳》:

對曰:「臣聞之,唯則定國。《詩》曰:『不識不知,順帝之則』,文
王之謂也。又曰:『不僭不賊,鮮不爲則』,無好無惡,不忌不克之
謂也。今其言多忌克,難哉!」

晉獻公既卒,國內旋發生政爭,里克、丕鄭擁護重耳,呂甥,郤稱支持夷吾。
當此之際,秦則出以利己的考慮,選擇支持對象。〔註88〕

〔註86〕 春秋中晚期,楚曾數侵陳,舉其著者如魯宣公十一年(598B.C),楚莊王因夏
徵舒之亂入陳,縣陳又復陳。魯昭公八年(534B.C),楚靈王以公子棄疾奉陳
太孫吳滅陳。類此,終究不是夷滅其國,陳國完全被滅,事在魯哀公十七年,
楚公孫朝帥師取麥並殄滅之。

〔註87〕 杜預注云:「右領、左史皆楚國賤官。」《春秋經傳集解》,頁1830。杜氏以官
釋,楊樹達據杜注云:「據下文子穀語,二人蓋皆俘也,似非謂賤官。」楊樹
達,〈讀左傳〉,《積微居讀書記》,頁79。楊伯峻注引楊說,謂:「右領、左史
屢見《傳》,非賤官也。」《春秋左傳注》,頁1708。檢《傳》文,右領二見,
此處之外,一見魯昭公二十七年,「鄀將師爲右領」,亦爲楚官名。左史二見,
魯襄公十四年有晉左史隨魏莊子出師,另魯昭公十二年有楚左史倚相,並此
處爲三。楊說「屢見」或只是概說。以《傳》文來看,二官是否賤官宜從文
意,而非頻率。楊樹達之說爲是。

〔註88〕 關於秦穆公對二子的支持情形,《左傳》與〈晉語二〉所記詳略差別甚大。
《左傳》僖公九年記秦、晉不及重耳。〈晉語二〉則詳述二公子與秦穆公的互

　　公孫枝舉〈大雅・皇矣〉美文王能準則上帝，受帝之佑，說明能順帝之則便能如〈大雅・抑〉所說的待人以信，不傷害他人，多能為人楷模；而文王正是深契「則」之義蘊的人君，若晉公子夷吾反是，所以說很困難。公孫枝以文王為例，只在論說「定國」，卻也道出夷吾的弱點，而此弱點恰為秦穆公所措意；因此，秦穆公說夷吾如此，「是吾利也」。也因此，倒助成夷吾入主晉國。

　　魯昭公十三年（529B.C），楚公子比（子干）率師自蔡叛楚，自為王。晉執政韓宣子與叔向論說子干是否能得國。叔向說子干不僅有五個不利條件：有寵而無賢者相與固交、無內主之應、無策謀之計、無擁護之眾、無成事之德；而且論貴則庶子，何以得立。韓宣子則以為，齊桓、晉文都是庶子而出奔，二者能入國，何以子干不能？叔向乃有一番史述與申說。《傳》：

> 對曰：「齊桓，衛姬之子也，有寵於僖；有鮑叔牙、賓須無、隰朋以為輔佐；有莒、衛以為外主；有國、高以為內主；從善如流，下善齊肅。不藏賄，不從欲，施舍不倦，求善不厭，是以有國，不亦宜乎？我先君文公，狐季姬之子也，有寵於獻；好學而不貳，生十七年，有士五人。有先大夫子餘、子犯以為腹心，有魏犨、賈佗以為股肱，有齊、宋、秦、楚以為外主，有欒、郤、狐、先以為內主。亡十九年，守志彌篤。惠、懷棄民，民從而與之。獻無異親，民無異望。天方相晉，將何以代文？此二君者，異於子干。」

韓宣子說齊桓、晉文終能入國，以庶子的情形來說，符合子干的實情。〔註89〕只是亂事乍起，雖子干自立為王，叔向卻不認為子干真能成大事。三者的類同只在於同是庶子，在外時期都頗為長久。〔註90〕這種相似並不足以確保彼

動，而穆公原本意在重耳，因重耳「仁」。後經秦公子縶一席置不仁以亂其國且利於改易的操控的利害分說，遂轉而支持夷吾。當然，除此因素，夷吾的「重賂秦人以求入」的賄賂應允，也是所以得秦支持的重要原因。惠公得國過程，〈晉語二〉載記甚詳。見《國語》，頁307～313。

〔註89〕楚共王雖有寵子五人，卻非嫡配秦嬴所生。五人中長子康王昭，次子靈王虔（圍），三子公子比（子干），四子公子黑肱（子晳）；後二者在魯昭公元年公子圍弒康王子郟敖時分奔晉、鄭，一直到合蔡公（五子公子棄疾）叛楚，始再入楚境。

〔註90〕齊桓公奔莒，據《左傳》莊公八年云：「初，襄公立，無常。鮑叔牙曰：『君使民慢，亂將作矣。』奉公子小白出奔莒。」《左傳正義》，頁0144。《傳》文所指的「初，襄公立，無常」，係追溯倒述語，不能確知所指何年。《史記・齊太公世家》記襄公即位第四年與魯桓公夫人文姜（襄公女弟）私通，並使彭生殺桓公，「羣弟恐禍及，故次弟糾奔魯。……次弟小白奔莒，鮑叔傅之。」《新

此之間會有相似的結果。叔向之前已說明子干取國有五大不利因素，這些因素是子干在晉十三年一直沒有突破、克服的現狀。從歷史的既往加以觀察，齊桓公與晉文公之所以能入國，恰恰是他們擁有子干所欠缺的條件。叔向答韓宣子的史述內容，最主要的是為自己分析子干不利條件徵引既存且又具體、鮮明、顯赫的史迹，以史述強化自己在現狀人、事判斷上的依憑理據。

（三）臧否他國君、臣行止

魯襄公三十一年（542B.C），北宮文子相衛襄公如楚，見令尹子圍的「威儀」已是國君排場時，對衛襄公說令尹「將有他志」，只是令尹「雖獲其志，不能終」。襄公問故。文子引〈大雅‧抑〉章句：「敬慎威儀，惟民之則」，說「令尹無威儀，民無則焉。民所不則，以在民上，不可以終」。襄公再問「何謂威儀」。文子說「威儀」是「有威而可畏，有儀而可象」，而且一國之內，君臣各有威儀，在上者有威且可象，在下者畏愛則之，此見於《詩》。《傳》：

> 「《衛詩》曰：『威儀棣棣，不可選也』。言君臣、上下、父子、兄弟、內外、大小皆有威儀也。《周詩》曰：『朋友攸攝，攝以威儀』。言朋友之道必相教訓以威儀。」

〈邶風‧柏舟〉與〈大雅‧既醉〉的威儀涵蓋政治、社會與親族網絡，可見威儀是人際關係上的普遍準則。若以人物為例，文王最能說明威儀的內涵。文子續道：

> 「《周書》數文王之德，曰：『大國畏其力，小國懷其德』，言畏而愛之也。《詩》云：『不識不知，順帝之則』，言則而象之也。紂囚文王七年，諸侯皆從之囚，紂於是乎懼而歸之，可謂愛之。文王伐崇，再駕而降為臣，蠻夷帥服，可謂畏之。文王之功，天下誦而歌舞之，可謂則之。文王之行，至今為法，可謂象之。有威儀也。」

文王使大國畏力，小國懷德，並以上帝為則；縱使強橫如商紂、崇國亦愛之、畏之。文王的事功與行止，自昔至今為天下所則之、象之。像文王，才真正是稱得上是在上位而有威儀內涵的人。文子舉文王與紂、崇的史迹並《詩》、《書》載言，用意在於譏評子圍縱使有國君的排場，卻缺少使民畏、愛、則、象的特質，即便能得楚王大位，也不能善終。〔註91〕

校本史記三家注》，頁1483、1485。齊襄公在位十二年，依《史記》，桓公在莒近十年。子干奔晉在昭公元年，前後十三年。晉文在外更長，計十九年。

〔註91〕關於楚靈王不能善終的另一預言，見於魯昭公元年，趙武與叔向的對話。叔

　　魯昭公元年（541B.C），晉平公有疾，子產如晉聘，且問疾，叔向以晉卜人卜疾有詞：「實沈、臺駘爲祟」，而史官不知其意，因而請教子產，二者是何神。子產從遙遠的高辛氏與金天氏說起。大意是說高辛氏有子名闕伯、實沈，彼此不合，堯乃遷闕伯於商丘，主辰，而後商人承之，故辰爲商星。實沈則遷處大夏，主參，唐人承之，服事夏、商；其地後入周，成王封母弟叔虞，叔虞子燮父爲晉侯，因此，參爲晉星，而實沈乃參神。另者，金天氏子臺駘因有疏通汾、洮；築堤大澤之功而被封於汾水流域，後嗣沈、姒、蓐、黃被晉所滅，汾水之神臺駘祭祀爲之斷絕。子產追述荒遠的古史，可說已回答叔向「何神」之問，但他顯然對於平公之疾是出於二神的「爲祟」不以爲然；因爲山川之神主水旱癘疫之災，日月星辰之神主雪霜風雨之害，像平公之疾在平公一人行止，不在二神的作祟。《傳》：

> 「僑聞之：『君子有四時，朝以聽政，晝以訪問，夕以脩令，夜以安身。……。』今無乃壹之，則生疾矣。僑又聞之：『內官不及同姓，其生不殖。』美先盡矣，則相生疾，君子是以惡之。故《志》曰：『買妾不知其姓，則卜之。』違此二者，古之所愼也。男女辨姓，禮之大司也。今君內實有四姬焉，其無乃是也乎？若由是二者，弗可爲也已。四姬有省猶可，無則必生疾矣。」叔向曰：「善哉！肸未之聞也，此皆然矣。」

子產係博學之士，知識過於史官，不僅詳述二神的淵源，並以神不祟於一己之身，點出晉平公疾在一己的行爲舉止。此所以叔向說子產所談論的是自己未曾聽過，卻又切中事實；前者指二神之事，後者說平公行止，叔向爲晉國大臣，當然知曉平公素行。證以稍後秦醫和說平公之疾是「近女室」「不節、不時」的診斷，子產雖沒指稱平公過溺女色，然而一句「美先盡矣，則相生疾」已然隱括其意。〔註92〕子產藉叔向問「神祟」之便，進行一番疾在人不在神的臧否，他不以釋二神之祟否爲足，更進一步轉向當下晉君的行止之失。

　　向說令尹以強克弱而安之，是強而不義。並舉〈小雅·正月〉「赫赫宗周，褒姒滅之」爲說，以周幽王行不義招致宗周之亡，預言令尹爲王後必求諸侯，若得遂其志，將加深貪虐之行，而恃強取位，不義而克，以淫虐治國，必定不會長久。《左傳正義》，頁0701。

〔註92〕杜預注此句云：「同姓之相與，先美矣。美極則盡，盡則生疾。」《春秋經傳集解》，頁1200。杜注之意以今語譯之，大致爲：同姓而婚娶，以姿色之美爲先，而耽溺於美色且不知節制，必定會生病。楊伯峻以「今取同姓，必其人甚美，美者盡於一人，則生疾。」釋，意同。《春秋左傳注》，頁1220。

明顯可見，子產詳述古史的眞正用意在強調認知一己當下行止的適當與否，才是疾生疾滅的根本，而不是山川、日月星辰是否得到禜祭使然。〔註93〕

魯昭公十一年（531B.C），楚靈王召殺蔡靈侯，命公子棄疾帥師圍蔡。韓宣子問叔向，楚能否克蔡。叔向答說可以，只是楚雖克蔡，必受其咎，且不能長久。《傳》：

> 「誘蔡而殺其君，以圍其國，雖幸而克，必受其咎，弗能久矣。桀
> 克有緡，以喪其國。紂克東夷，而隕其身。楚小位下，而亟暴於二
> 王，能無咎乎？天之假助不善，非祚之也，厚其凶惡而降之罰也。」

叔向稱桀、紂而不說夏、商；說克敵而喪國隕身，正是將一國的興廢連繫到國君一人的行止，而國君一人的行止取決於個人的素行。桀、紂的行止是暴虐取亡，縱使夏、商爲天下共主，國大位高，也不能免去覆亡。就楚君而言，靈王素有貪虐汰侈之心，驕奢之舉，爲時人所熟知。〔註94〕叔向說「楚小位下，而亟暴於二王」，指的既是楚國，也是針對楚靈王的素行。桀、紂以一次軍興之捷而覆亡，原因在於二王素行凶惡暴虐；如今楚靈王克蔡而必有咎殃，一如二王，軍事上的勝利，只是加重本身的凶惡，而上天亦因此降下懲罰。

〔註93〕子產重人事大於重鬼神災異的認知，多少反映在此次的答問。類似的見解在魯昭公七年（535B.C），晉平公再罹疾病，遍祀山川後病情有增無減，且又夢到黃熊闖進寢門。時子產聘晉，韓宣子除告以疾病，並以「何厲鬼」問黃熊事。這一次，子產說鯀遭堯殛於羽山，「其神化爲黃熊，以入于羽淵，實爲夏郊，三代祀之。晉爲盟主，其或者未之祀也乎！」子產先說明黃熊的來源，指出夏世以鯀配郊祀的傳統爲三代共主所承續，如今周室卑，晉此時爲盟主，大概疏忽了此一祭禮，黃熊才會出現。子產解的是黃熊，他並不認爲有「厲鬼」，夢黃熊入寢門，眞要解夢兆，著一「或者」之語，在提醒祭祀的疏忽吧。從「三代祀之」而言，祀鯀乃共主的權利、義務，子產不在分疏祭祀是否的當，而在指出爲盟主而有此失，歸咎起來，此係人爲的疏失。子產重人事之例另參昭公十八年的不祀神以除火災，以及昭公二十年的不禜龍門。當然，也有像承認人死爲鬼的情形。此雖不免衝突、矛盾，後人爲之解，稱「疑鬼神、詳夢之言皆非子產之事，作《左傳》者好鬼神，好預言，妄加之耳。或者子產就當時人心而遷就爲之。」楊伯峻語。《春秋左傳注》，頁1293。

〔註94〕楚靈王的行止，自爲令尹時即表現出貪虐汰侈、驕奢。如殺其佐官大司馬薳掩而取其室，以令尹而「威儀」如國君；莅盟而「設服離衛」類如楚君，田獵時用王旌，致有「一國兩君」之譏。即位後猶然，鄭游吉、子產、楚椒舉、晉叔向時有譏評。令尹時事見襄公三十年、三十一年；昭公元年；昭公七年《傳》。即位後所爲見昭公元年、四年、五年《傳》。《左傳正義》，頁0683、0689、0698、0758、0579；0710、0731、0745。

表三：個人述史以為當下處境之分說

魯公紀年 （西元前）	當事人	事　由	述論略要	出　處
僖24（636）	晉文公，晉寺人披	寺人披將告呂甥、郤芮欲焚公宮並弒文公之謀，求見文公。文公責以十九年前追殺之事	寺人披先說自己但以君（獻公）命從事，次舉管仲射齊桓公帶鉤事為自己的「斬袪」之舉開脫	《左傳》《國語‧晉語四》
襄10（563）	周靈王叔陳生之宰，周伯輿之代表瑕禽	王叔陳生與伯輿爭權，王助伯輿，陳生怒而奔楚，盟主晉悼公使范宣子調和爭端。王叔之宰謂伯輿「篳門閨竇之人而陵其上。」	瑕禽說平王東遷「牲用備具」賴其七姓，並賜騂旄且盟以「世世無失職」之誓。若無「篳門閨竇」，周室「其能來東底乎？」	《左傳》
昭5（537）	吳王餘未弟蹶由，楚靈王臣某	楚靈王伐吳，吳使蹶由犒楚師，楚執之將以釁鼓，問其來楚前卜兆之吉凶	蹶由以晉、楚城濮與邲役所卜吉凶報在其後之史迹，謂己來卜吉而遭執殺，則其吉報將在日後吳、楚有事時應於吳	《左傳》
昭7（535）	楚靈王，楚芋尹無宇	無宇之閽亡入靈王章華宮，無宇往拘，宮有司執無宇見楚王，無宇述史迹以為辯白	無宇稱地不分內外，凡君之封內皆屬之，人有犯法，則有司拘捕，此周文王與楚先君文王舊法已有昭示。且周武王謂「紂為天下逋逃主」，遂討之。紂匿亡命以滅，若靈王「求諸侯而則紂」，何能成事	《左傳》
昭20（522）	齊景公，齊虞人	景公田沛，以弓招虞人，虞人不進，景公使執虞人。虞人有辯	虞人以「先君」田獵，招大夫以旌，招士以弓，招虞人以皮冠之別，謂己不見皮冠故不進	《左傳》
哀24（471）	魯哀公，魯宗人	哀公將立公子荊之母為夫人，使宗人獻禮，宗人以禮之所無拒。哀公怒責，宗人有說	宗人舉魯先公周公、武公、孝公、惠公暨桓公以下娶夫人則有獻禮，「若以妾為夫人，則固無其禮也。」	《左傳》

以上為述史以為自我開解				
僖6（654）	楚成王，楚大夫逢伯	蔡穆侯將許僖公面縛、銜璧，大夫衰絰，士輿櫬至武城見楚成王。楚王問故	逢伯說此武王克殷，微子啓亦有是舉，武王釋縛、受璧而祓、焚櫬、禮命而復其所。許僖公因逢伯而得以復	《左傳》
成8（583）	晉景公，晉卿韓厥	晉趙莊姬與欒、郤二氏討滅趙同、趙括，韓厥為趙氏存後	韓厥稱言趙氏先人衰、盾動、忠，次言三代前哲令王德明保後以況趙氏	《左傳》
襄20（552）	晉卿范宣子，晉大夫祁奚	欒祁（宣子女、欒黶妻、欒盈母）與兄弟范鞅譖欒盈，後盈奔楚，宣子殺盈黨十大夫，叔向弟虎其一，叔向因此遭拘	祁奚往說宣子，以伊尹、太甲；管、蔡、周公史迹為例，勸宣子勿因叔虎而罪及社稷重臣叔向	《左傳》
昭元（541）	晉卿趙武，楚令尹公子圍	莒人愬魯季武子伐莒取鄆於楚，楚令尹請主盟之趙武拘戮魯使叔孫豹。趙武為豹開脫	趙武先許豹「不辟難，畏威而敬命」，次舉古來疆域不定，三代令王亦不能壹，至於「自無令王，諸侯逐進」的當代及其前亦如此。封疆之削，凡國皆有。莒、魯爭鄆，其來有日，若不危及社稷，可以寬宥	《左傳》
昭元（541）	鄭卿子產，鄭卿游吉	鄭公孫楚、公孫黑爭娶大夫徐吾犯之妹，竟以兵相向；黑受創，子產流放楚於吳，問諸其宗主游吉	游吉先說二公孫相爭乃國政，非私難，子產圖鄭，利國則行；次舉周公殺管叔、放蔡叔亦為周室故以寬子產之舉	《左傳》
昭28（514）	晉卿魏獻子，晉大夫成鱄	晉滅祁氏、羊舌氏後，執政魏獻子分二氏之田以賜大夫，中有其子魏戊。獻子畏人譏其黨私，成鱄為之解	成鱄先說戊為人有數美，宜受縣，次云武王克商，姬姓國五十五皆舉親，申言舉人但以善否，不別親疏，謂獻子舉親為「近文德」	《左傳》
以上為述史以為人開脫、設想、助成				

僖33（627）	晉文公，晉卿臼季	臼季出使，過冀，見冀缺耨，其妻饁之，相敬如賓，攜歸且薦予文公。文公以其父郤芮有罪而死，可否用之為問	臼季先說缺有敬必有德，有德則可治民；次以舜、鯀、禹，與齊桓公、管仲之遠古、近世史迹為薦取人才申明理據	《左傳》《國語·晉語四》
哀17（478）	楚太師子穀，楚葉公子高	楚惠王平白公勝之亂後，將取陳國之麥，問何人可為軍帥，子穀薦右領差車、左史老。子高則疑以二者乃賤俘，恐不堪其任	子穀舉楚武王時用郤俘觀丁父，楚文王時重用申俘彭仲爽為令尹，皆有赫赫大功之史迹，申言唯有才能是否可勝任的問題，無關為俘否	《左傳》
以上為述史以推薦人才				
僖9（651）	秦穆公，秦大夫公孫枝	晉獻公卒，齊、秦會師納公子夷吾，穆公問夷吾是否能定晉國	公孫枝舉周文王有「則」、「不忌不克」，故能定國。夷吾卻「言多忌克」，故難	《左傳》《國語·晉語二》
昭13（529）	晉卿韓起，晉卿叔向	楚公子比率師自蔡叛楚，自為王。韓起與叔向論比是否能得國	叔向說比有不利條件五，且論貴則庶子，何以得立。並針對韓起以齊桓、晉文皆庶子出奔終得國之例，述說桓、文得國的主、客條件、內、外因素	《左傳》
以上為述史以論人是否能得國				
襄31（542）	衛襄公，衛卿北宮文子	衛侯在楚，北宮文子見令尹子圍威儀，言於襄公，謂其「似君」、「有他志」、「獲志不終」；以其「無威儀」。襄公問「何謂威儀？」	文子謂「威儀」為「有威而可畏，有儀而可象」，以古人況之，則莫善於周文王，是以《詩》、《書》詠之再三；而雖紂之強，諸侯仍歸文王。文王之功，天下誦歌，文王之行，至今為法；可則可象，驗諸令尹無如是，故「得志不終」	《左傳》
昭元（541）	晉卿叔向，鄭卿子產	晉平公有疾，子產聘晉、問疾。叔向問為祟之實沈、臺駘二者何神	子產先釋二神以答問，其中頗涉荒遠，然謂此神之為祟，應於自然界，若平公之疾在其行止，不在二神之祟	《左傳》

昭7（535）	晉卿韓起，鄭卿子產	晉平公再罹疾，遍祀山川而病益甚，更夢黃熊入寢門。韓起問黃熊爲「何厲鬼」	子產云黃熊乃鯀遭堯殛於羽山後所化，爲夏代郊祀之神。今夢黃熊入寢門，或爲盟主之晉有疏於郊祀，平公之疾或因此而起	《左傳》《國語·晉語八》
昭11（531）	晉卿韓起，晉卿叔向	楚靈王召殺蔡靈侯，命公子棄疾圍蔡。韓起問楚可否克蔡，叔向云可，然必受其咎，且不能長久	叔向說夏末「桀克有緡，以喪其國」，商末「紂克東夷，而隕其身」。二者國大克敵而亡，如楚位小而暴於二王，必受其咎	《左傳》
以上爲述史以臧否他國國君、執政				

本章結語

　　本章以及第六章，係以《左傳》與《國語》二書裏面所記載春秋當代的知識分子爲對象，討論這些知識分子的歷史述論。透過二書的閱讀、疏理，初步加以粗略的分類。在此分類上，以言文事據爲基礎，希望經由具體的人、事遭遇，以及此遭遇之所以出現的各種情境的相關因素或背景，討論這羣名姓咸具的知識分子如何的「述遠古」、「徵近代」；同時以具體的例證，闡述此一「委曲如存」、「循環可覆」的歷史認知心態，與現實之間的縮結。

　　春秋時期王綱解組、禮樂崩壞、王室衰微、王畿日蹙，關乎天子權威的，無一不在陵夷之列。然而王室所以一息尚存，天王所以還不至於被篡奪，如後世的改朝易代的徹底覆滅，其中頗賴淵源西周，因應政治需要而形成的封建宗法及其餘緒的訴求、強調。在本章第二節的第一小節，我們以周王室爲對象，共得到十二個具體的言文事據的實例。十二例中富辰諫止周襄王勿伐鄭，王子朝奔楚遍告諸侯勿支持敬王；前者是王臣對天子的勸誡，後者則是爲了爭奪王位。除此之外，其餘十例皆屬王室與諸侯之間的互動。從內文的分析來看，處於制度崩解的時代，天下共主的最後一線薄弱的權威之所以還不至於斷絕，最主要的撐持是封建宗法所規範的身分標誌仍有它的合法性，諸侯尚不至於棄之不顧。同時，天子不可能不意識到王室本身的困境，以及自身所能責求於諸侯的現實力量的微弱。時代的變異、政治的現實，都是客觀的存在；王室自然不能再有西周時期的地位，卻不能不維持基本的格局。在這種困局下，王室與諸侯在互動上可以取得諸侯支持、襄助的理據，於是

成為王室知識分子在應對上必需加以把握的資源，這一點，周天子如此，王室卿士如此，即使爭奪大位的王子也如此。

封建宗法，在春秋時代，一方面就實際的政治運作層面來說，已經不具有真正的作用；在現狀的沖擊下，它可說幾乎已走入了歷史，成為過往的存在。另一方面，代表封建宗法根柢本宗的周王室卻也真真實實，繼續依恃此一幾成歷史的餘緒而存在。這種看似矛盾的現象，具現在春秋時代周王室上面，於是，從《左傳》與《國語》中，我們看到周王室的知識分子，經常舉封建宗法的相關史迹，作為強化自身立場的理據。對這些封建宗法史述的內容，當時代的知識分子大多通曉其事，也瞭然其意，這從結果可以看得出來。雖然，就行為的針對性或目的性而言，行為者本身未必符合史述內容的意蘊，〔註95〕卻也緊緊把握這一可資申張的歷史陳迹。其餘的封建宗法史述，基本上與當下的人、事都能取得辭順義正的相應。

周王室的知識分子述遠古的實例，從素材上來看，最主要的對象不脫西周的封建宗法以及相關的人、事、規範、禮制，〔註96〕這種情況多少反映他們對於過往歷史的記憶，集中在某一類型的內容，也多少體現他們對此一內容的相對熟悉，在「徵近代」的功能上，符合王室此一主體的現實應對、期望。

王室之外，列國之間互動往來，在論述事理時，也經常涉及到封建宗法的史迹；在第二節的第二小節，我們得到相關的事例共十五例。這十五例中

〔註95〕如景王責晉無貢器引晉始封君唐叔受明器於王室事，意在求器。至於景王求器，叔向批評景王非禮，而禮是「王之大經」，景王即使考知典故，卻違背了禮。另如王子朝的述論封建史迹，可說甚為詳細，然而這些內容與王子朝爭王位的行為卻不符；因此，閔馬父在得知子朝文辭時批評說：「文辭以行禮也。子朝干景王之命，遠晉之大，以專其志，無禮甚矣，文辭何爲？」以上二事分見魯昭公十五年、二十六年《傳》文。《左傳正義》，頁0825、0905。

〔註96〕有學者指出，《左傳》有關「禮」的理論有二方面：敬上，修身。其中敬上是「君君、臣臣、父父、子子的等級制度與倫理觀念的延伸」，而《左傳》的時代是「禮樂崩壞已無可挽回」的時代；因此，「《左傳》對『敬上』並無表示太大的興趣。」蒲衛忠，〈《春秋》與三傳〉。蒲氏該文係姜廣輝集多人合著輯成的《中國經學史》第一卷的第十七章。文在該書頁512～547。引文見頁531。我們以為，《左傳》對禮的理論如何是「《左傳》」的認知，與《左傳》中人物的認知不宜混同。以「敬上」的觀念來說，恰恰反映了封建宗法的尊尊預設與規範，就春秋的時勢加以衡量，周王室捨此之外，其實也難有其它的途徑來守住最後的一線政治生機。《左傳》的欠缺對「敬上」的興趣，可以是《左傳》著（輯）作的個人態度，也可能是當時代大部分列國公、卿、大夫的普遍心理，卻不是周王室的知識分子的心理。

直接或間接指涉的大小國家共有十五個,這個數目雖然不能算多,卻也不是沒有意義。十五國中除薛、齊、楚、杞,其餘十一國都是姬姓國。四國中齊與姬姓爲舅甥姻婭,關係匪淺。從這十五例裏,身當其事的列國知識分子,莫不以親、尊的觀念強調事態的當宜確否,分辨彼此之間親、尊的密疏近遠;而親、尊之所以成爲這羣知識分子共同的認知,也是從封建宗法而來的。換句話說,捨離封建宗法的歷史淵源,便無從區別親疏近遠。因此,當這羣知識分子基於當下的應對需要,從歷史的過往裏尋找支持的理據時,彼此之間共同認知的親、尊根源的歷史內涵,是比較容易喚起彼此都熟悉的歷史意識的;也因此,在實際作用上所產生的當下效果也就比較清楚。

封建宗法的禮制,在春秋時代固然不再像它肇始時期的面貌,可也不是全然的煙消雲散;同時,當代的知識分子對於禮制的煩複儀節可能也不甚了了,然而,對於封建宗法親、尊的基本精神還是沒有全然拋諸腦後。就是這種原因,使得這羣知識分子不僅記住自己國族的發展歷史,也沒有忘記幾百年前的封建宗法的過往史迹。所以,當他們在處理一些當下的切身事務,而引據史迹加以論辨時,經常會舉此封建宗法歷史,其間容有詳略煩簡之別,卻不妨其用心。

論者習稱春秋時代是「諸夏」意識高漲的時期,並指稱此時期的「諸夏」意識的形成有錯綜複雜的因素,其中包括「周初的封建傳統」。〔註97〕封建是政治創制,此一政制的骨幹則是宗法,二者不能獨存。雖說封建宗法自西周中後期已出現鬆解,然而,制度的鬆解與其後知識分子的認知、運用不必如一,這也是何以禮崩樂壞的春秋時期,知識分子的歷史述論依然常見對此一體制的申說。雖然此一歷史詉論的基本宗旨不在於封建宗法,可是抽離了封建宗法的史迹,這些知識分子「徵近代」的現世意圖恐怕也會失去彰顯的理據。

與立足於王室或所屬宗主國爲主體不同的是基於「個人」利害考量的類型。這一類型與封建宗法無關,可以說是一種「個人性」或「私己性」的引

〔註97〕王仲孚,〈試論春秋時代的諸夏意識〉,收入中央研究院編印,《中央研究院第二屆國際漢學會議論文集》〈歷史與考古組(上冊)〉(台北:中央研究院,1989),頁363〜376。引文見頁376。王文論「諸夏」意識重在「文化意識」,此意識是包含「政制、經濟、宗教、習俗」、「衣食住行及禮樂教化」的「文化體系」(見頁373)。基於此,王氏主張春秋時期的「諸夏」意識是「以文化爲基礎的意識形成後,逐漸揚棄了狹隘的宗法意識」並持續發展的意識。見頁376。王氏結論如此,然而在文中,他也說「『諸夏』意識,基本上是一種文化的意識,但也有宗法的親親精神包含其中。」(見頁372)。

證史迹，與國家利益的直接關係並不明顯，甚至是多有不相干者。這一類型的例證計有十九個。我們針對人、事的來龍去脈，區分為自我開解六例，為人開脫、設想、助成六例，以及推薦人才並其它者七例。從內文的討論，可見這些個別的知識分子善於透過他們的歷史知識，就史迹進行或提綱契領的點醒；或詳具始末的鋪陳，藉由史迹的述說，為自己、為別人的處境提供一番合宜的理據。

第五章　列國時期載籍中的歷史述論——《左傳》、《國語》（下）

第一節　強大圖霸

　　春秋時期，王綱不振，列國競存，無不費心盡力，周旋於國際間的盟會。強者大者，侵小略弱，存與國併敵國，一方面厚積實力，以為盟會之主；一方面，以盟主身分，宰制控御盟國，伸展影響力。弱者小者，處於倏忽變化的國際情勢下，依違於敵我驟變的外交關係間，既要事大圖存，又要為自己的依違行為鋪陳理據，以避免亡國喪宗辱家的下場，的確是一項重大的挑戰。

　　二百餘年的競存乃至圖霸，對於當代的國家，不論強大抑或弱小，實力當然是最重要的依恃。實力，指的是國家整體力量；舉凡疆域、軍備、財賦、經貿、人口、組織、人才等，都是具體且易於檢證的資源。以歷史的眼光來看，春秋二百餘年間，列國競存的興廢續絕，當然很大的程度是取決於當時代各自所擁有的整體力量的優劣。然而，時代發展總有內、外在的複雜因素。具體的國家實力，是一種硬道理，也是一種外在的、赤裸的形態與實際；要生存，乃至圖霸，固然離不開這一實力的累積與展現。只是，當時國際間的關係，不是只訴諸實力便足以饜服人心，必須在實力原則下，文飾以一番內在的理據。強者大者，乃至身為盟主的，在出之以強大的實力進行征伐、主盟時，猶不忘申之以其它的理據；弱者小者，身處夾縫中，於交聘、貢獻，甚或受責時，更需藉由各種理據以濟自己實力的不足。

　　春秋列國間圖霸求存的理據，除了道德性的綱目如德、敬、禮、義、仁、

愛、忠、信等倫理範疇的闡述與發揮之外，最常見的便是取資於歷史陳迹（遠
古、近古），充當行爲的依恃。前者的倫理範疇涉及複雜的哲學思維，不是這
裏所能、所要處理的問題。雖然，我們也不能完全自外於此一範疇（事實也
不可能），不過，當我們在疏理此一範疇的相關要素時，是將其置於歷史述論
的脈絡中加以闡明的，用意除了避免哲學思維的糾葛之外，也是爲了說明此
相關要素在當代人的歷史思維中，具有一定的認知。換句話說，歷史的過往，
含攝了人世間各種合宜與不宜的因素，也體現此一因素的影響與作用。從經
驗的累積與理解，歷史世界與當下情狀的連結，可以呈現出某種具體的交集。
既然歷史世界存在著經驗法則的背景，因此，從經驗法則中疏理出來的道德
性綱目，必然有它理據上的基礎。而這種根基，一旦落實到現狀的應對上，
除了以普遍性的道德訴求，彰顯道德特質外，往往又可從歷史述論中見出與
歷史上的人、事互爲映照的意義。這一層面的道德綱目，我們以爲有其世俗
性格，亦即與當代知識分子的現世觀照和對歷史發展的體會，二者相互影響，
從而以當時代具有垂範性的概念語彙加以概括；因此，這些道德綱目固然可
以哲學思維加以理解，也不妨以歷史述論掌握。

一、齊桓肇霸（附宋襄）

春秋霸政肇自齊桓公，因先述其事，宋襄公欲霸而不成，聊附於此。

做爲春秋時期的盟主、霸（伯）主，首先當然要有強大的實力，如此才
能身任諸侯之長。魯僖公元年（659B.C），齊桓公率宋、曹之師逐狄救邢。《傳》：

> 邢遷于夷儀，諸侯城之，救患也。凡侯伯，救患、分災、討罪，禮
> 也。

所謂的侯伯，便是諸侯之長。〔註1〕齊桓公以軍興救邢，是齊有強於諸侯的實
力。齊之所以能強且大，得力於地利、天時、人謀。〔註2〕地利、天時之能成

────────────

〔註1〕 杜預注侯伯爲州長。《孔疏》稱侯伯，「齊侯爲侯伯，當是王之二伯。此言州長，
必是九州之長」。《左傳正義》，頁 0198。《爾雅‧釋詁下》訓伯爲長。《爾雅注
疏》，頁 0027。《說文》亦云：「伯，長也。」段玉裁注：「伯，州長也，一義之
引伸也。凡爲長者，皆曰伯。」《段氏說文解字注》，頁 382。〈釋詁下〉所說的
伯與孟、耆同列，爲長幼之長。《杜注》、《孔疏》、《段注》則以州牧伯長爲比，
意殊《爾雅》。清儒鍾文烝於《穀梁傳‧莊公十三年》「桓非受命之伯」下云：
「伯者，長也。蓋即古所謂二伯，其在內曰『王官伯』，在外則曰『侯伯』矣。」
並總《孔疏》之意，而以內、外釋二伯。《春秋穀梁經傳補注》，頁 177、178。
〔註2〕 地利、亦即天然資源：「工商之業、魚鹽之利」、「輕重、魚鹽之利」。天時，

為強大之資，緣於重視人謀；以人謀而言，在於聽從管仲的善謀，而管仲的善謀又是結合歷史與現狀，微以立基，廣為演繹。《國語‧齊語》從國別史的角度來說，疏略顯然，因為只載齊桓、管仲之事；然而，換個角度看，以數千字的篇幅，論一君一臣之相與，並闡明齊桓之霸，適足以說明君臣如何取資以霸的詳情。

〈齊語〉記桓公釋射鉤之嫌後，問管仲如何可免「宗廟之不掃除，社稷之不血食」之恐。

> 管子對曰：「昔吾先王昭王、穆王，世法文、武遠績以成名，合群叟，比校民之有道者，設象以為民紀，式權以相應，比綴以度，竱本肇末，勸之以刑罰，班序顛毛，以為民紀統。」

在這裏，管仲所說的都是準則性的概念，也就是垂為典則與範式的歷史存留，所以管仲舉西周先王為例，為自己的建言先確立一個典型式的立足點。因此，在桓公問道該如何做時，管仲回答說：

> 昔者，聖王之治天下也，參其國而伍其鄙，定民之居，成民之事，陵為之終，而慎用其六柄焉。

舉古代聖王治天下的方法、手段，在於使人民安於所處，也是一種藉古史以為理據的方法。從〈齊語〉全文來看，關於歷史述論的部分，除了前引昭、穆、文、武之外，但以「昔者」、「聖王」籠統概括；雖然如此，卻也不能等閒視之。一句「世法文、武遠績以成名」，實總承了師法於善古的重要，而唯有如此，才能「世以成名」。〔註3〕其實，只要恪謹恭敬的師法文、武典範，豈只昭、穆之「世」，後「世」人君，都可成名。而文、武為姬周聖王，一如其前的聖王；因此，法姬周聖王文、武，意同法「昔者」的聖王。所以，管仲答桓公問「成民之事若何？」時答以「四民者，勿使雜處」，是「昔者聖王」處民之道。

人民既各安其業，繼之以制國立官，並「修舊法」以使「國安」。所謂「舊

亦謂時局：「是時周室微，唯齊、楚、秦、晉為彊。晉初與會，獻公死，國內亂。秦穆公辟遠不與中國盟。楚成王初收荊蠻有之，夷狄自置。唯獨齊為中國會盟」。人謀，指得良佐管仲，諮諏善道。詳見《史記‧齊太公世家》。《新校本史記三家注》，頁1480～1491。前面所說的天時，引文所述為葵丘賜胙論語，然觀《史記》，自桓公二年至七年，其實力已強，七年，《史記》云：「桓公於是始霸」。其後至三十年伐楚，中間有救燕伐山戎；拒狄存衛；以及《史記》所遺的逐狄救邢諸舉，是桓公時，天下未有足以相匹敵的諸侯。

〔註3〕 韋昭注云：「言昭王、穆王雖有所關，猶能世法文王、武王之典，以成其功名也。」《國語》，頁225。

法」，韋昭說是「百王之法」。〔註4〕總不離前人行之而有益於世治的典制，也是對歷史發展上具有垂範作用的遺留的肯定。

國已安，力已強後，桓公二問可否「從事於諸侯」。管仲以「鄰國未親」為不可。欲從事諸侯，得親鄰國；親鄰國，莫如「反其侵地」。在齊桓公的時代，侵併鄰國時時而有，它是一種春秋時代歷史性延續的現象。就〈齊語〉所記管仲所言，齊國當時除東界於海，無有侵地之外，南侵魯之棠、潛；西略衛之臺、原、姑與漆里；北并燕之柴夫、吠狗。是則齊國行徑一如其餘，同屬不義，實難當「行伯道，討不義」的侯伯之任。〔註5〕從歷史的過往來看，文王、武王乃至周公以及齊的始祖太公，雖然有併國略地，終不似春秋的兼併。管仲的反其侵地，固然是為了使鄰國親己，從「法文、武遠績」的內涵來說，文、武不行不義，桓公若一改其前的不義之舉，也可看成是另一種師法文、武遠績的作為。

管仲善為齊桓公謀，其論舊史雖只寥寥數語，然而，文、武遠績的仁義德行，正是文、武之異於商紂徒恃強力的地方。文、武為王為天子，齊桓公雖不是王、天子，若要充當諸侯之長的侯伯，也不能只靠強力。〈齊語〉於桓公「一戰帥服三十一國」後，說荊州、海濱、嶽濱「諸侯莫敢不來服」，顯示軍興武烈。武烈之後，則「隱武事，行文道，帥諸侯而朝天子。」於存衛後，說「天下諸侯稱仁焉。於是天下諸侯知桓公之非為己動也，是故諸侯歸之。」末文稱其為伯主，「禦戎、狄之地，所以禁暴於諸侯」、「衛諸夏之地，所以示權於中國」，而之能得此大功名，〈齊語〉結以「唯能用管夷吾、甯戚、隰朋、賓胥無、鮑叔牙之屬而伯功立。」鮑叔牙有舉管仲之功，餘三人事迹不顯，〈齊語〉用在管仲；管仲善謀國，桓公善用賢。管仲述史只及文、武、昭、穆，而有其深意在；桓公納言以行伯，亦存文、武微意。《左傳》記管仲說齊桓公以禮招攜，以德懷遠，以禮與信屬諸侯，崇德以合諸侯，〔註6〕凡此，都是從歷史與現狀的互動中得出的理據。

齊桓公為諸夏侯伯，開啟春秋霸政，其最主要的競爭對手是楚。終齊桓公之世，與楚爭盟最多，〔註7〕其中引史以為張目的，以魯僖公四年（656B.C）

〔註4〕 《國語》，頁231。
〔註5〕 「欲從事於諸侯」，韋昭注云：「欲行伯道，討不義也。」《國語》，頁231。
〔註6〕 僖公七年《傳》文。《左傳正義》，頁0215。
〔註7〕 顧棟高，〈春秋齊楚爭盟表〉條列自魯莊公十三年（681B.C）北杏之會至魯僖公十七年（643B.C）齊桓公卒，二國之間爭盟49次。見《春秋大事表》，頁

管仲責楚成王不貢苞茅及周昭王南征不復史迹爲顯。《傳》：

> 管仲對曰：「昔召康公命我先君太公曰：『五侯九伯，女實征之，以
> 夾輔周室！』賜我先君履，東至于海，西至于河，南至于穆陵，北
> 至于無棣。爾貢苞茅不入，王祭不共，無以縮酒，寡人是徵。昭王
> 南征而不復，寡人是問。」

上一章裏引管仲對楚的指責，說明以封建宗法的史迹爲責備的理據。封建宗法以親尊爲大，西周封建，異姓以齊爲親，始自太公，並賦予齊有征伐天下諸侯（五侯九伯）的權利。〔註8〕因此，齊桓公既爲諸侯之長的侯伯，楚國有所不恭謹，縱使遠處南海，猶在四至之內，齊桓公得以征之，於史可徵，於理有據。

　　齊桓公歿後，宋襄公有求霸意圖，而宋國貴冑卻頗不以爲然。先是魯僖公十九年（641B.C），襄公欲以鄫子爲人牲於次睢之社，威使東夷諸國來附，司馬子魚認爲此舉大大違背求霸者的行爲。《傳》：

> 司馬子魚曰：「古者六畜不相爲用，小事不用大牲，而況敢用人乎？
> 祭祀以爲人也。民，神之主也。用人，其誰饗之？齊桓公存三亡國
> 以屬諸侯，義士猶曰薄德，今一會而虐二國之君，又用諸淫昏之鬼，
> 將以求霸，不亦難乎？得死爲幸。」

霸者，不只要有實力，還要有起碼的德性，司馬子魚前半段的意見說的雖是祭祝，卻也突顯了宋襄公之前有存三亡國功業的齊桓公，縱使沒有宋襄公的人牲祭社，尚有薄德之譏。往史切近，侯伯如齊桓公主盟數十年，功在諸夏，猶不免義士的批評，如今宋襄公不只無德且虐人君，想成就霸業，不僅困難，恐怕有君危國亡之虞。子魚以齊桓公邇近史迹，彰顯侯伯宜以德爲重，亦藉史以爲鋪叙。同年，宋人圍曹，子魚又引古史相諫。《傳》：

> 子魚言於宋公曰：「文王聞崇德亂而伐之，軍三旬而不降。退修教而
> 復伐之，因壘而降。《詩》曰：『至于兄弟，以御于家邦。』今君德
> 無乃猶有所闕，而以伐人，若之何？盍姑內省德乎？」

文王的德性品格，從西周建國後，一直是後代知識分子所尊崇的典型。文王

1953～1967。顧〈表〉分類係以諸侯間會盟征伐而楚人不與爲據，並非二國間主盟的衝突。以顧〈表〉爲據，事涉齊、楚有23次。唯三十八年間而涉及楚者逾二十餘次，也算是頻繁了。

〔註8〕 楊伯峻分疏賈逵、服虔、杜預、黃以周、王引之、俞樾諸家意見，云：「皆謂五侯九伯統言天下諸侯。」說詳《春秋左傳注》，頁289。

爲西伯時，多有征討，征伐崇國更屬重大的戰役，〈大雅・皇矣〉有集中的歌詠，子魚不取武烈，而以修教突出文王的「省德」，用意自然是在提醒宋襄公，圖霸應省思一己的德性是否無闕。西伯文王的史迹，恰是文王之德能服方國的最好例證。

宋襄公圖霸，宋國執政引史迹以爲申說，目的不在支持宋襄公，只因國君有主觀的求霸意圖，卻缺乏宋國知識分子所認知的德性品質；因此，子魚以西伯有德伐崇而下之的古史，與齊桓公有功卻薄德的近史，申揚圖霸此一今事，宋國實際上並沒有任何有力的條件。〔註9〕

二、晉文成霸及其後繼

宋襄公短暫的爭盟圖霸，隨著泓役傷股歿身而止，欲繼之而起的是秦穆公，不過，在納周襄王一事上，被晉文公捷足先登，秦穆公終只能霸西戎，中原的侯伯盟主入於晉文之手。納襄王一事，狐偃的意見具有重大的影響力。〔註10〕《傳》：

> 秦伯師於河上，將納王。狐偃言於晉侯曰：「求諸侯，莫如勤王。諸侯信之，且大義也。繼文之業，而信宣於諸侯，今爲可矣。」

西周末驪山之役後，平王與另一王子余臣並立，晉文侯於平王東遷時，與鄭武公夾輔王室，其後又殺王子余臣於攜，王室褒獎文侯，有錫命之文傳世。〔註11〕

〔註9〕 宋襄公於魯僖公二十一年（639B.C）爲鹿上之盟，得到楚國表面的支持，公子目夷卻說：「小國爭盟，禍也」，是目夷亦認爲以宋的實力，實不應強爭霸主之任。《左傳正義》，頁0241。

〔註10〕 魯僖公二十五年（635B.C），晉文公納襄王，《左傳》記狐偃的建議後，又有卜偃的吉卜。《國語・晉語四》但記狐偃語，而於「繼文之業」後有「定武之功」之語：是並舉文公祖曲沃武公并晉國爲例，兼及啓土安疆的擴張。《國語》，頁373。

〔註11〕 二王並立與晉文侯殺余臣之事，俱見今、古本《竹書紀年》。參方詩銘、王修齡，《古本竹書紀年輯證》，頁60、61、67、260、261、262。《尚書・周書・文侯之命》，《書序》云：「平王錫晉文侯秬鬯圭瓚。作〈文侯之命〉。」鄭玄、王肅、《孔傳》皆主平王錫晉文侯之文，並謂平王命晉文侯爲諸侯之長的侯伯。見《左傳正義》，頁0309。與《書序》、鄭、王不同的說法認爲〈文侯之命〉乃晉文公所受的策命，《史記・晉世家》、《新序・善謀》主之。後人糾謬已多，簡言之，大抵主張〈文侯之命〉與晉文公無關。近人齊思和從〈文侯之命〉的「父義和」之「義」「與文侯之名仇，相反爲字，乃古人命名之常例」，亦主〈文侯之命〉與晉文公不涉。分見《新校本史記三家注》，頁1666、1667；劉向編著，石光瑛校釋、陳新整理，《新序校釋》（北京：中華書局，2001），

晉文侯於一百三十餘年前王室鬩牆時有襄助天子之功，如今襄王與王子帶一樣是兄弟爭位，身爲伯主，文公宜當效法晉文侯納王拒逆之舉，既可宣信於諸侯，且合「尊周」、「尊王」大義，以取得「令于天下」的憑恃。〔註12〕

晉文公納襄王，敗楚於城濮，會諸侯於踐土並受王命爲侯伯，確立了晉國的盟主地位。終春秋之世，且成爲中原諸夏國家與楚，乃至吳、越抗衡時的領袖之國，其間固有勢衰位移的情形如內部貴卿鬥爭，以致國力削弱；或有齊景公欲與爭霸，終究仍維持盟主的樣態。以《左傳》中對於「盟主」此一稱謂的出現與針對、指涉來看，幾乎無一與晉不涉。〔註13〕《左傳》述及盟主既然主要是針對晉國，一方面說明了晉國長期居於諸夏集團馬首地位的事實，另一方面也反映出當時諸夏國家與盟主之間的互動、聯繫時，主、客雙方對於肇自晉文公的晉國侯伯盟主行止的歷史性延續，以及現狀處置之間，應有的作爲的述論。這其中有晉人主張，也有列國的見解（列國部分見後文）。以下是我們的分疏。

魯文公七年（620B.C），晉郤缺勸執政趙宣子歸還所取衛地，以合「以德主盟」之義。《傳》：

「日衛不睦，故取其地。今已睦矣，可以歸之。叛而不討，何以示威？服而不柔，何以示懷？非威非懷，何以示德？無德，何以主盟？

頁 1095～1096。齊思和，〈周代錫命禮考〉，收入齊思和，《中國史探研》（台北：弘文館出版社，1985），頁 65、66。另傳世「晉姜鼎」，李學勤認爲鼎主爲文侯之妻，銘文大意是晉姜輔助文侯，發揚文侯的光烈。李學勤，《東周與秦代文明》（台北：駱駝出版社，1983），頁 37。于省吾引薛尚功語謂該鼎銘：「款識條理有周書誓誥之辭，典則渾樸醇懿」。參于省吾，《雙劍誃吉金文選》（北京：中華書局，1998），頁 147。「周書誓誥之辭」以《尚書》例之，是〈文侯之命〉與〈晉姜鼎銘〉當近似，亦〈文侯之命〉乃錫文侯仇之命辭。

〔註12〕《史記‧晉世家》載納王係出於趙衰之議，趙衰說：「求霸莫如入王尊周。周、晉同姓。晉不先入王，後秦入之，毋以令于天下。方今尊王，晉之資也。」《新校本史記三家注》，頁 1663。趙衰所說的「令于天下」，指的是侯伯的實力與具體作爲，而欲令天下，須以「尊周」、「尊王」的具體行動──納王──充當憑恃。

〔註13〕《左傳》「盟主」一語，首見於文公六年秦穆公卒時，以子車氏三子奄息、仲行、鍼虎爲殉，國人賦〈黃鳥〉哀之。於是「君子曰：『秦穆之不爲盟主也宜哉！死而棄民。先王違世，猶詒之法，而況奪之善人乎？……。』君子是以知秦之不復東征也。」《左傳正義》，頁 0314、0315。「盟主」一語，先秦典冊、載籍只見諸《左傳》，計出現 29 次，始於文公六年，終於哀公元年。分別繫於文、成、襄、昭、哀五公，以年爲別則分繫於 21 年中。其中不涉及晉的只秦穆公一事。

子以正卿，以主諸侯，而不務德，將若之何？《夏書》曰：『戒之用
休，董之用威，勸之以〈九歌〉，勿使壞。』九功之德皆可歌也，謂
之〈九歌〉。……。若吾子之德，莫可歌也，其誰來之？」

郤缺舉古代文獻《夏書》九功之德皆可歌，是對於共主「戒休董威」之舉，
符合共主行宜的肯定。舉古事以例今事，「威討懷柔」一如「戒休董威」，同
屬務德之舉；晉既主諸侯，名義上雖非共主、天子，實力上則足當實際的仲
裁者。且若以齊桓公為侯伯時的返還侵地為例，身為盟主的晉國，是不應據
衛地為己有。〔註14〕郤缺雖不舉齊桓公之事，然以《左傳》屢舉盟主與德、
義、禮、信等觀念不可離來看，霸政時期道德性的強調，一直是實力原則之
外的另一種責求。

魯宣公十一年（598B.C），當郤成子（即郤缺）求成眾狄，且眾狄表明服
於晉後，晉諸大夫欲召狄，成子反對。《傳》：

郤成子曰：「吾聞之，非德，莫如勤，非勤，何以求人？能勤，有繼。

其從之也。《詩》曰：『文王既勤止。』文王猶勤，況寡德乎？」

郤缺所言的「德」、「勤」，不是指外在的軍事實力。舉《周頌・賚》的「文王
勤止」，強調有德的文王不以西伯的實力為據，而是反求諸己，勤勞己身以徠
遠服近。文王如此，晉為盟主亦當以文王的行止為師法。

魯襄公二十七年（546B.C），晉、楚會諸侯於宋以議弭兵之事。盟會時，
二國爭先，晉以「晉固為諸侯盟主，未有先晉者」為辭，楚以二國強弱相匹，
謂二國「狃（更）主諸侯之盟也久矣，豈專在晉？」為說。二國所據皆為事
實，而以強弱做依憑，正說明持論者以國力為判準，彼此之間互不退讓。如
此相持下去，弭兵必不可能。此時晉叔向對執政趙武提出盟主「務德為先」
的建議。《傳》：

叔向謂趙孟曰：「諸侯歸晉之德只，非歸其尸盟也。子務德，無爭先。

且諸侯盟，小國固必有尸盟者，楚為晉細，不亦可乎？」乃先楚人。

《左傳》此處特著務德先於尸盟，突顯叔向能在務力的迷思之外，另外鋪陳
理據，以化解二國的僵局；因此，後文說楚子木歸告楚康王：「宜晉之伯也，
有叔向以佐其卿，楚無以當之，不可與爭。」叔向在弭兵之會中的議論，《左

〔註14〕歸還侵地又見魯襄公二十六年（547B.C），趙文子請晉平公歸還齊大夫烏餘食邑
廩丘於齊。文子云：「晉為盟主，諸侯或相侵也，則討之，使歸其地。今烏餘之
邑，皆討類也，而貪之，是無以為盟主也。請歸之。」《左傳正義》，頁0638。

傳》之外，尙見於《國語・晉語八》。除了論德，又引史迹爲說。

> 叔向謂趙文子曰：「夫霸王之勢，在德不在先歃，子若能以忠信贊君，
> 而綏諸侯之闕，歃雖在後，諸侯將載之，何爭於先？若違於德而以
> 賄成事，今雖先歃，諸侯將棄之，何欲於先？昔成王盟諸侯于岐陽，
> 楚爲荆蠻，置茅蕝，設望表，與鮮卑守燎，故不與盟。今將與狎主
> 諸侯之盟，唯有德也，子務德無爭先。務德，所以服楚也。」乃先
> 楚人。

叔向說「霸王之勢在德」或有避楚國鋒芒，以免意外的兵戎相向，〔註15〕同時
彼務強力，我務德信，不只區別彼我在道理上的高下（弭兵本爲止戰，與會而
衷甲，於理爲虧，所以叔向說趙武勿以楚人衷甲爲憂云：「合諸侯之卿，以爲不
信，必不捷」縱使楚人爲亂，適將失諸侯之心，於晉爲大利，是以不必憂心。），
也可以分別晉、楚爲諸侯盟主，在外在的物質條件之外，還有內在德信的優劣。
因此，叔向舉西周初年成王盟諸侯于岐陽，而楚不與盟的史迹，並近、現代晉、
楚更迭爲盟主的近史爲例。成王時楚國不得與盟，從文義來看，似因「楚爲荆
蠻」，不屬諸夏；或係位低，只負責縮酒束茅並爲守庭燎。二者於親近德誼並身
分力量皆不足以參與諸侯盟會，亦即楚尙不得位列諸侯。至於近世，楚爲雄強，
論勢力，已非守燎之微；晉欲與楚爭，不能徒恃強力。

　　從歷史的既往加以比較，楚勢強於周初，唯於德信一端，猶有缺陷，此
正是晉優於楚的條件。是以，晉能服楚的，莫過於務德。叔向所言，主要仍
是從爭盟的現狀加以分疏，自有現狀的顧慮，而他的務德主張，亦有濟強力
局限的見解。取古、近史迹爲例，在相持的僵局中，首先比較異質性的依恃
力量的差別，其次說明楚雖強而不務德，最後強調晉但以務德不爭先，必能
服楚。整體而言，弭兵爭先，晉若能思索自己的優勢是在於務德的信念，即
使楚以強力得先，晉仍不失「在德」的「霸王之勢」。〔註16〕

〔註15〕弭兵之會，參與的大小國家有十四國之多，而以晉、楚爲主。弭兵關係列國
的和平，早在二年前，晉趙武新爲執政時，以自己「知楚令尹（子木）」並「齊
崔、慶新得政，將求善於諸侯」，而有弭兵之意。其後宋向戌以善於晉、楚二
執政，正式提出弭兵之會，得大國的首允。雖然，楚國與會，猶以軍旅從行，
暗藏甲兵於衣中，雖有伯州犁「釋甲」之固請以示信，而子木不納，謂：「晉、
楚無信久矣，事利而已。茍得志焉，焉用有信？」（並參〈晉語八〉：「諸侯之
大夫盟于宋，楚令尹子木欲襲晉軍。」《國語》，頁464。）是弭兵之會，若有
所差池，不免可能求和不成，反啓戰隙。

〔註16〕汪克寬稱弭兵之會「兩伯之勢成」。見顧棟高，〈春秋晉楚爭盟表〉注引汪氏

　　魯昭公四年（538B.C），時當晉、楚勢均時期，楚靈王使椒（伍）舉如晉求諸侯。晉平公初始不想答應，司馬侯勸平公許之，且「修德以待其歸」。平公猶以晉與楚相較有三不殆：國險，多馬；齊、楚多難，而欲與楚決裂。司馬侯於是爲平公陳述一段荒遠的古史，以及齊桓公、晉文公何以爲盟主的歷史，闡明平公所謂的三大優勢實際上是不可憑恃的。《傳》：

> （司馬侯）對曰：「恃險與馬，而虞鄰國之難，是三殆也。四嶽、三塗、陽城、大室、荊山、中南，九州之險也，是不一姓。冀之北土，馬之所生，無興國焉。恃險與馬，不可以爲固也，從古以然。是以先王務修德音以亨神人，不聞其務險與馬也。鄰國之難，不可虞也。或多難以固其國，啓其疆土；或無難以喪其國，失其守宇，若何虞難？齊有仲孫之難，而獲桓公，至今賴之。晉有里、丕之難，而獲文公，是以爲盟主。衛、邢無難，敵亦喪也。故人之難，不可虞也。恃此三者，而不修德政，亡於不暇，又何能濟？君其許之！紂作淫虐，文王惠和，殷是以隕，周是以興，夫豈爭諸侯？」

司馬侯首先指出九州險地不能確保長有不亡、久盛不衰，所謂「不一姓」，雖無確指，而歷史上政權的遷移，卻是昭然著明。其次，擁有多馬此一物質性的外在軍力優勢的地域，並沒有出現強大的國家，二者的不可恃是「從古以然」，亦即歷史發展上一般性的常態。至於第三個優勢：以鄰國危難爲喜的樂禍心態，一樣也不能完全視之爲有利於己的條件。知國難爲難，可以轉難爲安，奠立生機，如齊桓公、晉文公都因此而有國，並進而爲侯伯盟主；反之，則如衛被狄所滅，邢遭衛所亡。〔註17〕因此，晉平公只就當下的外在條件視

語，《春秋大事表》頁2015。弭兵之會，晉採和輯的態度，不免有消極之嫌，而楚亦知自制，乃免再次交兵。後人論此事，頗訾議晉之失策，如顧棟高說「趙武守匹夫之信」、「叔向空爲大言以自慰」，謂趙武、叔向爲「當日罪人」。〈春秋晉楚交兵表・敍〉，《春秋大事表》，頁2053、2054。高士奇謂該盟「令諸侯之從交見於楚，而內外無復辨，冠履任其倒置矣。」〈晉楚弭兵〉，《左傳紀事本末》，頁429。此說雖非無理，然而一會而能弭兵事，且二國並爲伯主，互爲牽制，以後事驗之，雖不能盡弭兵禍，卻也大致維持一定程度的安定。楊伯峻說：「晉、楚皆怠於大出兵，不被侵伐者，宋凡六十五年，魯凡四十五年，衛凡四十七年，曹凡五十九年。」《春秋左傳注》，頁1130。亦弭兵有其實際的後效，不宜純以內外、冠履此一華夷分疏爲責。

〔註17〕狄滅衛，衛滅邢，分見魯閔公二年（660B.C）、魯僖公二十五年（635B.C）。春秋時期侵併吞滅之舉時時而見，存亡循環所在多有，以介於大國間的弱小國家爲多；除衛、邢之外，它如許、莒、邾、郯、鄧、虢、虞等多有此遭遇。

此爲三不殆，司馬侯從往史的演化觀之，恰恰是三種危機。

司馬侯的述論從歷史遞遭的角度出發，以比較與分析的視野包攬情狀，並以反思、批判的醒覺，綜結「務修德音」遠重於「務險與馬」、「虞鄰之難」的論據；最後，再以商紂淫虐以隕殷，文王惠和以興周的歷史事實，突出內在性的修德之舉，超邁於外在性的恃強。從司馬侯的整體述論來看，他的用意自然不脫爲晉主盟籌劃，亦即爲晉國的盟主地位謀慮，只是他捨棄外緣的優勢，轉從歷史的思維，反證內在素質，亦即德性的厚積，是比外在的優勢要來得重要。可以說，司馬侯的避與楚爭盟並不是純粹的畏懼楚僉，允許楚國會盟諸侯，若楚不能反躬修德，「若適淫虐，楚將棄之」，則得意必將轉爲失意。如此，情勢逆轉，晉以修德而不費干戈，依然保有盟主地位，豈不是最好的結果。所以說，司馬侯的現狀顧慮不是消極的退縮，實隱含有內在質素的自我強化，而這種壯大自己的形態，早存於歷史過往的成敗興廢，並且有它具足的經驗事實。是以，司馬侯的歷史意識與現狀之間的聯繫，是可以落實具現的。

晉爲盟主，宜有務德之心、合德之舉，當事涉於華、夷時，尤應有所取捨。《國語‧晉語七》記載魏絳請晉悼公和諸戎：

> 公曰：「戎、狄無親而好得，不若伐之。」魏絳曰：「勞師於戎，而失諸華，雖有功，猶得獸而失人也，安用之？」

魏絳以得獸而失人比擬得戎而失華，正是華、夷之辨。〈晉語〉所記但言原則，不若《左傳》之詳。襄公四年《傳》：

> 晉侯曰：「戎、狄無親而貪，不如伐之。」魏絳曰：「諸侯新服，陳新來和，將觀於我。我德，則睦；否，則攜貳。勞師於戎，而楚伐陳，必弗能救，是棄陳也。諸侯必叛。戎，禽獸也。獲戎失華，無乃不可乎！《夏訓》有之曰：『有窮后羿──』。」

《左傳》至此，記載魏絳德睦則不失華（陳），即〈晉語〉獸人之別的人，德睦則得人。魏絳大概認爲空言不足爲論，於是舉古文獻《夏書》所載失人的史迹加以申明。《傳》文於此忽然插進悼公「后羿何如？」的問語，魏絳於是先說了一段夏史：夏衰后羿代夏，「淫于原獸」，離賢用讒以遭烹；繼羿之後的寒浞依然「恃其讒慝詐僞，而不德于民」，同樣落得亡國的下場，都因「失人故也」。而後說道：

司馬侯但舉一、二爲例，以概其餘。

「昔周辛甲之爲太史也，命百官，官箴王闕。於《虞人之箴》曰：『芒
芒禹迹，畫爲九州，經啟九道。民有寢、廟，獸有茂草；各有攸處，
德用不擾。在帝夷羿，冒于原獸，忘其國恤，而思其麀牡。武不可
重，用不恢于夏家。獸臣司原，敢告僕夫。』《虞箴》如是，可不懲
乎？」於是晉侯好田，故魏絳及之。

魏絳引《夏訓》、《虞箴》，說的雖是夏代史迹，談的也是禹創典型，羿亂規制
的史事；但是此事是因和戎與否所引起的，它的針對性很清楚，是就悼公的
伐戎主張而發的。禹爲帝王，他的別民獸是「德用不擾」；羿也是帝王，他的
「冒于原獸」則使國家滅亡（不恢于夏家）。前面說到魏絳以人獸擬華、夷，
則此處所說的禹、羿作爲，其意涵豈非明白易懂。悼公除了如《傳》文所說
的「好田」，主要的還是因爲他有伐戎、狄之心，魏絳舉史迹以爲譬喻，除了
有勸止田獵的用意，最主要的應該是藉古史做爲反對出兵戎境的理據；而文
中所說禹的「德用不擾」，亦可呼應文前的「我德則睦」。禹爲天子，悼公爲
盟主，名位不可一概而論，以和輯天下的責任而言，則可以有相似之處。

　　晉爲盟主，負有糾結諸夏的責任，對諸侯亦有索其貢獻以作爲維繫天下
秩序所需的耗費，這中間難免有苛刻過甚，以致引起諸侯反感，如子產爭承、
女叔齊論魯貢諸事，而盟主無以強逼的情形（詳後文）。然而，也有引史迹以
爲責服的例子。魯昭公二十五年（517B.C），王室有王子朝之亂，諸侯會盟於
黃父，共謀安定王室，晉執政趙宣子（鞅）主盟，令諸侯之大夫輸王粟、具
戍人。宋大夫樂大心不從。《傳》：

宋樂大心曰：「我不輸粟。我於周爲客，若之何使客？」晉士伯曰：
「自踐土以來，宋何役之不會，而何盟之不同？曰：『同恤王室』，
子焉得辟之？子奉君命，以會大事，而宋背盟，無乃不可乎？」右
師（樂大心）不敢對，受牒而退。

「於周爲客」，杜預注云：「二王後爲賓客。」楊伯峻謂：「周王朝以賓客之禮
待之。」〔註18〕檢《左傳》中載「於周爲客」有二。魯僖公二十四年（636B.C），
宋及楚平，宋平公自楚入鄭，鄭文公問享宋之禮，皇武子對曰：「宋，先代之
後也，於周爲客。天子有事，膰焉，有喪，拜焉。豐厚可也。」鄭文公於是
在享禮之外另有加品。〔註19〕是宋與天子之間，有某種賓客的意識。皇武子

〔註18〕分見：《春秋經傳集解》，頁1520；《春秋左傳注》，頁1459。
〔註19〕《左傳正義》，頁0258。杜預謂膰云：「尊之，故賜之以胙。」《春秋經傳集解》，

說的大概是西周以下的情形，樂大心此處也援引此一歷史慣例，希望免去粟米的貢輸。

對於樂大心的說法，士伯不像皇武子的顧及傳統禮制，他避此不談，只說晉文公爲盟主的踐土之盟後，宋國每會必盟，每盟必同的歷史，折服樂大心客不可使的立場，使樂大心只能接受盟主的分派。士伯簡短的駁詞中，提到百餘年前晉文公踐土會盟的「同恤王室」的盟誓，〔註20〕並不因時而異，且自踐土之後，宋國與會同盟不見以客爲拒辭。凡此，無一不是歷史陳迹，也是歷史的延續而及於現況的事實。於此，亦可見士伯引述史迹以固盟主的舉動。

晉爲盟主，舉史迹以爲討伐人國的顯例，要以魯成公十三年（578B.C）晉厲公會魯、齊、宋、衛、鄭、曹、邾、滕八國之君伐秦前使呂相絕秦一事爲著。呂相絕秦書全文甚長，計有 709 字，此處略其本文，僅就其內容，述其重點。

絕秦書所說的歷史時間約七、八十年，始於晉獻公與秦穆公並世之初的盟誓，〔註21〕終於魯成公十一年（580B.C）晉厲公與秦桓公的令狐之會。期間，見於書中的晉君有獻、惠、文、襄、靈、景、厲七君；秦君有穆、康、桓三君。二國之間的互動有婚姻之結：獻公嫁女予穆公；有甥舅之親：秦康公爲晉獻公外孫，晉文公、惠公外甥；有盟誓：獻、穆；文、穆（魯僖公三十年，630B.C 晉、秦圍鄭）；厲、桓（令狐之會）；有交兵：惠、穆的韓之役（魯僖公十五年，645B.C）；襄、穆的郩之役（魯僖公三十三年，627B.C）；靈、康的令狐之役（魯文公七年，620B.C），河曲之役（魯文公十二年，615B.C）；

頁 351。楊伯峻解「喪拜」謂嗣王以敵禮拜之，於其他諸侯則不拜。《春秋左傳注》，頁 427。所謂的「敵」，當係匹敵之敵，即對等之意，亦賓客之禮。魯襄公十年（563B.C），宋平公享晉悼公以天子用樂的〈桑林〉，執政荀罃不敢當，辭。荀偃、士匄曰：「諸侯宋、魯，於是觀禮。魯有禘樂，賓祭用之。宋以〈桑林〉享君，不亦可乎？」杜注云：「宋，王者後，魯以周公故，皆用天子禮樂，故可觀。」《春秋經傳集解》，頁 869。楊伯峻說：「魯用周天子之禘禮，宋用殷商之王禮，故他國人往觀之。」《春秋左傳注》，頁 977。宋得用王者之樂，亦因其爲先代之後。

〔註20〕同恤王室，踐土盟誓作「皆獎王室」。《左傳》於誓文後記「君子」之言，謂「是盟也信，謂晉於是役也，能以德攻。」《左傳正義》，頁 0274。

〔註21〕獻公在位：676～651B.C；穆公在位：659～621B.C。絕秦書稱二君曾有「盟誓」，楊伯峻注云：「秦穆與晉獻曾有盟誓，然《春秋》三《傳》不載。」《春秋左傳注》，頁 861。

景、桓的輔氏之役（魯宣公十五年，594B.C）。二國間關係既有婚姻之好，也有盟會之結，且晉之得以爲盟主，得力於秦穆公之助，論理宜應和睦共濟，奈何七、八十年間而兵戎相向者有五。〔註22〕絕秦書歷數二次同盟的破裂，錯在於秦；而五次交兵，除了韓之役於晉實爲理虧，〔註23〕其餘四役：郩之役肇因秦乘晉文公新喪伐晉同姓國滑；令狐之役起於趙盾等公族棄秦所支持的公子雍，改立太子夷皋（靈公）；河曲之役則因秦康公爲報令狐之敗而侵晉；輔氏之役係秦趁晉用兵於赤狄侵晉邊地。〔註24〕凡此史迹，絕秦書皆詳述史迹的脈絡，其中雖有理虧之處，而計其大過則在於秦。晉既爲當事之國，且又爲諸夏盟主，詳述史迹，爭辨曲直，也是爲自己當下的軍興行爲營造正當的理據。

三、楚莊圖霸及其後繼

春秋霸政的爭盟國家，齊、宋、晉之外，最主要的是南方的楚國。

楚自楚武王時崛起於江漢之間，諸夏雖以蠻夷視之，然而實力已足當諸夏心患。〔註25〕固然，楚國地界蠻夷，與諸夏的交通有地理之隔，卻也非懸

〔註22〕晉、秦自韓之役後至魯成公十一年（645～580B.C），前後66年間交兵共16次。詳見顧棟高，〈春秋秦晉交兵表〉。《春秋大事表》，頁2041～2049。

〔註23〕韓之役起因於晉惠公對許秦河外五城，及允略秦大夫田的食言，此外，又加上秦濟晉饑而晉不輸粟以助次年的秦饑之際，皆爲惠公之失。許地事見僖公十五年《傳》文，濟饑輸粟事見僖公十三、四年《傳》文。《左傳正義》，頁0229、0230、0223、0224。允田事見《國語·晉語二》。《國語》，頁311。

〔註24〕絕秦書謂秦桓公「不惠稱盟，利吾有狄難，……。虔劉我邊垂。」杜預注云：「不肯稱晉望而共盟。」《春秋經傳集解》，頁728。楊伯峻解「稱盟即會盟。」《春秋左傳注》，頁863。二氏之說恐未的當。檢自魯文公十三年至魯宣公十五年，二十一年間，《經》、《傳》所記諸侯間大小會盟有30次，晉與會19次，秦則無一次與會。其中大會約10次，皆由晉主盟，顯然晉爲盟主。秦既不與，便無共盟、會盟之義。絕秦書所云「不惠稱盟」係晉以盟主地位相責於秦，唯秦既不與會盟，於秦實無尊盟主之義，故晉所言，不免一廂情願。

〔註25〕《史記·楚世家》載：「（武王）三十五年（706B.C），楚伐隨。隨曰：『我無罪。』楚曰：『我蠻夷也。』」《新校本史記三家注》，頁1695。楚而自稱蠻夷，不見於《左傳》。司馬遷若非別有所見，便是以後世的華、夷觀念以況楚武王。檢視《左傳》，蠻、夷、戎、狄時有所見，事涉及楚者，皆屬諸夏申引之以爲彼此的區隔，亦即諸夏的我群意識，最明顯的例子是魯成公四年（587B.C），成公往晉，因晉景公接見時態度不敬，歸國後欲求成於楚而叛晉。季文子於是引《史佚之志》「非我族類，其心必異」的古訓，謂：「楚雖大，非吾族也，其肯字我乎？」諫止，成公遂作罷。《左傳正義》，頁0439。另比較魯成公二年（589B.C），

絕遼遠，何況楚境蠻夷雖多，國力大抵不強，而不屬蠻夷的漢陽諸姬，實力也不大；其中最大的隨國，亦不足當禦阻之任。魯桓公八年（704B.C），速杞之役，楚武王敗隨並互盟，勢力日益狀大。﹝註26﹞爾後，楚歷經文、成、穆三代七十餘年的經營（689～614B.C），不僅懾服周邊小國者眾，且屢屢交聘、盟會、征伐諸夏國家。至楚莊王時（613～591B.C 在位），國勢達到頂峯，成為當時的霸主；其後雖迭有下降，大致上仍維持大國的身分，與中原主要大國晉相抗衡，直到吳、越興起，楚勢始衰且不復振。

楚雖被諸夏國家視為蠻夷，楚武王甚或有「我蠻夷」的自況，但涉及到欲與諸夏爭長時，仍多引相關於諸夏與本族的歷史以為正反的理據。﹝註27﹞

魯宣公十二年（597B.C），時當楚莊王十七年，楚戰勝晉於邲次日，莊王軍次衡雍，﹝註28﹞潘黨大概認為莊王是為了示勝於神祇，以顯戰功，大有「觀兵」之意。﹝註29﹞是以建議莊王「收晉尸以為京觀」，如此可示子孫「以無忘

晉、齊鞌之戰與成公十六年（575B.C），晉、楚鄢陵之役的二次獻捷於周之事，天子的反應亦說明諸夏視楚如蠻夷。鞌役，晉勝而獻齊捷，周定王使單襄公責難道：「蠻夷戎狄，不式王命，淫湎毀常，王命伐之，則有獻捷。王親受而勞之，所以懲不敬、勸有功也。兄弟甥舅，侵敗王略，王命伐之，告事而已，不獻其功，所以敬親暱、禁淫慝也。」至於鄢陵之役，晉獻楚囚，天子無有責備，正是此一華、夷的區別。分見《左傳正義》，頁0430～0431、0480。

﹝註26﹞《史記・楚世家》記楚、隨盟事在武王自立為王之後，唯無戰役之載。至楚武王五十一年（690B.C），「周召隨侯，數以立楚王。楚怒以隨背己伐隨。武王卒師中，而兵罷。」《新校本史記三家注》，頁1695。〈楚世家〉記武王請隨侯代為向周王求尊號受拒而自立，事與隨侯無關，卻在武王自立十四年後才責備隨「立楚王」，或許反映了周天子的托辭。大概隨在速杞之後已不足為諸姬拒楚，是以天子責之以前事。觀《左傳》，楚武王盟隨後，在漢東的發展幾乎無往不利，亦可思過半了。其實，楚勢之強已反映在魯桓公二年（710B.C），楚與鄭、蔡會於鄧一事上了。《左傳》云：「始懼楚也。」《左傳正義》，頁0095。以當時鄭莊公之強，猶且懼楚，可見楚勢不弱。

﹝註27﹞楚武王欲求周王賜尊號而遭拒時，曾怒舉楚國先世的輝煌史迹以洩憤且自立為王。《史記・楚世家》：「楚熊通怒曰：『吾先鬻熊，文王之師也，蚤終。成王舉我先公，乃以子男令居楚，蠻夷皆率服，而王不加位。我自尊耳。』乃自立為武王。」《新校本史記三家注》，頁1695。此事《左傳》不載，難稽實否，故附記於注，僅備參考。

﹝註28﹞《傳》云：「楚重至於邲，遂次于衡雍。」楚莊王以輜重次于衡雍，以後文觀之，係前往祭祀河神。衡雍當鄰近於邲。《史記・楚世家》無邲地，但記「晉救鄭，與楚戰，大敗晉師河上，遂至衡雍而歸。」〈晉世家〉所記略同，亦不言邲。《新校本史記三家注》，頁1702、1677。

﹝註29﹞楚莊王在九年前伐陸渾之戎，軍次於雒，便曾「觀兵于周疆」，且問周鼎於王

武功」。只是莊王並沒有採納，甚且引武王克商史迹，爲「武功」下了一番定義。《傳》：

> 楚子曰：「非爾所知也。夫文，止戈爲武。武王克商，作〈頌〉曰：『載戢干戈，載櫜弓矢，我求懿德，肆于時夏，允王保之。』又作〈武〉，其卒章曰：『耆定爾功。』其三曰：『鋪時繹思，我徂維求定。』其六曰：『綏萬邦，屢豐年。』夫武，禁暴、戢兵、保大、定功、安民、和眾、豐財者也，故使子孫無忘其章。今我使二國暴骨，暴矣；觀兵以威諸侯，兵不戢矣；暴而不戢，安能保大？猶有晉在，焉得定功？所違民欲猶多，民何安焉？無德而強爭諸侯，何以和眾？利人之幾，而安人之亂，以爲己榮，何以豐財？武有七德，我無一焉，何以示子孫？其爲先君宮，告成事而已，武非吾功也。古者明王伐不敬，取其鯨鯢而封之，以爲大戮，於是乎有京觀以懲淫慝。今罪無所，而民皆盡忠以死君命，又可以爲京觀乎？」祀于河，作先君宮，告成事而還。

楚莊王說武之文爲止戈，杜預注：「文，字。」〔註30〕雖合形象之釋，恐不盡契合意旨。從上引全篇的文義脈絡來看，楚莊王顯然有一番較爲深刻的歷史意識。武可理解爲一般性的軍事行爲，亦即使戰事結束。這一層意義下的武，不涉及歷史性的思維。這一類型的武事最多，發生在當時代的戰爭，大致上都屬於此。武，再深一層的意義，則含攝了歷史性的意識，亦即取法歷史上超越於一般武烈的具體人、事。楚莊王此處所述論周武王所作〈周頌·時邁〉的藏納干戈弓矢，可視爲一般性的止戈，比這個更爲重要的是「懿德」，亦即體認到前者的行爲是一種可以歌詠的美德；只有如此，才不會淪爲只爲結束戰爭而戰爭，才會更深一層去思考求戰、止戰的意義。因此楚莊王進一步舉武王誅紂，致定其功的「耆定爾功」，意在紓解民難；又舉〈周頌·賚〉詠文王德勤，武王繼之以伐紂，意在天下安定的「鋪時繹思，我徂維求定」，進一步陳論武之義。〔註31〕最後又以〈周頌·桓〉的「綏萬邦，屢豐年」總結武的最高境地，是爲奠立長久的安定、和樂與富足的社會基礎。循此意識，遂有禁暴等七項武德的原則性的提出。正面的提綱猶感不足，乃有從當下的處

使王孫滿。《左傳正義》，頁 0367。

〔註30〕《春秋經傳集解》，頁 603。

〔註31〕〈賚〉諸全文爲：「文王既勤止，我應受之，敷時繹思，我徂維求定。時周之命，於繹思。」《毛詩正義》，頁 0754。《左傳》敷作鋪，字有小異，義則相同。

境加以分疏的悖德之論，並進一步以自己的行止充當檢證的客體，以違離七武德省察所謂的京觀不足爲訓。且若以古者明王爲訓，亦不宜以無辜人民爲戮。苟爲使子孫無忘其章，但以先人廟祀告成即可。

　　楚莊王爲楚國的雄主，也是春秋中期南方勢力的代表，以當代的國家力量來說，是最具實力的國君，後世所稱的春秋五霸之一。〔註32〕雖然諸夏國家以荊蠻視之，然而楚莊王似乎頗習知諸夏既往的歷史，同時對於諸夏文化意識中的德目訓誨，也有一定程度的認知。當邲役交戰前，晉反戰的欒書說楚莊王自即位第三年克庸後，「無日不討國人而訓之于民生之不易、禍至之無日、戒懼之不可以怠；在軍，無日不討軍實而申儆之于勝之不可保、紂之百克而卒後，訓以若敖、蚡冒篳路藍縷以啓山林。箴之曰：『民生在勤，勤則不匱。』不可謂驕。」欒書反戰，舉楚莊王十餘年的自我惕儆，不無誇大敵人以折主戰的先縠（谿子）之可能，只是參酌前此晉賢大夫士會說楚莊王討鄭之舉，謂「怒其貳而哀其卑。叛而伐之，服而舍之，德、刑成矣。伐叛，刑也；柔服，德也，二者立矣。」則楚莊王之舉，合乎諸夏賢君的行德之誼。另《國語‧楚語上》亦載楚莊王使士亹傅太子以《箴》，士亹就教申叔時，叔時建議以《春秋》、《世》、《詩》、《禮》、《樂》、《令》、《語》、《故志》、《訓典》等九教傅太子。〔註33〕明乎此，則楚莊王不爲京觀的援古例今以釋武，或有一番得之於諸夏文化並其歷史史迹而加以引申的心思。〔註34〕

〔註32〕春秋霸政二百年有餘，霸政與主盟有關。一般而言，凡在各個時期，力足以主盟者，即可稱霸主，因而霸主不只五個。此外，特指某君爲霸（伯）的，以《左傳》爲據，有魯成公二年，齊國佐舉「五伯之霸」與「四王之王」對文，以釋「盟主」，唯尚無直指。至杜預注五伯：「夏伯昆吾，商伯大彭、豕韋，周伯齊桓、晉文。」《春秋經傳集解》，頁 652。是春秋只得其二。另魯昭公二年，楚椒舉爲楚靈王陳述霸業史迹時指齊桓、晉文爲例，亦春秋時人以二君爲霸政之主。《左傳正義》，頁 0730、0731。《左傳》以下，迄戰國、秦漢則多春秋五霸的不同組合，其中楚莊王爲常見之一。詳參顧炎武，〈五伯〉，《日知錄集解》卷四，頁 37～38。

〔註33〕所謂九教，從內容來看，不外前言往事、人物舉止等德善綱目，俱屬成賢成德的大關節，楚莊王或多有習知，是以要士亹教導太子。《國語》，頁 527、528。

〔註34〕楚莊王在位二十三年（613～591B.C），致力國政，使楚國國勢臻於頂點。其間自北林之捷（魯宣公元年，608B.C）後，十餘年間伐陸渾之戎、數伐鄭、陳而存其國，至邲之役爲盟主，雄長諸侯。雖高士奇以伯主尊王在攘楚，而不許楚爲伯，卻稱其爲賢，且謂莊王「事事合義」，可責難者，問鼎、觀兵。高氏云：「所以見黜於《春秋》也。」《左傳紀事本末》，頁 323、351、353。

　　楚莊王歿後，伯政主於晉，而楚依然爲南方雄強。魯襄公二十七年弭兵
爭盟，楚得爲先，至楚靈王在位（541～529B.C），晉伯日衰，靈王頗有大志
於中國。魯昭公四年（538B.C）遣椒舉如晉求諸侯，晉平公採納司馬侯意見
答應所請，靈王有驕矜之態，觀其問子產諸侯是否從楚，子產答以「必來」
後，說道：「然則吾所求者無不可乎？」可見一斑。當年夏，十三諸侯如楚，
會於申地，椒舉爲靈王說六王、二公會天下諸侯的往史。《傳》：

> 椒舉言於楚子曰：「臣聞諸侯無歸，禮以爲歸。今君始得諸侯，其愼
> 禮矣。霸之濟否，在此會也。夏啓有鈞臺之享，商湯有景亳之命，
> 周武有孟津之誓，成有岐陽之蒐，康有酆宮之朝，穆有塗山之會，
> 齊桓有召陵之師，晉文有踐土之盟。君其何用？宋向戌、鄭公孫僑
> 在，諸侯之良也，君其選焉。」王曰：「吾用齊桓。」

椒舉說六王、二公會朝諸侯的往史，是基於「禮以爲歸」此一文化意識，它
的反面意涵是會朝諸侯若不出之以禮，即便實力強大，恐怕也不能號令諸侯。
六王爲天子、共主，有其名正言順的地位，對於諸侯猶能「愼禮」；二公爲百
餘年前的伯主，齊桓召陵之師，晉文踐土之盟，皆在獎掖王室，亦皆合禮。
遠古、近古爲王爲伯，位尊勢強而不恃強力，但循禮以令於諸侯，傳諸後世，
知識分子視爲一種可以師法的成例、典型。椒舉爲楚靈王說往史，時當楚靈
王召諸侯如楚，伯主召諸侯若有不合禮制，恐失楚爲伯主的身分。椒舉大概
鑑於靈王求諸侯於晉而成，多有驕汰之心，於是有此言論。雖然，諸侯既來，
靈王的侈汰益甚：

> 楚子示諸侯侈。椒舉曰：夫六王、二公之事，皆所以示諸侯禮也，
> 諸侯所由用命也。夏桀爲仍之會，有緡叛之；商紂爲黎之蒐，東夷
> 叛之；周幽爲太室之盟，戎狄叛之，皆所以示諸侯汰也，諸侯所由
> 棄命也。今君以汰，無乃不濟乎！」王弗聽。

示禮與示汰，前者不以自己的勢強位尊爲甚，這是明君的自制；後者反是，
徒以勢位驕人，反映出自大與驕狂。前者能使諸侯順從號令而不損君威，後
者則驅諸侯以遠，反顯君威之失。驗諸往史，六王、二公與夏桀、商紂、周

另楚莊王軼事不見於《左傳》、《國語》，而多見於秦、漢時書者：如《尸子》、
《呂氏春秋》、《吳越春秋》、《新書》、《淮南子》、《史記》、《說苑》，乃至《孔
子家語》，大抵皆爲讚揚之語。凡此，都出於《左》、《國》之後，難言確否，
附記於此，但做參考。諸書所記大概，高士奇〈晉楚爭霸　楚莊王圖霸附〉
有詳引。《左傳紀事本末》，頁 326～351。

幽的差別，彰明昭著。楚勢縱使強大，靈王尊爲盟主，得以合諸侯；然而捨
此之外，若不思慮當時的文化因素對於諸侯並列國知識分子的影響，則由外
在的強大所浸然形成的自大與侈汰，將成驅魚之獸。是以子產知靈王不受椒
舉之諫後，對向戌說道：「吾不患楚矣。汰而愎諫，不過十年。」而向戌也認
爲靈王不會悛改，謂：「然。不十年侈，其惡不遠。遠惡而後棄。善亦如之，
德遠而後興。」侈汰足以積惡，惡積既多，如水之流遠，必一發不可收拾；
相反地，禁侈汰則近善，善之久累，其後得有興盛的機會。子產的不患楚，
向戌的惡遠而後棄，正反映了楚靈王師心自用，不以歷史經驗下的成敗興廢
爲意。於此，亦可見椒舉以古史、近史爲諫勸的用心。奈何靈王侈汰驕狂，
亦不以椒舉之諫爲念。〔註35〕

　　楚靈王爲伯主，諸侯畏其勢力，驕狂之心益甚。魯昭公五年（537B.C），
晉女嫁楚，韓起親往，叔向爲介。靈王欲以韓起爲閽，以叔向爲司空，謂如
此「足以辱晉，吾亦得志。」以問諸大夫。諸大夫莫對，唯薳啓彊以若楚有
備則可，並云：「聖王務行禮，不求恥人」，述論會聘的禮儀慣例，若失此道，
則必遭禍敗。薳啓彊更舉晉、楚百餘年來三大戰役：城濮、邲、鄢，雙方的
勝敗繫於備之有無。自鄢役以來，三、四十年間（575～537B.C），晉勝而不
失備，「而加之以禮；重之以睦，是以楚弗能報，而求親焉。」且「晉之事君，
求諸侯而麋至，求昏而薦女，君親送之，上卿及大夫致之」，可說禮周而理全。
況且此時晉國人才濟濟（薳啓彊列舉晉國文才武將二十二人），靈王若無禮以
速寇，後果將不堪設想。薳啓彊以近古史迹縮結當日二國的情狀，事涉可能
的衝突之爆發，與去年椒舉會盟之例，其嚴重性有大小之別，是以靈王有「不
穀之過」的認錯之語。

　　楚靈王雖已爲伯主，且有如上之諫臣相佐，然而仍有不安之心。昭公十
一年（531B.C），靈王城陳、蔡、不羹以固邊界。〔註36〕《國語・楚語上》：
　　使僕夫子晳問於范無宇曰：「吾不服諸夏而獨事晉何也，唯晉近我遠

〔註35〕椒舉以六王、二公事諫楚靈王，不見載於《國語・楚語》。〈楚語上〉記椒舉
　　　　諫靈王在論章臺之美，全文甚長，大要在申明德義爲善始能安民服諸侯，若
　　　　侈汰爲惡，必罷民而使諸侯遠離。所謂「私欲弘侈，則德義鮮少；德義不行，
　　　　則邇者騷離而遠者距違」，因此，「其有美名也，唯其施令德於遠近」。椒舉並
　　　　舉楚莊王爲匏居之臺，但切實用，不勞外觀的弘侈，實合周文王靈臺經營的
　　　　遺制與精神。取莊王之臺與靈王之臺相較，「若君謂此臺美而爲之正，楚其殆
　　　　矣！」舉史迹的用意，還是在於對現狀的諷諫。《國語》，頁 541～545。
〔註36〕韋昭注云：「三國，楚別都也。」《國語》，頁 547。

也。今吾城三國，賦皆千乘，亦當晉矣。又加之以楚，諸侯其來乎！」
靈王這一席話，典型的是以力服人的實力主張，亦即若己身實力遠大於晉，
則諸夏國家將因畏懼而從楚。

> 對曰：「其在《志》也，國爲大城，未有利者。昔鄭有京、櫟；衛有
> 蒲、戚；宋有蕭、蒙；魯有弁、費；齊有渠丘；晉有曲沃；秦有徵、
> 衙。叔段以京患莊公，鄭幾不克，櫟人寔使鄭子不得其位。衛蒲、
> 戚寔出獻公。宋蕭、蒙寔弒昭公。魯弁、費寔弱襄公。齊渠丘寔殺
> 無知。晉曲沃寔納齊師。秦徵、衙寔難桓、景，皆志於諸侯，此其
> 不利者也。」

范無宇首先原則性的指出，國家有高大的外城從來就不是有利的。從可以徵
實的文獻記載，范無宇包舉春秋以來，鄭、宋、魯、齊、晉、秦六個中原大
國都有大城，而此六國的大城先後都曾經有貴冑之族據地以叛其國：有出君、
弒君、弱君的；也有納敵、奔敵以資敵的。這些「志於諸侯」的史實，最早
的是魯隱公元年（722B.C），鄭叔段的圖篡；最近的一次是十年前秦公子鍼以
車千乘投晉。出君等與奔敵，都足以削弱本國而壯大敵國。百餘年之間中原
數大國幾無不蒙受其禍，楚靈王若以爲城大便可爭強於天下，豈不昧於斑斑
史迹。以六國叛離違逆的史迹來看，禍害縱使不及見於始制大城，也將成之
於稍後。從盟主爭雄天下的長遠發展而言，事屬不利，豈不彰明較著。〔註37〕

　　范無宇引《志》論述城大不足以利國、爲盟主。《志》記六國之事，靈王
對於文獻或有所涉獵。魯昭公十二年（530B.C），靈王狩于州來，與自鄭來奔
的右尹子革（鄭丹）有一番追溯楚史並推及欲雄強天下的對話。《傳》：

> （王）曰：「昔我先王熊繹與呂伋、王孫牟、燮父、禽父並事康王，

〔註37〕《左傳》對此事的記載亦有分説，而稍有小異。魯昭公十一年《傳》云：楚
　　　　子城陳、蔡、不羹。使棄疾爲蔡公。王問於申無宇曰：「棄疾在蔡何如？」對
　　　　曰：「擇子莫如父，擇臣莫如君。鄭莊公城櫟而寘子元焉，使昭公不立。齊桓
　　　　公城穀而寘管仲焉，至于今賴之。臣聞五大不在邊，五細不在庭。親不在外，
　　　　羈不在內。今棄疾在外，鄭丹在內，君其少戒！」王曰：「國有大城，何如？」
　　　　對曰：「鄭京、櫟實殺曼伯；宋蕭、亳實殺子游；齊渠丘實殺無知；衛蒲、戚
　　　　實出獻公。若由是觀之，則害於國。末大必折，尾大不掉，君所知也。」《左
　　　　傳正義》，頁0787、0788。申無宇即〈楚語上〉的范無宇。無宇上文所論的重
　　　　點在分疏親疏內外，與〈楚語上〉楚靈王欲廣大外城以威諸夏國家的本意稍
　　　　有不同。然而，無宇所引的史迹，恰恰説明國有大城終將導致「末大必折，
　　　　尾大不掉」，本根尚且不固難保，若推而擴之，如何能威令諸侯，雄強天下。
　　　　楚靈王雖不問城大固盟，無宇的舉史爲諫，能不思有所儆悟。

四國皆有分，我獨無有。今吾使人於周，求鼎以爲分，王其與我乎？」
對曰：「與君王哉！昔我先王熊繹辟在荊山，篳路藍縷以處草莽，跋
涉山川以事天子，唯是桃弧棘矢以共禦王事。齊，王舅也；晉及魯、
衛，王母弟也。楚是以無分，而彼皆有。今周與四國服事君王，將
唯命是從，豈其愛鼎？」王曰：「昔我皇祖伯父昆吾，舊許是宅。今
鄭人貪賴其田，而不我與。我若求之，其與我乎？」對曰：「與君王
哉！周不愛鼎，鄭敢愛田？」王曰：「昔諸侯遠我而畏晉，今我城陳、
蔡、不羹，賦皆千乘，子與有勞焉，諸侯其畏我乎！」對曰：「畏君
王哉！是四國者，專足畏也。又加之以楚，敢不畏君王哉！」

上面的引文，靈王三問、子革三答。第一問冒題以楚先世的功烈史迹，謂有
功而無分物之賞；第二問亦以舊許爲先世之君所居，欲復取諸鄭；第三問以
外城既周，欲威服諸夏。子革答以求鼎、索地、威國皆必如靈王所願；所據
的理由，不外是楚國國勢強大，天子與諸侯莫敢不服。在這裡，君臣二人不
論是述古史、近史，抑或說現狀，都關係到楚國已爲伯主後，既想報先世有
功無賞的舊隙，也想收復曾經屬楚而後失去的舊地，最後則以威行天下，彰
顯諸夏唯楚命是從的伯主地位。

對於子革的唯諾響應，析父頗不以爲然，認爲如此將使楚國不堪於難。
子革說他是別有用意，將待時機以挫靈王侈汰驕狂之心。

王出，復語。左史倚相趨過，王曰：「是良史也，子善視之！是能讀
《三墳》、《五典》、《八索》、《九丘》。」對曰：「臣嘗問焉，昔穆王
欲肆其心，周行天下，將皆必有車轍馬跡焉。祭公謀父作〈祈招〉
之詩以止王心，王是以獲沒於祗宮。臣問其詩而不知也。若問遠焉，
其焉能知之？」王曰：「子能乎？」對曰：「能。其詩曰：『祈招之愔
愔，式昭德音。思我王度，式如玉，式如金。形民之力，而無醉飽
之心。』」王揖而入，饋不食，寢不寐。數日，不能自克，以及於難。

靈王說左史倚相能讀《墳》、《典》等古書，稱讚倚相是良史。可見靈王多少
認知到文獻知識有其正面的功用。子革說倚相不知穆王時祭公謀父的諫詩〈祈
招〉，不足以問遠。不知〈祈招〉與不知遠未必可相提並論，也不足以否定倚
相有良史的知能，〔註38〕子革所重在引〈祈招〉的要旨以諷諫靈王。「思我王

〔註38〕《國語‧楚語上》記倚相與申公子亹的一席話，其中頗引古史以責勉子亹。《國
語》，頁550～551。

度，式如玉，式如金。形民之力，而無醉飽之心。」有褒美也有諷諫的取譬，
亦即寓諷諫於褒美之中。〔註39〕靈王既知文獻知識有其功用，則其中文辭的
意涵，不會懵懂無知。

　　靈王本想以史迹爲自己伯主的向外擴展張目，而子革初始也如斯響應；
不意子革別有用心，舉穆王肆心加以諷諫。順之於前，諫之於後，子革的歷
史述論在彼，對照靈王的歷史述論在此，其中的取捨重輕豈不顯然易見。當
然，靈王對子革的諷諫是有所感的；不食不寐，適反映靈王的悚懼。只是驕
狂已甚，數日後故態復萌，終不免明年死於親弟公子比（子干）之手的下場。

表四：強大圖霸申說

魯公紀年 （西元前）	當事人	事　　由	述　論　略　要	出處
約莊9後 （685）	齊桓公，齊卿管仲	君臣釋射鉤之嫌後，桓公問保宗廟、社稷並「從事於諸侯」之事業	管仲謂效法昭、穆之世法文、武遠績，此確立師法典型，亦即文、武之仁義德行	《國語‧齊語》
僖4（656）	齊卿管仲，楚成王使者某	齊桓公以諸侯之師侵蔡，蔡潰，遂伐楚。楚成王使人問齊何以侵楚，管仲答之	管仲謂齊始祖太公受王命，得征「五侯九伯」，則今桓公爲諸侯伯主，亦得專征不順	《左傳》
僖19（641）	宋襄公，宋司馬子魚	宋襄公欲承齊桓公之伯業，以鄫子爲人牲，將以威服東夷。子魚有說	子魚舉伯主須有德，功大如存三亡國之齊桓公，尚有薄德之譏，若襄公之虐，焉可求霸	《左傳》
僖19（641）	宋襄公，宋司馬子魚	宋人圍曹，討其不服，子魚相諫	子魚稱周文王以修教之德而下崇，謂襄公不宜闕德伐人以成霸	《左傳》

〔註39〕杜預注云：「言國之用民，當隨其力任，如金冶之器，隨器而制形。故言形 民
　　　之力，去其醉飽過盈之心。」《春秋經傳集解》，頁1360。《孔疏》云：「穆王
　　　用民之力不知饜足，故令去其醉飽過盈之心。」《左傳正義》，頁0795。另「式
　　　如玉，式如金」，顧炎武《左傳杜解補正》云：「猶言如金如錫，如圭如璧，
　　　謂令德也。」（轉引自《春秋左傳注》，頁1341。）顧氏以「令德」釋金、玉，
　　　合前文「德音」之旨。據此，子革引詩不在美靈王，而在諷諫靈王之侈汏驕
　　　恣。

僖25（635）	魯文公，晉卿狐偃	周襄王因王子帶之亂出居鄭，狐偃請文公納王	狐偃以晉室先君文侯助平王東遷，安定周室史迹爲說，鼓勵文公納王，謂此爲大義之舉，必能得諸侯	《左傳》《國語·晉語四》
文7（620）	晉卿趙盾，晉卿郤缺	郤缺勸執政趙盾歸還七年前所取之衛地，以符「以德主盟」的伯主之義	郤缺以《夏書》之「九功之德皆可歌」，是對共主「戒休董威」之肯定。以古例今，今伯主行「威討懷柔」，義同於「戒休董威」，亦伯主之宜	《左傳》
宣11（598）	晉卿郤缺，晉諸大夫	郤缺求成眾狄，眾狄表明服晉後，諸大夫欲召狄，缺反對	郤缺主張德、勤有繼方可求人，如周文王者是	《左傳》
襄4（569）	晉悼公，晉大夫魏絳	山戎無終子使如晉獻虎豹之皮，以請和諸戎。悼公以「戎狄無親而貪」欲伐戎，魏絳有論	魏絳先從華、夷觀念論說得戎將失華，其後以夏衰后羿代夏，寒浞滅羿之古史強調「德用不擾」之重要，申言若伐戎，是「不得于民」，爲盟主者宜愼從事	《左傳》《國語·晉語七》
昭4（538）	晉平公，晉大夫司馬侯	楚靈王使椒舉往晉求諸侯，平公欲拒，司馬侯爲平公說齊桓、晉文主盟之史	平公初以晉有「三不殆」爲拒楚憑藉，司馬侯述史謂「三不殆」非爲可恃，並以齊桓、晉文主盟，乃至紂淫虐以亡，文王惠和以興佐證之	《左傳》
昭25（517）	晉卿趙鞅，宋大夫樂大心	王室有王子朝之亂，諸侯會盟黃父共謀安定王室，盟主令諸侯之大夫輸粟、具成人。樂大心不從，趙鞅強之	樂大心云宋爲周客，不爲使役。趙鞅以諸侯會盟有「同恤王室」之誓，晉爲盟主，求宋輸粟、具人，則自往已然	《左傳》
成13（578）	秦桓公，晉大夫呂相	秦桓公既與晉厲公爲令狐之盟，而又召狄與楚，欲道以伐晉，晉使呂相絕秦	呂相歷數晉、秦七、八十年來互動的情況，詳言之以深責秦	《左傳》

宣 12（597）	楚莊王，楚大夫潘黨	莊王邲之役捷，軍次衡雍，潘黨議「收晉尸以爲京觀」以示「無忘武功」。莊王拒之	莊王先釋「止戈爲武」，繼以周武王克商作〈頌〉史迹、詩義，詳細闡述「武」之七德。武王爲天子而如是。楚爭伯主，既捷，但告成即可	《左傳》
昭 4（538）	楚靈王，楚大夫椒舉	楚靈王有志於中國，十三諸侯如楚，椒舉爲說六王、二公會天下諸侯且得諸侯暨三代末王之失諸侯往史	椒舉稱諸侯以禮爲歸，靈王能否爲霸在於愼禮。三代六王以及桓、文各有關鍵盟會，要之皆因其愼禮，故能得諸侯。反之若示之以汰，則夏桀、商紂、周幽者是	《左傳》
昭 5（537）	楚靈王，楚大夫蓬啓彊	靈王求晉女，韓起、叔向送嫁，靈王欲卑二人以辱晉。諸大夫莫對，唯蓬啓彊有說	蓬啓彊說楚如有備則可，並舉晉、楚百餘年來三大戰勝負即繫於備之有無，楚雖爲強爲伯，亦當深謀之	《左傳》
昭 11（531）	楚王僕夫子晳，楚大夫范無宇	楚靈王城陳、蔡、不羹以固邊界，欲以力威諸侯，使子晳問無宇，「諸侯其來乎！」	范無宇謂城大且固非爲國家之利，此鄭、衛、宋、魯、齊、晉、秦之往史而皆在《志》中，亦諸侯之所知。盟主固城，非爲有利	《左傳》《國語·楚語上》
昭 12（530）	楚靈王，楚右尹子革	靈王狩於州來，與自鄭來奔之右尹子革溯楚先史並及己欲雄強天下	君臣論古史今事，靈王言楚已強大非昔可比，可使天下服己。子革先唯諾應合於前，後以周穆王欲肆其心志，周行天下而祭公謀父作〈祈招〉之詩止之爲諫	《左傳》

第二節　列國圖存

　　本章的第一節係以一般所熟知的春秋伯主爲對象，然而霸政有興衰，盟主有更迭，短者如宋，不數年而勢衰；即使長久如晉、楚，雖數十年乃至百餘年，亦間有衰竭之時。第一節所論，集中強國、大國身當伯主之任時，以當時的國際政治情勢而言，身爲盟主之國，舉止攸關時局的變動要重於一般國家。從行爲的當下意義來看，其本國的爲政者或知識分子，對於各種關涉

本國與列國的行為，往往有援引史迹並加以申說，以絪合現狀的情形。類此現象，多少反映這一羣身居統治之位的知識分子，有一定程度的歷史意識，而他們的歷史述論也發揮了或大或小的功用，使盟主的舉動受到某種程度的鼓舞或制約。就此而論，知識分子的歷史述論是有其現實關照的。

春秋時期的伯主國中的知識分子援古例今，主要是為伯主的行為張目，至於未曾出任盟主的一般國家，以及雖曾為盟主與尚未主盟的大國，當其與列國乃至與盟主處於爭議中時，如何透過歷史述論以張揚自身的理據，這是本節所要討論的。為了避免重複，在前一章已經討論過的封建宗法史迹，除非必要，此處不再贅述。

一、對內的勸諫、儆誠

（一）魯

魯桓公二年（710B.C），宋人弒殤公，以郜大鼎賂魯，桓公既受鼎且將納於太廟，大夫臧哀伯諫止。《傳》：

> 君人者，將昭德塞違，以臨照百官，猶懼或失之，故昭令德以示子孫：是以清廟茅屋，大路越席，大羹不致，粢食不鑿，昭其儉也。袞、冕、黻珽、帶、裳、幅、舃，衡、紞、紘、綖，昭其度也。藻、率、鞞、鞛、鞶、厲、游、纓，昭其數也。火、龍、黼、黻，昭其文也。五色比象，昭其物也。錫、鸞、和、鈴，昭其聲也。三辰旂旗，昭其明也。夫德，儉而有度，登降有數，文、物以紀之，聲、明以發之，以臨照百官。百官於是乎戒懼，而不敢易紀律。今滅德立違，而寘其賂器於太廟，以明示百官。百官象之，其又何誅焉？
>
> 國家之敗，由官邪也。官之失德，寵賂章也。郜鼎在廟，章孰甚焉？

此事起因於華督弒君立宋莊公，為撫平諸侯而以重器餽贈桓公。考春秋二百餘年間，列國上自國君，下至大夫，彼此之間常有財貨器用互相賄賂之事，[註40]

〔註40〕賂，《爾雅‧釋言》謂：「賂，財也。」邢昺《疏》云：「財帛總名賂。」並引《周禮‧冢宰》所掌九職之六的「商賈阜通貨賂」鄭玄注：「布帛曰賂」釋之。《爾雅注疏》，頁0042。稽考《周禮》，論及賂字，皆與貨連文：計25處之多，分見於〈地官‧司徒〉15處，〈天官‧冢宰〉10處，悉與財貨交易、收取、流通有關。賂字不見於《爾雅》，三《禮》亦只一見於《禮記‧郊特牲》：「天子微，諸侯僭，大夫強，諸侯脅；於此，相貴以等，相覿以貨，相賂以利，而天下之禮亂矣。」《孔疏》云：「相覿以貨者，大夫私相覿以貨賂不辟君。」

《左傳》中賄、賂之事時時可見，[註41] 足徵賄賂公行係當時交聘際會的常禮。[註42] 臧哀伯之所以諫止桓公，是基於接受華督不義之舉所賂贈的郜鼎，已悖「昭令德示子孫」的古義，甚且欲將此不義賂物納諸太廟，豈不是變相的鼓勵百官以賂邀寵。不義悖德，莫如納郜鼎入宗廟。然而，原則性的申說不免空疏，於是臧哀伯更舉武王史迹明諫：

> 武王克商，遷九鼎于雒邑，義士猶或非之，而況將昭違亂之賂器於
> 太廟，其若之何？

武王克商奄有天下，乃以正義之師伐暴虐之君，這是周族知識分子所歌詠再三的宗族榮光。即使如此，當涉及遷人宗廟重器入自己都邑，尚且不免受到義士的非難。如今桓公之德何如武王，郜鼎又是違亂賂器，人、物皆不諧，豈能不思而儆惕。臧哀伯述武王遷鼎的本事，或有所載記，周內史在知道此事後說道：「臧孫達其有後於魯乎！君違，不忘諫之以德。」讚揚的固然是臧哀伯以德諫君，然內史為史官，或有包攬史迹以稱揚的可能。

魯莊公二十三年（671B.C），齊有社祀，莊公欲往朝觀，曹劌以不合班爵之義，有違禮制而加以諫止。此事《左傳》所記不如《國語·魯語上》詳細。〈魯語上〉：

> 莊公如齊觀社。曹劌諫曰：「不可。夫禮，所以正民也。是故先王制
> 諸侯，使五年四王、一相朝。終則講於會，以正班爵之義，……。
> 夫齊棄太公之法而觀民於社，君為是舉而往觀之，非故業也，何以
> 訓民？……今齊社而往觀旅，非先王之訓也。天子祀上帝，諸侯
> 會之受命焉。諸侯祀先王、先公，卿大夫佐之受事焉。臣不聞諸侯
> 相會祀也，祀又不法。君舉必書，書而不法，後嗣何觀？」

《禮記注疏》，頁 0487、0488。《孔疏》說貨為貨賄，則賂當另為貨賄以外之物。總之，賄、賂概指財貨器用。

〔註41〕 《左傳》十二公記事，唯定公不見賄或賂。以作者的統計，共出現在 64 年中，賄 34 見，賂 68 見，賄賂連文 1 見，共計 103 見。賄、賂的內容，或有明指如財貨、器用之物，或不言何屬。以餽贈、褒賞、求成、銘謝而言，應不外財貨器用。

〔註42〕 當然，也有強行索賄之舉。舉其著例如昭公元年，晉樂王鮒求貨於魯叔孫豹，豹謂「鮒也賄」。昭公十六年，晉執政韓宣子求環於鄭定公，子產弗與，說「君子非無賄之難，立而無令名之患」。前者，叔孫豹以「裂帛」應求；後者，子產以令名責韓起，並在韓起強買諸賈人後，再次以鄭先君與賈人有盟誓相責，使韓起退回玉環。可見強行索賄是不見容於當代有識之士的。分見《左傳正義》，頁 0699、0827、0828。

諸侯相朝，本有定制，不同於盟會隨事實需要不受年限；而且相朝有一定的意義，這是禮制，也與盟會以功能爲取向不同。既是定制、禮制，又是「先王之制」、「先王之訓」，就是一種歷史性的共識，自來也不見諸侯因各別的祭祀而相會朝的記錄，亦即爲史策所未載。如今莊公不循常禮，正是有違先王之制、訓。同時，齊爲姬姓舅父，自太公立國，一直依循常禮（太公之法），此一歷史古制不曾改變，如今桓公棄舊制而觀民於社已不足取，莊公豈可自陷不義。〔註43〕社祀有常制，國君會朝有常禮，此是往史舊事而行之未改者，曹劌所述，雖沒引具體史迹，唯先王云云即援舊事古史，其用意則在諫止莊公勿爲不義。

　　魯莊公二十三年秋，丹漆桓公廟楹，次年春，刻其桷，禦孫以侈諫，《左傳》所記較略。見於〈魯語上〉較詳：

匠師慶言於公曰：「臣聞聖王公之先封者，遺後人法，使無陷於惡。
其爲後世昭前之令聞也，使長監於世，故能攝固不解以久。今先君
（桓公）儉而君侈，令德替矣。」

韋昭說：「匠師慶，掌匠大夫御孫之名。」慶所舉的「聖王公之先封者」，雖沒有確指何人，總不外是足爲典式的人物。〔註44〕這些歷史上足以垂範的人物，在他們的身上有諸多正當、合宜的作爲，後之來者應該以他們爲師法的對象。莊公之父桓公，能師法這些聖王公而有儉德，莊公爲人後，不應過度的侈汰制作，以免損棄桓公的令德。實則，桓公在位十八年的作爲，考諸《左

〔註43〕齊桓公爲社祀，韋昭注云：「祀社蒐軍實以示客。」《國語》，頁153。祀社蒐軍實雖不無可能，然而恐非常態。考《左傳》，提到蒐有26處，（另《經》文4處），無一不與軍事無關，只有一次説到社祀時蒐軍實以示客。事在魯襄公二十四年（549B.C）齊莊公既伐晉而懼，欲見楚康王。楚使薳啓彊聘齊。「齊社，蒐軍實，使客觀之。」杜預注云：「因閲數軍器，以示薳啓彊。」《春秋經傳集解》，頁1015。楊伯峻云：「疑此社爲軍社。即〈定〉四年《傳》『君以軍行、祓社釁鼓』之社。」《春秋左傳注》，頁1090。楊説恐不確。前文「軍行、祓社釁鼓」係衛祝佗答衛靈公命會同時，以祝官於其事始出境，非其事則不出境，用以辭拒衛侯命其從會。春秋軍興頻繁，每有軍行輒另立軍社，豈不多事。因此，社當爲社稷之社。另社與蒐相關的，見魯昭公十八年（524B.C），鄭子産因火災而重築社廟，「乃簡兵大蒐」，用意在善後的清除場地。《左傳正義》，頁0842、0843。此亦特例的應變、善後，並非常態。社祀而蒐軍實，既已非合宜（陳文子批評齊莊公之舉云：「齊將有寇。吾聞之，兵不戢，必居其族。」正説明此舉的非宜，不智。），莊公往觀，豈非不義。

〔註44〕韋昭注云：「謂若湯、武、周公、太公也。」《國語》，頁155。以春秋時代而言，王公而稱爲聖者，不外歷史上垂範型的人物。

傳》，以令德、令聞來衡量，並無任何足堪稱道，甚有前文所說受賂納鼎的失德之舉。因此，曹劌此處所說的先君儉德，意在突顯莊公的侈汰，以全文而言，重要的仍在聖王公之先封者的法式。

　　魯文公十八年（609B.C），莒太子僕因國人以弒莒君紀公，僕以寶玉來奔，宣公初立，納僕且命予僕邑。執政季孫行父非唯不遵，且使司寇逐僕出境。宣公問故，行父使太史克答宣公。太史克以行為是否合德為據，稱引一大段往史以分疏吉德、凶德。《傳》：

> 「先大夫臧文仲教行父事君之禮，……。先君周公制《周禮》曰：『則以觀德，德以處事，事以度功，功以食民。』作《誓命》曰：『毀則為賊，掩賊為藏，竊賄為盜，盜器為姦。主藏之名，賴姦之用，為大凶德，有常無赦。在九刑不忘。』行父還觀莒僕，莫可則也。孝敬、忠信為吉德，盜賊、藏姦為凶德。夫莒僕，則其孝敬，則弒君父矣；則其忠信，則竊寶玉矣。其人，則盜賊也；其器，則姦兆也。……。而皆在於凶德，是以去之。」

太史克指出吉德與凶德有區隔的標準，這些標準有它的歷史根源：魯國先君周公的禮制。太史克拈出歷史文獻《周禮》，在理上先確立它的權威性，同時說有凶德之行的莒僕應被驅逐出境。隨後太史克更列舉上古時期，舜用賢人與去凶德之人而為天子的往史，辨明獲吉去凶的重要。舜所用的十六賢才為高陽氏與高辛氏「才子」各八人的後代。前者謂之「八愷」，後者稱「八元」；十六族「世濟美，不隕其名」。舜舉十六族，而「地平天成」、「內平外成」。舜所去的都是「不才子」，分別為帝鴻氏子渾敦，少皞氏子窮奇，顓頊氏子檮杌，縉雲氏子饕餮。這四人所行皆為凶德，其後代族裔「世濟其凶，增其惡名」。舜流四凶族，投諸四裔，從此無凶人為禍。

　　魯國為周公之後，保留的周代禮制較諸封建國家尤為完備。〔註45〕太史

〔註45〕魯昭公二年（540B.C），晉國新的執政韓起聘魯，「觀書於太史氏，見《易象》與《魯春秋》，曰：『周禮盡在魯矣。吾乃今知周公之德與周之所以王也。』」杜預注：「《魯春秋》，史記之策書。《春秋》遵周公之典以序事，故曰周禮盡在魯矣。」《春秋經傳集解》，頁1208、1209。杜氏之意是指魯史記是依循周公之典以敘事，亦即以周公的法則為準據以記敘魯史，為魯國一國之制。《孔疏》推衍謂：「其《春秋》用周公之法，書魯國之事，故言《魯春秋》也。魯國寶文王之書，遵周公之典，故云周禮盡在魯矣。」「周衰之後，諸國典策各違舊章，唯《魯春秋》遵此周公之典以序時事，故云周禮盡在魯矣。」《左傳正義》，頁0718。《孔疏》亦縮結典、事以釋周禮以及周公之德、周之所以王天下。

克身爲魯國史官，不僅對禮制多有認識，對於史迹也不會陌生，他所徵引的史迹，不無可能是魯國國史較早的載記。〔註46〕如此，太史克所引古史不必是憑空捏造，而此歷史陳迹既載諸魯史，史官據以爲申說勸諫，易收醒儆之效，取舜用吉去凶的往史，以辨季孫行父當下的行止：「雖未獲一吉人，去一凶矣，於舜之功，二十之一也」，因而至少可免去罪戾。〔註47〕

　　魯成公十八年（573B.C），晉欒書、中行偃殺厲公，成公在朝中公開問諸大夫：「臣殺其君，誰之過？」大夫莫對，唯里革以國君失威多過自招禍敗，過在國君。說理之外，更引史迹相證成。〈魯語上〉：

　　　　桀奔南巢，紂踣于京，厲流于彘，幽滅于戲，皆是術也。夫君也者，
　　　　民之川澤也。行而從之，美惡皆君之由，民何能爲焉。

桀、紂、厲、幽，遠的千年，近的二百餘年；時空有遠近，同爲失威多過則一，四人的奔、踣、流、滅都是咎由自取。所謂「美惡皆君之由」，強調君者的主動性。既然國君有不假他人的主動性，因此，下場的好壞便不應該推給其他人。以春秋弒君、流君的時時而有來看，成公之問或許有感而發，里革則不畏君威，申之以理，證之以史，釋成公之疑外，亦有勸諫之意在。

　　勸諫國君之外，尚有針對執政、大臣的。魯文公二年（526B.C）八月，躋升僖公之祀於閔公之上，時夏父弗忌爲掌祀禮的大臣（宗伯），司事的官員認爲有違昭穆的次序，夏父弗忌說僖公有明德，應在閔公之上爲昭，謂昭穆「何常之有」。有司於是以長幼親疏的倫常，說明昭穆不可紊亂。〈魯語上〉：

　　　　有司曰：「夫宗廟之有昭穆也，以次世之長幼，而等冑之親疏也。夫
　　　　祀，昭孝也。各致齊敬於其皇祖，昭孝之至也。故工、史書世，宗、
　　　　祝書昭穆，猶恐其踰也。」

〔註46〕太史本掌書策文獻，易於習知其內容，所見的歷史載記當有更早的資料。楊伯峻據「吾乃今知周公之德與周之所以王」之語，推論道：「則韓起所見《魯春秋》，必自周公姬旦以及伯禽敘起，今《春秋》起隱公，訖哀公，自惠公以上皆無存。《公羊傳》又有所謂不修春秋，即未經孔丘所改定之《春秋》。萬一其言可信，韓起所見必《魯春秋》簡策原文。」《春秋左傳注》，頁1227。楊氏說今本《春秋》之前可能有一更早的《魯春秋》，雖屬推測，也不是不可能。《墨子‧明鬼下》說周、燕、宋、齊各有《春秋》（孫詒讓，《墨子閒詁》，頁 204、207、209、211。），是王室、列國各有史冊，不必遲至春秋時期始有。

〔註47〕宣公聞後反應爲何，《左傳》無載。《國語‧魯語上》記里革（太史克）的答語不及史迹，但以姦宄爲辨，末記宣公「寡人實貪」的自承過錯。《國語》，頁176。合《左》、《國》而觀，太史克的援古史迹以諫，實有其效。

祀以昭孝，昭孝之至不能紊亂常制，因而有「工誦其德，史書其言」、「宗伯掌禮，太祝掌位」之慎重其事。〔註48〕宗有司復舉古史以證成己說：

> 「今將先明而後祖，自玄王以及主癸莫若湯，自稷以及王季莫若文、武；商、周之蒸也，未嘗躋湯與文、武，爲不踰也。魯未若商、周而改其常，無乃不可乎？」弗聽。遂躋之。

德明固然重要，然而祭祀有長幼親疏的常制。此一常制源遠流長、肇自商、周之初。以商、周國君之德明而言，商自契後以湯爲著；周自后稷後以文王、武王爲顯；即使如此，商、周蒸祀卻不曾紊亂長幼親疏的次序。宗有司舉商人周人對最爲明德的先君，尚且不敢因人廢制，更何況位不若天下共主（商、周）的魯，德不如湯、文、武的僖公，豈可因宗伯的個人見解而破壞此一傳衍已久的歷史性禮制。

宗有司的援史固禮，主要是在維護舊的禮制，不過，有別於就禮論禮的原則論述，他更以德不逾禮強化此一常制，而所據以爲張目、撐拄的是商、周二代的始祖、賢王。不以最後的成敗論，宗有司的述論古史的用心，依然值得重視。〔註49〕

同樣發生在魯文公二年，有名爲「爰居」的海鳥，棲止於魯東門外三日，執政的臧文仲以爲神，遂命國人祭之。展禽因此事批評臧文仲「無故而加典，非政之宜」，並進一步抒發有關古聖王制祀的五大類別：法施於民、以死勤事、以勞定國、能禦大災、能捍大患；此外，不在祀典。展禽所說的五大，是類型、標準，也是原則。爲了更加具體說明，更舉出古史的人、事，加以詮釋。〈魯語上〉：

> 昔烈山氏之有天下也，其子曰柱，能殖百穀百蔬；夏之興也，周棄繼之，故祀以爲稷。共工氏之伯九有也，其子曰后土，能平九土，故祀以爲社。黃帝能成命百物，以明民共財，顓頊能修之，帝嚳能

〔註48〕韋昭注語。《國語》，頁 175。0
〔註49〕當時魯國的賢大夫展禽即稱許道：「宗有司之言順」。《國語》，頁 175。「言順」指的大概是綰合禮制與史迹的一番合宜申論。〈魯語上〉宗有司引史固禮，史涉二代。《左傳》附載「君子」之語稱躋僖公爲「失禮」。「君子」更舉三代史例，以證其失。文云：「禹不先鯀，湯不先契，文、武不先不窋。宋祖帝乙，鄭祖厲王，猶上祖也。」《左傳正義》，頁 0303。「君子」之意，亦不以德明之後紊亂其先，即使其先可能爲昏爲暴。《左傳》、〈魯語上〉所載，文有小異，例有多少，皆引史以固禮。

序三辰以固民，堯能單均刑法以儀民，舜勤民事而野死，鯀鄣洪水
而殛死。禹能以德修鯀之功。契爲司徒而民輯，冥勤其官而水死，
湯以寬治民而除其邪，稷勤百穀而山死。文王以文昭，武王去民之
穢。故有虞氏禘黃帝而祖顓頊，郊堯而宗舜。夏后氏禘黃帝而祖顓
頊，郊鯀而宗禹。商人禘舜而祖契，郊冥而宗湯。周人禘嚳而郊稷，
祖文王而宗武王。幕，能帥顓頊者也，有虞氏報焉，杼，能帥禹者，
夏后氏報焉。上甲微，能帥契者，商人報焉。高圉、太王，能帥稷
者也，周人報焉。凡禘、郊、祖、宗、報，此五者，國之典祀也。

上面展禽列舉的人物，重複者不計，總共有二十二人，所舉的作爲、事功分
別符合他所說聖王制祀的五大。〔註50〕展禽所舉古史人、事，三代以上荒遠，
至少三代（周人以夏后氏的繼承者自居）史迹較詳；三代祀典乃古聖王賢君
所奉行，有其長幼親疏的常制以及五大的原則，這是歷史性的沿流、傳統，
不應因異象而亂制。有彰明較著的人、事相稽合的史迹如此，即使「社稷山
川之神」、「前哲令德之人」、「天之三辰、地之五行、九州名山川澤」等之所
以受人之祀，亦皆「有功烈於民者」、「爲明質」、「民所瞻仰、所以生殖、出
財用」，合於祀制，不若祀海鳥之無稽。

前舉二事都涉及祭祀禮典，以時代的發展變異來看，西周祀禮到了春秋
時期已顯衰崩破壞，〔註51〕以《左傳》中所記載臧文仲的行止來看，臧文仲
並非不知或無禮之人，亦非昧於史迹者；臧文仲名著當世，魯人視爲賢大夫，
〔註52〕尚不免有不察之處。當此之際，類似宗有司、展禽這類熟稔典故的知

〔註50〕依韋昭的歸類：法施於民：五帝、殷契、周文；以死勤事：殷冥水死，周棄
　　　山死；以勞定國：虞幕、夏杼、殷上甲微、周高圉、太王。能禦大災：夏禹。
　　　能捍大患：殷湯、周武。《國語》，頁167。韋氏的分類未必完全的當，如舜「勤
　　　民事而野死」、「鯀鄣洪水而殛死」，皆可列入「以死勤事」；顓頊修黃帝功、
　　　禹修鯀功，以韋氏所分幕、杼等能「帥」例之，宜入「以勞定國」。雖然，二
　　　十二人悉屬德延後世，功勒史策，展禽舉之以明祀典之宜，不宜因海鳥之異，
　　　「己不知而祀之」，何況海鳥何能以神視之，或因自然將有變，而鳥獸避災也。
　　　《國語》，頁170。
〔註51〕詳參張鶴泉，《周代祭祀研究》（台北：文津出版社，1993）。其中第七章〈春
　　　秋戰國祭祀變化的歷史考察〉有簡要的分疏。見該書頁219～248。
〔註52〕臧文仲之知、有禮、明史，數見於《左傳》。如引禹、湯罪己而興，桀、紂罪
　　　人而亡。如謂宋襄公欲合諸侯係「以人從欲」；止僖公欲焚巫、尪；謂邾雖小，
　　　其來犯猶須備，引《詩》以諫僖公，稱齊國莊子來聘爲有禮；謂六、蓼之滅
　　　而皋陶、庭堅不祀。此其生時之載。至其歿後，魯人數引其言、事。如襄仲

識分子，援引史迹強固理據，多少可發揮諫止執政者不愼之失；因此，歷史
述論是有它現實的意義。〔註53〕

魯哀公七年（488B.C），季康子欲伐邾，饗大夫以謀其事。子服景伯陳說
小大、信德之理，以爲「小所以事大，信也；大所以保小，仁也。背大國，
不信；伐小國，不仁。民保於城，城保於德。失二德者危，將焉保？」諫止
季康子。季康子問於諸大夫。《傳》：

> 對曰：「禹合諸侯於塗山，執玉帛者萬國。今其存者，無數十焉，唯
> 大不字小，小不事大也。知必危，何故不言？魯德如邾，而以眾加
> 之，可乎？」

大夫所說的禹合諸侯，執玉帛萬國顯係託言古史，用意在指陳曩昔萬國之眾，
如今能存者不過數十，〔註54〕關鍵不在於形、勢上的小大，而是在於小不能
以信事大，大不能以仁字（保）小。事實如此，魯若侵邾，是魯不能以大保
小；易地而處，它國之強大者，亦將如魯的侵小，必移諸於魯。是以魯大夫
舉此荒遠古史以諫止執政大臣。

（二）晉

魯莊公二十二年（672B.C），當晉獻公五年，晉伐驪戎，獲驪姬以歸，
〔註55〕立以爲夫人。史蘇對大夫里克說了一段三代女寵亡國的史迹。《國語·

引「民主偷，必死」之言以復文公之命使齊；如太史克謂「先大夫臧文仲教
行父事君之禮」；叔孫豹答范宣子問不朽，曰：「魯有先大夫曰臧文仲，既沒，
其言立」爲不朽。上舉諸事分見莊公十一年、僖公二十年、二十一年、二十
二年、三十三年、文公五年、十七年、十八年、襄公二十四年《傳》文。《左
傳正義》，頁 0153、0241～0242、0247～0248、0290、0311、0350、0352、0609。

〔註53〕躋僖公係夏父弗忌所主張，只是臧文仲爲上卿而未制止；祀爰居則出以文仲
之命。前者消極不作爲，後者主動作爲。展禽的批評則非當面。二事都涉及
文仲，故孔子批評這二件事爲文仲「三不知」之二。平情而論，躋僖公責之
有理，至於祀爰居，〈魯語上〉於展禽批評後有下文：「是歲也，海多大風，
冬煖。文仲聞柳下季（展禽）之言，曰：『信吾過也，季子之言不可不法也。』
使書以爲三笑。」是文仲已行祀鳥後始聞聞展禽之語，並承認自己的非祀之
過，甚且命人將展禽所說的話書於簡策。如此，展禽聖王制祀的歷史述論，
多少發揮了現實的作用。

〔註54〕數十之國不必是禹時舊國子遺。魯大夫所論並不在史迹的眞確與否。學者考
據，與文義不必強合。參楊伯峻注文。《春秋左傳注》，頁 1642、1643。

〔註55〕晉獻公伐驪戎、獲驪姬的時間，《左傳》、《國語·晉語》並沒有確切的年份。
《史記·十二諸侯年表》、〈晉世家〉並繫於晉獻公五年。《新校本史記三家注》，
頁 575、1640。

晉語一》：

> 史蘇曰：「昔夏桀伐有施，有施人以妹喜女焉，妹喜有寵，於是乎與
> 伊尹比而亡夏。殷辛伐有蘇，有蘇氏以妲己女焉，妲己有寵，於是
> 乎與膠鬲比而亡殷。周幽王伐有襃，襃人以襃姒女焉，襃姒有寵，
> 生伯服，於是乎與虢石甫比，逐太子宜臼而立伯服。太子出奔申，
> 申人、鄫人召西戎以伐周，周於是乎亡。今晉寡德而安俘女，又當
> 其寵，雖當三季之王，不亦可乎？……從政者不可以不戒，亡無
> 日矣！」

史蘇這一段女寵亡國的史迹，是《史記》之前最爲完備的記錄，也是先秦文獻裡最早將夏、商、周末季亡國相提並論，且歸因於女寵的資料。史蘇爲筮占之官，對於往史有其認知，引三季末王的溺於女寵而招致亡國，當然是在譏諷晉獻公「德寡而安俘女，又增其寵」，與三季末王無異。同時也藉這些古史、今事，提醒里克等從政者不能不引以爲戒。

魯宣公十二年（597B.C），晉、楚邲之役，晉敗。晉中軍帥荀林父請死以示負敗戰之責，晉景公欲答應。士貞子引三十餘年前晉、楚城濮之戰時，晉文公的舉措諫止。《傳》：

> 士貞子曰：「城濮之役，晉師三日穀，文公猶有憂色。左右曰：『有
> 喜而憂，如有憂而喜乎？』公曰：『得臣猶在，憂未歇也。困獸猶鬭，
> 況國相乎？』及楚殺子玉，公喜而後可知也。曰：『莫余毒也已。』
> 是晉再克而楚再敗也。楚是以再世不競。今天或者大警晉也，而又
> 殺林父以重楚勝，其無乃久不競乎？」

城濮之戰，晉文公因楚國統帥子玉的死而喜，也因楚失主帥，晉文公不僅成就了伯主，也使楚在楚成王以及接下來的楚穆王無法爭強。歸結原因，從主帥以死殉事來看，子玉自殺，〔註56〕是楚國莫大的損失。近史歷歷，如今若允荀林父請死，不僅無益於晉，反利於楚，其爲事例，則城濮邇近；荀林父有同於子玉請死之舉，唯景公應以楚成王爲鑑。

〔註56〕子玉之死，《左傳》記楚成王使人責以如何見申、息父老；子西、孫伯答說子
　　　玉本有自裁之意，但爲二人勸阻。後來死於連穀。觀魯文公十年《傳》記：「城
　　　濮之役，王思之，故使止子玉曰：『毋死。』不及。」則子玉係自殺而死。《左
　　　傳正義》，頁0275、0322。《史記》所載，〈晉世家〉說是自殺，〈楚世家〉卻
　　　說是成王怒誅。《新校本史記三家注》，頁1668、1698。《史記》別記於二世家，
　　　或有牴牾。從《左傳》二年所記，年近而事同，故從《左傳》之說。

同樣與戰事有關的是魯成公十六年（575B.C），晉、楚鄢陵之戰前，晉郤至與范文子（士燮）的主戰與反戰之辯。《傳》：

> 范文子不欲戰。郤至曰：「韓之戰，惠公不振旅；箕之役，先軫不反命；邲之師，荀伯不復從，皆晉之恥也。子亦見先君之事矣。今我辟楚，又益恥也。」文子曰：「吾先君之亟戰也，有故。秦、狄、齊、楚皆彊，不盡力，子孫將弱。今三彊服矣，敵楚而已。惟聖人能外内無患。自非聖人，外寧必有内憂，盍釋楚以爲外懼乎？」

鄢陵之役，晉大夫多數主戰，只有士燮持不同的意見。在郤至與士燮對話之前，主帥欒書已二度拒絕士燮的建議。及至將戰，士燮反對的立場依然不變，而主戰派的郤至，態度也很堅定。雙方都從晚近晉國對外用兵的歷史述論宜戰或不宜戰。

郤至舉近七十年的三次重大戰役，說「皆晉之恥」。考諸《左傳》，魯僖公十五年敗於秦的韓之役，與魯宣公十二年敗於楚的邲之役，因爲都是打敗仗，可以算是恥辱；至於魯僖公三十三年與狄的箕之役，晉是戰勝國，先軫的死與他個人和晉襄公之間的君臣之禮有關，不能算是晉國之恥。〔註57〕當然，以郤至主戰的堅定心意來說，三戰往事俱爲史實，箕之役雖勝卻也損失了先軫，未嘗不也是恥辱。引據近史，在強調戰事以及雪恥的必要。至於反戰的士燮，卻以爲往日三戰乃是不得已而爲。當時秦、狄、齊、楚皆強，若不勉力與之交鋒，子孫將弱。如今強者只剩一個楚國，局勢已不同以往。且士燮認爲，除非是聖人在位，不然，某種程度的外患之憂是必要的。〔註58〕所謂聖人，不免空泛，若說士燮有何用意，大概是藉由三戰之恥的歷史，比較過往與當下情狀，存一外患以爲自惕，會比求戰獲勝而產生内憂要來得有利於晉國。

魯襄公九年（564B.C）春，宋國發生大火，晉悼公問士弱何以宋人因火災而知「天道」。士弱以商人祀火的歷史作答。《傳》：

〔註57〕箕之役同年稍早，秦、晉戰於殽，晉獲百里孟明視、西乞術、白乙丙三將。後襄公聽文嬴之請，縱三將歸秦。先軫朝，知此事後極爲生氣，當襄公的面前唾痰，襄公並無責怪。稍後狄侵晉，先軫「免冑入敵師」以示自己對襄公不禮的自我懲罰，遂死於戰陣。《左傳正義》，頁 0290、0291。因此，就郤至所舉以戰敗爲恥來看，箕役不能算是晉國之恥。

〔註58〕關於「惟聖人能外内無患」，《左傳》並沒有進一步的說明。《國語·晉語六》記載頗爲詳細。其中郤至換成欒書。詳見《國語》，頁 417～419。所載雖詳，唯並無史迹之述，故此處略而不論。

> 對曰：「古之火正。……。陶唐氏之火正閼伯居商丘，祀大火，而火
> 紀時焉。相土因之，故商主大火。商人閱其禍敗之釁，必始於火，
> 是以日知其有天道也。」

士弱說「商主大火」，意指殷商的祭祀主星是大火，這是殷商星宿祭祀的傳統。
商人既主祀大火，日久形成特殊的觀火星以總結禍敗的預兆，並因累積了可
觀的經驗，顯示禍敗多緣於火，所以過去自認掌握了「天道」。

> 公曰：「可必乎？」對曰：「在道。國亂無象，不可知也。」

晉悼公問士弱，這一歷史經驗是否可以肯定。士弱的回答顯然是比較理性的，
用意在強調現世的治亂之道才是關鍵，天象的變化即使有往史的經驗，卻不
必盲信。在此，士弱的陳述商人主祀大火與天道的關係，從歷史經驗論而言，
是一種反思的表現。

　　時間約當魯襄公二十四、五年（549B.C、548B.C）之間，執政范宣子與
和大夫爭田，遍問大夫。〔註 59〕叔向建議宣子問問家臣訾祏的意見。訾祏遂
舉范氏在晉國興起的歷史加以勸誡。《國語‧晉語八》：

> 訾祏對曰：「昔隰叔子違周難於晉國，生子輿為理，以正於朝，朝無
> 姦官；為司空，以正於國，國無敗績。世及武子，佐文、襄為諸侯，
> 諸侯無二心。及為卿，以輔成、景，軍無敗政。及為成師，居太傅，
> 端刑法，緝訓典，國無姦民，後之人可則，是以受隨、范。及文子
> 成晉、荊之盟，豐兄弟之國，使無有間隙，是以受郇、櫟。今吾子
> 嗣位，於朝無姦行，於國無邪民，於是無四方之患，而無外內之憂，
> 賴三子之功而饗其祿位。今既無事矣，而非和，於是加寵，將何治
> 為？」宣子說，乃益和田而與之和。

范宣子為士燮之子，自魯成公十八年至魯襄公二十五年（573～548B.C）數見
於《左傳》，位居要津，出使魯國與季武子賦詩，善賦且善解詩，「君子以為
知禮」；辭君命為執政，讓荀偃，「君子」稱許：「范宣子讓，其下皆讓」、「晉
國以平、數世賴之」，〔註 60〕是一個賢大夫。同時，范宣子對自己宗族的歷史，
也很清楚，此見於《左傳》與〈晉語八〉，在著名的「不朽」之論中，即溯自

〔註 59〕范宣子與和大夫爭田不見於《左傳》。《國語‧晉語八》置於宣子與魯叔孫豹
　　　　論「不朽」（事在魯襄公二十四年）之後。另據《左傳》，魯襄公二十五年晉
　　　　執政為趙武，是其時范宣子已死。故將此事置於二年之間。
〔註 60〕前者在襄公八年，後者在襄公十三年。分見《左傳正義》，頁 0522、0555。

虞舜以及三代，下迄佐晉爲諸侯盟主。即使如此，范宣子仍不免有與人爭田之舉。訾祏見宣子徧問大夫，求解而不得，於是舉范氏一族在晉的興起過程，並范氏先賢輔佐晉政的光榮善行做爲勸誡。文顯事明，往史如此，正是范氏一族得享世祿的依憑，爲眼下乃至日後計，宜應恪念先人往事舊迹，勿與和大夫爭田。

（三）齊

魯昭公二十年（522B.C），齊景公在一次宴會中「飲酒樂」。大概興緻高昂，於是說道：「古而無死，其樂若何？」晏嬰於是舉齊地過往的擁有者加以譏諷。《傳》：

> 晏子對曰：「古而無死，則古之樂也，君何得焉？昔爽鳩氏始居此地，
> 季蒯因之，有逢伯陵因之，蒲姑氏因之，而後太公因之。古若無死，
> 爽鳩氏之樂，非君所願也。」

齊景公趁著酒興，說了一句假設性的推測話，晏子則不失一國賢相的風範，隨即列舉自上古以來迄於齊國始祖太公，前後承繼而擁有齊地的歷史。晏子所舉的古史，不涉及複雜詳細的內容，只說了四、五個人名，卻也概括了齊景公的問題，譏諷了「無死之樂」的謬誤。因此，短短的史述，飽含了譏刺。〔註61〕

一樣是發生在魯昭公二十年的事。齊景公罹患疥癬與熱瘧，一年猶不見瘥癒，諸侯、賓客往齊問疾者多。景公寵臣梁丘據與裔款於是建議景公，誅殺祝、史以謝問疾的諸侯、賓客。景公告知晏子，晏子不以爲然。《傳》：

> 晏子曰：「日宋之盟，屈建問范會之德於趙武。趙武曰：『夫子之家
> 事治，言於晉國，竭情無私。其祝、史祭祀，陳信不愧；其家無猜，
> 其祝、史不祈。』建以語康王。康王曰：『神、人無怨，宜夫子之光
> 輔五君以爲諸侯主也。』公曰：「據與款謂寡人能事鬼神，故欲誅祝、
> 史，子稱是語，何故？」對曰：「若有德之君，外內不廢，上下無怨，
> 動無違事，其祝、史薦信，無愧心矣。是以鬼神用饗，國受其福，
> 祝、史與焉。其所以蕃祉老壽者，爲信君使也，其言忠信於鬼

〔註61〕此事亦見於《晏子春秋》與《列子》，而輕重稍異，詳略有別。前者以「善政」
相勸，後者以「迭處迭去」，不足爲泣涕爲譏。分見〈景公登路寢臺望國而歎
晏子諫〉，吳則虞撰，《晏子春秋集釋》，頁 145；《列子‧力命》，楊伯峻撰，《列
子集釋》（北京：中華書局，1996），頁 214。

神。……。（以下晏子論淫君與暴君，行止、結果與德君、信君相反。
　略）

晏子舉魯襄公二十七年（546B.C）諸侯弭兵的宋之盟，晉趙武答楚屈建問范
武子之德一事，以爲勸諫。〔註62〕范武子爲賢大夫，對於鬼神，但使祝、史
陳信，使神、人無怨，是以能光輔五君以爲盟主。盟宋之事邇近，在景公即
位的第二年，齊雖不與盟，晏子亦知趙、屈的答問。同屬鬼神之事，范武子
與齊景公的處理卻是大不相同，陳信歆饗與移罪祝、史，其於「德」性一端，
順逆豈不彰明。晏子舉史述事，用意便在於此。所以當景公再問該怎麼做時，
晏子在論說使各安守職後結論道：「君若欲誅於祝、史，修德而後可。」所強
調、突顯的便是國君的自我反思的具體修持與利於人民的實際作爲。《傳》文
結以「使有司寬政，毀關，去禁，薄斂，已責。」俱屬大利民生的作爲，則
晏子的舉史爲諫，確有其效。

　　與上面情形相似的，是魯昭公二十六年（516B.C）的禳彗消災。晏子認
爲無益，只是自欺欺人罷了，並引《詩經》詠古賢王文句，強調君行、君德
才是最重要的。《傳》：

> 晏子曰：「無益，祇取誣焉。天道不諂，不貳其命，若之何禳之？且
> 天之有彗也，以除穢也。君無穢德，又何禳焉？若德之穢，禳之何
> 損？《詩》曰：『惟此文王，小心翼翼；昭事上帝，聿懷多福。厥德
> 不回，以受方國。』君無違德，方國將至，何患於彗？《詩》曰：『我
> 無所監，夏后及商。用亂之故，民卒流亡。』若德回亂，民將流亡，
> 祝、史之爲，無能補也。」公說，乃止。

彗以除穢，晏子指出，如果國君無穢德，何必除穢；若有穢德，即使禳祭也不
能消除。可見彗星的有無與禳祭與否無關。而且，以〈大雅‧大明〉與〈蕩〉
所載，文王有不違逆天的德，故四方往歸，正是以德受福，與天象無關。至於
夏后及殷商的滅亡，是違德用亂，與天象一樣無關。三代的興亡、福禍在爲政
者是否親德遠亂，不在於祭祀禳凶，所以晏子說「祝、史之爲，無能補也」。從

〔註62〕《傳》文稍小異，大意相同。《傳》云：「子木問於趙孟曰：『范武子之德何如？』
　　　　對曰：『夫子之家事治，言於晉國無隱情，其祝、史陳信於鬼神無愧辭。』子
　　　　木歸以語王。王曰：『尚矣哉！能歆神、人，宜其光輔五君以爲盟主也。』《左
　　　　傳正義》，頁0647。杜預注「陳信無愧」與「能歆神、人」皆著一德字；前者，
　　　　「祝陳馨香，德足副之，故不愧」；後者，「使神享其祭，人懷其德」。《春秋
　　　　經傳集解》，頁1083、1084。符合子木問德之旨。

歷史的體認，舉其興亡禍福的因緣，在現狀上的分疏，有它的說服力量。

齊自桓公歿後國勢日降，百餘年後景公在位，齊勢稍復，有復霸的跡象。〔註 63〕景公能與晉爭盟，晏子的善於相齊有其不可忽視的功勞，馬驌說他正事三君皆暗主，卻能「隨事補救，以諷諫匡君心者，朝夕不怠。危行言孫，故能身處亂世，顯名諸侯，而齊國賴之以安。」〔註 64〕晏子的諫君，以《左傳》而言，舉其大者如魯昭公三年（539B.C）的「踊貴屨賤」，魯昭公二十年的「論和同」，魯昭公二十六年的「論美室」與德、禮指涉，以及前文所舉的援史三例。晏子能言善道，且善爲譬喻，常常含攝歷史內容，運用歷史知識，顯彰實際政務的性質與執行者的意圖是否可行。這一歷史述論，立足於現狀的思惟與利弊的考量，因此，史迹的提出，成了強化論據的有力依憑。所以，歷史述論的針對性與現實性，便益顯明晰。

（四）楚

魯襄公二十六年（547B.C），楚大夫伍舉（《國語》作椒舉），因被懷疑護送獲罪出亡的岳丈申公王子牟，懼而出奔鄭，進欲奔晉，與昔日相善的蔡聲子相遇於鄭郊，伍舉告以希望返回楚國的願望。〔註 65〕聲子於是在次年晉、楚弭兵之會通使於晉，還如楚時，向楚國執政令尹子木述論一段五、六十年來，楚材晉用以致楚禍晉福、楚害晉利的往史。《傳》：

> 對曰：「雖楚有材，晉實用之。」……。「歸生聞之：『善爲國者，賞不僭而刑不濫。賞僭，則懼及淫人；刑濫，則懼及善人。……。』《詩》曰：『人之云亡，邦國殄瘁』，無善人之謂也。故《夏書》曰：『與其殺不辜，寧失不經』，懼失善也。《商頌》有之曰：『不僭不濫，不敢怠皇。命于下國，封建厥福』，此湯所以獲天福也。古之治民者，

〔註 63〕顧棟高〈春秋齊晉爭盟表〉所載，於齊只景公一代，起昭公二十六年（516B.C）盟諸小國（莒、邾、杞）於鄟陵，謀納孫於外的魯昭公；迄於魯哀公五年（490B.C）卒，計二十七年。顧氏注引陳傅良等人說法，皆指齊景公有圖霸之心，復霸之跡以及未能眞確行使霸政的大概。《春秋大事表》，頁 2034～2038。

〔註 64〕馬驌，《繹史》（上海：上海古籍出版社據文淵閣《四庫全書》本影印，1993），頁 459。

〔註 65〕伍舉與聲子係二代交善，伍舉欲返楚，《左傳》但記伍舉「班荊與食，而言復故。」杜預注云：「布荊坐地，共議歸楚事。」《春秋經傳集解》，頁 1064。楊伯峻謂：「故，事也。返回楚國之事。」《春秋左傳注》，頁 1119。《國語·楚語上》則記椒舉云奔晉爲「非所願」，返楚才是心所繫：「若得歸骨於楚，死且不朽。」語氣甚爲堅決。《國語》，頁 534。

勸賞而畏刑，恤民不倦。……。三者，禮之大節也，有禮無敗。」
聲子首先以「聞之」之語闡明一種普遍為前人、今人所稱道的求善、保善、得善的古訓（《詩》、《夏書》）；以及商湯之能得天福佑，在於「不僭不濫」，亦即賞罰得當；因此，既不會昧於淫人，也不會失去善人。殷商的先哲王成湯便是很好的例子。

「今楚多淫刑，其大夫逃死於四方，而為之謀主，以害楚國，不可救療，所謂不能也。」
聲子說楚國多淫刑，據此點出善人賢材遠離，逃死於四方，為敵主謀，並舉四例史迹以為論據。

「子儀之亂，析公奔晉，晉人寘諸戎車之殿，以為謀主。繞角之役，晉將遁矣，……，楚師宵潰。……。楚師莘夏，則析公之為也。雍子父兄譖雍子，君與大夫不善是也，雍子奔晉，晉人與之鄐，以為謀主。彭城之役，晉、楚遇於靡角之谷。晉將遁矣……。楚師宵潰，……。楚失東夷，子辛死之，則雍子之為也。子反與子靈爭夏姬，子靈奔晉，晉人與之邢，以為謀主。……。教吳叛楚；……。楚罷於奔命，至今為患，則子靈之為也。若敖之亂，伯賁之子賁皇奔晉，晉人與之苗，以為謀主。鄢陵之役，……。晉將遁矣，……。楚師大敗，王夷師熸，子反死之。鄭叛、吳興，楚失諸侯，則苗賁皇之為也。」

上面四事與《國語‧楚語上》所載有同有異，〔註66〕雖然，用意並無差別。稽考《左傳》，四次事件的當事人離楚奔晉，追溯根源，過錯並非全屬執政或國君，就事論事，當事人亦難辭其咎。四者中雍子事件最模糊，無以細繹來龍去脈，姑且不論。〔註67〕至於其它三事，魯文公十四年（613B.C）的析公子儀之亂，肇端於事變前十四年（魯僖公三十三年，627B.C），子儀自秦歸楚（八年前為秦所囚歸）為秦鄀役失利求成。雖然求成，卻不得志，後與求令尹不得的公子燮作亂。若敖之亂，事在魯宣公四年（605B.C），當楚莊王九年。

〔註66〕異者如〈楚語上〉首先提到的史例是晉、楚城濮之役，令尹子元之子王孫啓助先軫大敗楚師。此例不見於《左傳》。另〈楚語上〉繫雍子於鄢陵之役，且並無苗賁皇之載。俱見《國語》，頁535、538。

〔註67〕《傳》文：「君與大夫不善是」。杜預注云：「不是其曲直。」《春秋經傳集解》，頁1066。楊伯峻謂：「不善是即不能調節和濟。」《春秋左傳注》，頁1121。則雍子與父兄的不合，或許雍子自認理直卻受到不平的待遇。《傳》文只言如此，因此，不能疏通詳情。

司馬子越（伯賁）因令尹鬭般遭工正蒍賈譖言被殺而繼爲令尹，賈亦得爲司馬。後二人交惡，賈遭囚殺；伯賁進而攻莊王，旋爲所敗。〔註68〕子靈（申公巫臣）奔晉、通吳、叛楚，爭夏姬固然是一個潛在的因素，卻不是最主要的原因。〔註69〕申公巫臣在奔晉後五年，因令尹子重與子反藉舊怨（子靈曾止莊王勿許重請申、呂之田，事在魯宣公十五年圍宋之後。唯《傳》文無載。成公八年係追述。），盡殺其族，瓜分其室家，於是忿而通吳、晉，並教吳車陳，唆使吳叛楚，使子重、子反「一歲七奔命」。以上三事，若要歸咎，當事雙方皆不能自外，卻也不全像聲子所說的是因爲「楚多淫刑」所引起。

　　楚材晉用的原因，對蔡聲子來說，重要的或許不在於是否俱屬眞實，重要的可能是他所指出的各種後果：楚失華夏、楚失東夷、楚罷於奔命、楚失諸侯。凡此，都牽涉到楚國在爭盟圖霸歷程上的挫敗。固然，前述幾次戰役的成敗不能完全歸於一人的作用，卻也不能輕忽重要關頭時，知敵者的謀略、建言。這四件史迹俱屬邇近，甚有當下仍在進行者，影響所及，就楚、晉爭伯而言，楚國顯然大爲吃虧。所以子木才說「是皆然矣」。聲子於是乘機提及椒舉目前身在晉國，晉且將比照上大夫叔向祿秩予椒舉縣邑之封，如此一來，楚國恐將有受害之患。於是子木「言諸王，益其祿爵而復之」。蔡聲子舉切近的史迹，鋪陳楚材晉用、強敵弱己的事實，一以儆誡子木，一則達到助友返國的眞正目的。聲子的歷史述論所以具有說服力，在於歷史本身的具體與切近，在理據上有清楚、鮮明的利弊得失的實際情狀。

　　時間約當楚靈王時（540～529B.C 在位），左史倚相因申公子亹怠慢不見而有謗言。子亹責備倚相欺他老耄，倚相說他的用意是在儆誡子亹，並舉西周末春秋初，衛國的賢君武公（約 812～758B.C 在位）行年九十五「猶箴儆於國」，曰：「朝夕以交戒我；聞一二之言，必誦志而納之，以訓導我。」爲例，進一步申述。〈楚語上〉：

> 「在輿有旅賁之規，位宁有官師之典，倚几有誦訓之諫，居寢有褻
> 御之箴，臨事有瞽史之導，宴居有師工之誦。史不失書，矇不失誦，

〔註68〕伯賁之亂，據《傳》文實際上看不出莊王有何不善。依《史記・楚世家》，若敖氏係遭人讒譖，唯恐受誅，乃反攻王。《新校本史記三家注》，頁 1701。即使如此，伯賁爲亂亦非莊王所激發，至少他是在莊王尚未有所行動前便已先行發難。

〔註69〕爭夏姬一事，涉及楚國君臣莊王、子反、子靈。子靈以計止莊王、子反，並私與夏姬約，後以聘齊過鄭得夏姬，奔晉，因郤克而臣於晉。事見成公二年《傳》文。《左傳正義》，頁 0428。

以訓御之，於是乎作《懿》戒以自儆也。及其沒也，謂之睿聖武公。子實不睿聖，於倚相何害。」

倚相意思很清楚，不外是勸誡子亹勿倚老賣老，應知所自儆，如衛武公貴為國君，且年近百歲，尚以勿忘交戒訓導責求朝臣，宜其有「睿聖」之稱。倚相復以文王為例：

「《周書》曰：『文王至於日中昃，不遑暇食。惠於小民，唯政之恭。』文王猶不敢驕。今子老楚國而欲自安也，以禦數者，王將何為？若常如此，楚其難哉！」子亹懼，曰：「老之過也。」

以衛武公為例，子亹徒有老態而不知儆誡；若以周室創業君主文王而言，不只位尊，更是德高，縱使如此，文王尚且恭恪誠謹，不敢驕逸。子亹位、德不足比於文王，而行止卻不能納誠受謗，身為人臣而舉止如此，何能有益於匡正國君。倚相舉賢德的文王、衛武公相誡，子亹也亦非麻木無知，還知道自己的過錯。

同樣是楚靈王時代的事，〈楚語上〉記白公子張經常勸諫靈王。有一次，靈王以「凡百箴諫，吾盡聞之」表示不想再聽白公的諫言。〔註70〕白公非但沒有噤聲，還說了一段殷武丁以及齊桓、晉文的史迹。〈楚語上〉：

對曰：「昔殷武丁能聳其德，至於神明。……。旁求四方之賢，得傅說以來，升以為公，而使朝夕規諫。……。若武丁之神明也，其聖之睿廣也，其智之不疾也，猶自謂未乂。……。今君或者未及武丁，而惡規諫者，不亦難乎！齊桓、晉文，皆非嗣也，還軫諸侯，不敢淫逸，心類德音，以德有國。近臣諫，遠臣謗，輿人誦，以自詰也。……。以屬諸侯，至於今為令君。桓、文皆然，君不度憂於二令君，而欲自逸也，無乃不可乎？」

韋昭注云：「聳，敬也。」〔註71〕武丁係殷商中興君主，既能敬慎德行，又能旁求四方的賢材；已得賢佐傅說，朝夕聞受規諫。相較於武丁，靈王之德不及，尚且不喜人臣規諫，豈能據此保國。武丁遙遠，至於春秋賢君齊桓公、晉文公，時代邇近，事蹟顯明。二君都曾出奔在外，而不敢有荒淫逸慢心態，善德音，並因此而得為國君；內外遠近，時時有規勸進諫之臣，終能為諸侯

〔註70〕 這句話是出自史老回答靈王「欲已子張之諫，若何？」的建議。史老即前面提到的子亹。對於諫言，君臣同有不耐煩的心態。

〔註71〕 《國語》，頁554。

盟主，百年以來，有「令君」之名。如今，靈王想要「得天下」，〔註72〕卻不能「度憂於（爲盟主之）二令君，如何能成功？

楚靈王在位時期，楚國強盛，卻也頗顯驕奢汰侈，且好大喜功，並寵私佞，時人多批評之語，〔註73〕白公的以史爲諫勸佐資，亦契合靈王行止，用意顯然易見。

（五）吳

吳在春秋中葉後期始漸次活躍，自壽夢（585～561B.C 在位）三年（魯成公八年，583B.C），楚申公巫臣爲晉通使於吳，教吳人射御、乘車、戰陳，使吳叛楚，獲原屬於楚的蠻夷，吳因此以大，通於上國。只是尚不能爭雄中原。至闔閭（514～496B.C 在位）、夫差（495～473B.C 在位），吳師入郢；夫差二年（魯哀公元年，494B.C），敗越於夫椒，入越；夫差十四年（魯哀公十三年，482B.C），會諸侯，主盟黃池。入郢、入越，十年不到，吳國雄長南方，代楚而興。夫差時吳國的勃興，乃至短暫的圖霸，與越國的頓挫有極大的關係，對此，自楚奔吳的伍員有深刻的洞見，因此；當吳師入越，越王勾踐使大夫文種因吳太宰嚭求成時，伍員極力反對。哀公元年《傳》：

> 伍員曰：「不可。臣聞之：『樹德莫如滋，去疾莫如盡。』昔有過澆殺斟灌以伐斟鄩，滅夏后相，后緡方娠，逃出自竇，歸于有仍，生少康焉。爲仍牧正，惎澆能戒之。澆使椒求之，逃奔有虞，爲之庖正，以除其害。虞思於是妻之以二姚，而邑諸綸，有田一成，有眾

〔註72〕魯昭公十三年（529B.C），楚靈王被弒，《左傳》追述道：「初，靈王卜曰：『余尚得天下！』不吉。投龜，詬天而呼曰：『是區區者而不余畀，余必自取之。』」《左傳正義》，頁 0807、0808。靈王在位時，延續康王的形勢，與晉共爲伯主。實際上是楚盛而晉衰，至魯昭公四年（楚靈王三年，538B.C），楚靈王會十二國國君於申，勢燄尤明。顧棟高稱楚靈王「乃遂獨伯」，並說此舉是「春秋之一大變」，十年間，「三伐吳，滅賴，滅陳，滅蔡，伐徐，吞噬四出，如獮犬潰閑。」〈春秋晉楚爭盟表〉《春秋大事表》，頁 2017。顧氏視楚如夷狄，在他多處論及楚燄高漲時，常有恣激之辭。捨此不論，反面視之，則楚勢強大乃客觀事實。楚靈王時既有如此局勢，他有「尚得天下」的心理，亦爲常理之情。

〔註73〕靈王奢侈貪婪，在未即位時爲令尹即見於載記，如昭公七年《傳》：「爲令尹也，爲王旌以田。」昭公十三年《傳》：「爲令尹也，殺大司馬蒍掩而取其室。」即位後並不稍歛。鄭游吉、晉司馬侯、鄭子太叔等都曾說靈王奢甚汰侈。分見昭公二年、四年、五年《傳》文。至於好大喜功，則申之會雖取齊桓退舍之禮，仍以侈示諸侯；以諸侯及東夷伐吳，觀兵於坻箕之山，無功而返，乃如爲章華之宮（臺），所招致的批評皆爲其例。分見昭公四年、五年、七年《傳》文。

> 一旅。能布其德，而兆其謀，以收夏眾，撫其官職，使女艾諜澆，
> 使季杼誘豷。遂滅過、戈，復禹之績，祀夏配天，不失舊物。」

伍員說「去疾莫如盡」，有滅火熄燼、斬草除根，徹底泯除後患之意。伍員舉夏相被滅而有遺腹子少康，聚眾布德、慎謀將事，終能以細微薄弱的資源，康復舊國。可見只要有堅毅的心志、慎始慎終的計劃，少康所憑藉的資源縱使有限，終有大成的一天。伍員於是又說道：

> 「今吳不如過，而越大於少康，或將豐之，不亦難乎！句踐能親而
> 務施，施不失人，親不棄勞。與我同壤，而世為仇讎，於是乎克而
> 弗取，將又存之，違天而長寇讎，後雖悔之，不可食已。姬之衰也，
> 日可俟也。介在蠻夷，而長寇讎，以是求伯，必不行矣。」弗聽。
> 退而告人曰：「越十年生聚，而十年教訓，二十年之外，吳其為沼乎！」
> 三月，越及吳平。

少康逃於仍、虞以避難，地眾雖小寡，而能摶大勝強。如今吳、越相等，句踐為君能施親勞，地又犬錯同壤，且吳、越累世為仇敵；一旦捨戰利而不取，它日蒙受苦果，雖要後悔，恐怕難以承受。伍員剖析吳、越形勢，應是得其真實，也是奔吳後對吳、越互動的觀察、體認。〔註 74〕以澆未根除後患而導致滅亡的遠古史蹟為例，用意當然在強調一旦越得到休息的機會，將反噬吳。為吳國利益計，萬萬不可答應越國求成。

表五：列國自存申說（對內）

魯公紀年 （西元前）	當事人	事　　由	述　論　略　要	出　處
桓 3（710）	魯桓公，魯大夫臧哀伯	宋人弒其君殤公，以郜大鼎賂魯，桓公將納鼎太廟，臧哀伯諫止	臧哀伯先論「君人以德」，謂寘賂器於太廟為「滅德立違」，復申之以武王遷商九鼎於雒邑，而義士非之之史蹟	《左傳》

〔註 74〕伍員奔吳在魯昭公二十年（522B.C）。在吳歷仕僚、闔閭、夫差三君；至魯哀公十一年（484B.C），夫差賜屬鏤劍，自剄而亡，前後近四十年，對吳的興起，有一定程度的貢獻，如入楚都郢者是。魯哀公元年之前，吳、越互動大致有三次：昭公三十二年（510B.C），夏，吳伐越。《傳》文不書勝負。定公五年（505B.C），越趁吳用兵於楚，入吳。定公十四年（496B.C），吳伐越，闔閭死於師旅，夫差為表示復仇雪恥心志，命人立於庭，於夫差出入時提醒勿忘越王殺父之事。凡此，皆伍員所親見及之者。上述諸事分見《左傳正義》，頁0853、1018、0931、0958、0984。

莊23（671）	魯莊公，魯大夫曹劌	齊有社祀，莊公欲朝觀，曹劌以不合班爵之義，有違禮制諫止	曹劌稱朝有禮，爵有義，此先王之制，若齊之觀民於社，是棄太公之法，非先王之訓。且諸侯不相會祀，祀則不法，謂「君舉必書，書而不法，後嗣何觀？」	《左傳》《國語‧魯語上》
莊23（671）	魯莊公，魯卿禦孫	桓公廟成，既丹廟楹，更刻廟桷，禦孫以其侈，諫	禦孫謂「聖王公之先封者，遺後人法」、「其爲後世昭前之令聞」，使爲後世鑑。莊公以侈，則先人之德衰矣	《左傳》《國語‧魯語上》
文18（609）	魯宣公，魯太史克	莒太子僕弒君，以寶玉奔魯，宣公納之且命予僕邑，季孫行文違公命。宣公問故，行父使太史克答之	太史克舉魯先君周公制有明示之法，中有吉德、凶德。僕之行止皆凶德，行父拒之，係爲宣公慮	《左傳》《國語‧魯語上》
成18（573）	魯成公，魯太史里革（克）	晉欒書、中行偃弒厲公。成公於朝中問諸大夫「臣殺其君，誰之過？」人莫對，唯里革有詞	里革謂過在其君，並舉桀、紂、厲、幽奔踣流滅史迹，謂「美惡皆君之由，民何能爲焉？」	《左傳》《國語‧魯語上》
文2（625）	魯宗伯夏父弗忌，魯宗有司某	夏父弗忌謂僖公有明德，將躋僖公之祀於閔公之上，宗有司謂有違昭穆親疏	宗有司云祀在昭孝，不能違。復舉商、周先賢君遵制史迹以證己說	《國語‧魯語上》
文2（625）	魯卿臧文仲，魯大夫展禽	臧文仲命祀海鳥「爰居」，展禽譏其「非典」	展禽追述古史，自三代以至周文、武，論祀典之類有五皆合其人之行宜、功烈，若海鳥者，既不可以神視之，則其祀自屬「非典」	《左傳》《國語‧魯語上》
哀7（488）	魯卿季康子，魯諸大夫	季康子欲伐邾，饗諸大夫以謀其事	諸大夫述禹合諸侯時有萬國，今存者無幾，在於「大不字小，小不事大」，魯若以大於邾而「不字小」，則它強國將如魯之加邾，以「不字小」加諸魯	《左傳》
以上魯國				

莊22（672）	晉大夫里克，晉卜官史蘇	獻公伐驪戎，獲驪姬，將立以為夫人。史蘇對里克述三代之亡與女寵之史迹	史蘇云三代末王皆有伐人國得其女而寵之，以致於亡。今獻公行三代末王之行，亦危矣。以此勸里克宜深自戒之	《國語‧晉語一》
宣12（597）	晉景公，晉大夫士貞子	邲之役，晉敗，中軍帥荀林父請死，景公將許。士貞子諫止	士貞子舉三十餘年前城濮之戰，晉文公因楚弒子玉而喜之史迹，論若殺林父，將如往昔之楚殺子玉，徒弱己而強敵而已	《左傳》
成16（575）	晉卿郤至，晉卿士燮	晉、楚鄢陵之戰前，郤至主戰，士燮反戰，雙方各以史為說	郤至舉近七十年三次戰役為晉之恥，今若避楚，將恥上加恥。士燮云往昔三戰有不得不然之勢，與今手情勢不同，不應交戰	《左傳》
襄9（564）	晉悼公，晉卿士弱	宋大火，悼公問何以宋人因火災而知天道，並問此歷史經驗是否「可必」	士弱先述商人祀火星往史係其舊傳統，並云商人因之得出見火而觀禍敗之經驗。然真要說「可必」，則不可知	《左傳》
約襄24、25（549、548）	晉卿范宣子，宣子家臣訾祏	宣子與和大夫爭田，叔向建議宣子詢諸其家臣訾祏	訾祏述范氏先祖之功業，謂今宣子賴之而有執政之位祿，乃與大夫爭田，何以為國	《國語‧晉語八》
以上晉國				
昭20（522）	齊景公，齊卿晏嬰	景公宴樂，謂「古而無死，其樂若何？」晏嬰有譏	晏子述齊地自古以來至齊太公之擁其地者，譏苟如公言，樂不及公也	《左傳》
昭20（522）	齊景公，齊卿晏嬰	景公罹疥、瘧，一年不癒，欲誅祝、史，晏子深不為然	晏子先舉二十七年前趙武稱許士會之德中有尊重祝、史一端，言祝、史於主人在於能薦信鬼神而已。若君之為淫暴，與祝、史何干	《左傳》
昭26（516）	齊景公，齊卿晏嬰	齊有彗星，景公以其將有災禍，欲禳祭以消災，晏子不然	晏子謂彗以除穢，君若無穢德，何必禳之，並引《詩》之頌文王有德，以受方國，今君唯思是否違德，禳之無益	《左傳》
以上齊國				

襄26（547）	楚令尹子木，蔡公子聲子	楚大夫伍舉因其妻父申公王子牟獲罪出亡，懼而出奔鄭，遇舊識蔡聲子，言欲返楚。聲子爲說令尹子木	聲子先舉湯賞罰有道以議楚之不如是，復舉數十年來楚材晉用，弱己強敵，弊楚利晉史迹，申言許伍舉返楚之必要、利益	《左傳》《國語·楚語上》
約昭2～13間（540～529）	楚申公子亹，楚左史倚相	倚相因子亹怠慢不見，而有謗言，子亹責倚相欺其老邁，倚相有說	倚相首舉二百餘年前衛武公勉人諫諷，故謂「睿聖」，再言文王戒愼不驕之事，論子亹行事宜受譏謗	《國語·楚語上》
約昭2～13間（540～529）	楚靈王，楚白公子張	白公數諫，靈王不耐，謂「凡百箴諫，吾盡聞之」。白公不止	白公稱殷王武丁敬愼德行，求賢受諫，聖智如此，猶不敢自滿，次舉齊桓、晉文以德有國，受諫納謗，而爲令君。今君宜有所取資以防逸欲	《國語·楚語上》
以上楚國				
昭元（494）	吳王夫差，吳大夫伍員	吳入越，越王句踐使文種求成，伍員極言反對	伍員舉夏少康徐圖復國之史，深致其憂，述論越可如少康，而吳恐不得久長	《左傳》《國語·吳語》
以上吳國				

二、外交的應對、折衝

（一）魯與齊、晉、吳

魯莊公二十八年（666B.C），魯國饑饉。臧文仲持名器鬯圭與玉磬前往齊國請糴。〈魯語上〉：

> （文仲）曰：「天災流行，戾于弊邑，饑饉荐降，民嬴幾卒，大懼乏周公、太公之命祀，職貢業事之不共而獲戾。不腆先君之敝（原作弊，據韋注引《公序》本改）器，敢告滯積，以紓執事，以救弊邑，使能共職。豈唯寡君與二三臣實受君賜，其周公、太公及百辟神祇實永饗而賴之！」齊人歸其玉而予之糴。

《左傳》稱「臧孫辰告糴于齊，禮也。」觀〈魯語上〉臧文仲舉魯、齊二國

始祖周公、太公「掌諸侯之國所當祀」，[註75] 大概因周公、太公襄贊武王得天下，功烈既多，遂有此制。據此，則此一歷史舊制爲魯、齊二國統治階層所習知，文仲舉此一史迹於史爲實有。故當魯逢饑饉而告糴於齊，以便百辟神祇得享得食，順利的獲得齊人的應允。

魯成公八年（583B.C），晉景公使韓穿往魯，請魯將汶陽之田歸齊。季文子設宴餞行，私下對韓穿提起汶陽之田不應歸齊的意見。《傳》：

> 曰：「大國制義，以爲盟主，是以諸侯懷德畏討，無有貳心。謂汶陽
> 之田，敝邑之舊也，而用師於齊，使歸諸敝邑。今有二命，曰『歸
> 諸齊』。信以行義，義以成命，小國所望而懷也。信不可知，義無所
> 立，四方諸侯，其誰不解體？」

汶陽之田在僖公初即位時，爲嘉許季友獲莒子之弟挐，乃將之賜予季友。在此之前，汶陽之田本屬魯侯舊地，其後何時爲齊所侵，不見記載。一直到魯成公二年，晉敗齊於鞌始再歸魯；次年，魯成公如晉，《傳》云：「拜汶陽之田。」似乎復得汶陽之田對魯來說，是一件重大之事。[註76] 季文子說汶陽之田本爲魯地是事實，然則其地爲齊所侵佔而魯無力索回，必待魯、晉同盟敗齊，盟主始命齊復歸地於魯，此亦季文子所賴以責問韓穿的理據。引復地的近史，明爲彰顯盟主的德、信、義，實際是有固地的現實意圖。

魯昭公十三年（529B.C），諸侯將盟於平丘，邾人、莒人愬於晉昭公，謂二小國所以不供貢賦是因爲魯朝夕侵陵。於是晉侯不見魯公。魯子服惠伯以封建親誼，請晉勿信蠻夷（邾、莒）之訴，晉叔向以兵威之脅，使魯聽命。及會盟，晉人不只拒絕魯公與盟，甚且拘執季孫如意。惠伯於是往見晉執政

[註75] 韋昭注引賈、唐二君言。《國語》，頁 158。考《左傳》，魯僖公三十一年（629B.C），衛成公命祀夏后相，甯武子諫止，曰：「鬼神非其族類，不歆其祀。……。不可以閒成王、周公之命祀。」楊伯峻云：「蓋諸侯之國所當祀者，由周王室命之；衛國之所當祀者，爲成王、周公所命，今祀相，在命祀之外者，故云犯成王、周公之命祀。」《春秋左傳注》，頁 487。楊說合於臧文仲告糴語。

[註76] 楊伯峻注云：「去年晉使齊退回汶陽之田與魯，於是魯成公往晉答謝。據《經》、《傳》，自文十三年魯朝晉，至此年再朝晉，中歷二十七年未朝。」《春秋左傳注》，頁 812、813。據此，使齊歸汶陽之田，宜爲晉、魯交好的重要媒介，而汶陽之田實魯，尤其是執政季氏的重要屬邑，因而季文子不欲晉再次奪之予齊。據《水經》〈汶水注〉云：「蛇水注之，水出（冈）縣東北太山，西南流，逕汶陽之田，齊所侵也。自汶之北，平暢極目，僖公以賜季友。」王國維校，《水經注校》（台北：新文豐出版公司，1987），頁 794。汶陽之田「平暢極目」，當爲稼穡良地，季文子不欲失之，宜屬可能。

韓宣子，舉近史爲魯開脫。〈魯語下〉：

> 曰：「夫盟，信之要也。晉爲盟主，是主信也。若盟而棄魯侯，信抑
> 闕矣。昔欒氏之亂，齊人閒晉之禍，伐取朝歌。我先君襄公不敢寧
> 處，使叔孫豹悉帥敝賦，踦跂畢行，無有處人，以從軍吏，次於雍
> 渝，與邯鄲勝擊齊之左，掎止晏萊焉，齊師退而後敢還。非以求遠
> 也，以魯之密邇於齊，而又小國也；齊朝駕則夕極於魯國，不敢憚
> 其患，而與晉共其憂。……。諸侯之事晉者，魯爲勉矣。」宣子說，
> 乃歸平子。

晉大夫欒盈獲罪奔楚，更由楚奔齊，魯襄公二十三年（550B.C），復因齊助得
入曲沃，且以曲沃甲兵入絳。齊人乘隙伐晉取朝歌，魯叔孫豹帥師救晉，緩
解晉國之難。此爲二十年前史事，晉人不會不知。晉爲盟主，當晉有難時，
魯國傾力相助；如今只因邾、莒愬魯，便拒絕魯君會盟，甚至拘執魯國大臣，
豈非大失盟主之信。子服惠伯述論邇近的史迹，爲魯國在外交會盟上，不只
得脫季平子之拘，且爭得國君與盟的尊嚴。〔註77〕

　　魯哀公七年（488B.C），吳勢強大，魯公與會於鄫，吳欲霸諸夏，求魯予
百牢。子服惠伯以「先王未之有」拒絕。吳人以得宋百牢，魯不可後宋，並
舉昭公二十一年魯以逾十之牢予晉大夫范鞅爲例，稱說應以百牢予吳。子服
惠伯復以周禮上數十二，百牢爲棄周禮辯說。吳人仍堅持百牢，季康子不得
已而與之。吳人於是召季康子，季康子不往，但使子貢辭之。吳太宰嚭責康
子，子貢引吳先祖太伯、仲雍之變易舊制爲說。《傳》：

> 太宰嚭曰：「國君道長，而大夫不出門，此何禮也？」對曰：「豈以
> 爲禮，畏大國也。大國不以禮命諸侯，苟不以禮，豈可量也？寡君
> 既共命焉，其老豈敢棄其國？太伯端委以治周禮，仲雍嗣之，斷髮
> 文身，臝以爲飾，豈禮也哉？有由然也。」

吳既索魯百牢而得，是魯懼吳已明甚。太宰嚭以魯侯既來與吳君相會，而魯
執政之卿卻守國不出，問子貢「何禮」。顯然，吳以勢強脅迫魯國，更以己意
責康子不隨君與會是不合於禮。子貢答以存國爲重。「畏大國」者，杜注云：
「不敢虛國盡行。」〔註78〕指的便是吳國「大國不以禮命於諸侯（微魯百牢），

〔註77〕〈魯語下〉、《左傳》雖未載晉昭公是否允許魯昭公與盟，然《經》文明書魯
　　　　公會十二國君於平丘，則魯君當在盟列。
〔註78〕《春秋經傳集解》，頁1748。

－262－

苟不以禮，豈可量」，意指吳但以利己爲意，不顧禮制。面對如此無禮的大國，魯國豈可拘泥。其後子貢更舉太伯守周禮，而後嗣仲雍即變周禮從吳俗的吳國先史，說明禮的改變，有其格於形勢的現實考量與必要。〔註79〕子貢在孔門四科中以言語見長，亦即外交斡旋是他的專長。外交斡旋不離說之以理、據之以禮，二者善述復證之以史，則遊刃處更有餘地，尤其是取譬於當事之國、人所習知者，更易收到相得益彰的功效，如此這般的歷史述論，充滿現實的意趣，也說明了知識分子身當國家之任時，運用此一歷史知識強化現況應對上的理據，也爲自己在當代樹立某種別具的形象。

（二）鄭與秦、晉

　　鄭係春秋初期與晉並爲周王室最爲倚重的國家，甚至是春秋初期勢力最爲強大的國家，唯自莊公（743～701B.C 在位）後，紛亂弒殺，國勢陵替遂不足爭霸。〔註80〕雖然如此，鄭事蹟見於《左傳》者不少，說明了鄭在春秋時代有它一定的重要性，尤其周旋於代興的霸主之間，而不致有倏亡之禍，就有待鄭國知識分子的盱衡審度。〔註81〕以下就以鄭國知識分子盱衡審度時，藉其歷史知識以爲佐資者加以討論。

　　鄭國知識分子的歷史述論有涉及其本國歷史的，而主要集中在其它國家相關的史迹，以情況並其屬性論，則幾乎都牽涉到外交的斡旋。

　　魯僖公三十年（630B.C），晉文公因其前流亡過鄭，鄭文公不以禮相待，

〔註79〕　杜預云：「太伯卒，無子，仲雍嗣立，不能行禮致化，故效吳俗。言其權時制宜，以辟災害，非以爲禮也。」《春秋經傳集解》，頁1748。「權時制宜」一語，深契子貢「豈禮也哉」之旨。

〔註80〕　高士奇稱鄭莊公爲春秋諸侯中的梟雄，亦批評莊公「不能崇固國本」，且「内多寵嬖」，以致身後四公子「爭弒禍興，國內大亂」。《左傳紀事本末》，頁606。觀鄭國終春秋之世不得爲強國，除了夾處齊、晉、楚諸霸主之間的客觀形勢，其主觀力量的崩解也是重要的因素，追究此一情狀，則啓於莊公身後的紛亂弒殺。

〔註81〕　顧棟高以春秋宋、鄭事故之多，說道：「而知天下不可以一日而無伯」。又以《春秋》於二國戰伐取邑取師必載，異於列國，云：「蓋以其地踞中原，關于天下之故。伯功視兩國之向背爲盛衰，而兩國又視伯功之興廢爲休戚。」（〈春秋宋鄭交兵表・敘〉）是鄭有其困，亦有其利。顧氏亦指出，鄭「明事勢，識利害，常首鼠晉、楚兩大國之間，視其強弱以爲向背，貪利若鶩，棄信如土。」（〈春秋鄭執政表・敘〉）引文見，《春秋大事表》，頁2129、2130、1893。顧氏說鄭貪利棄信，未免過於苛責，觀《左傳》所載，貪利棄信各國皆有，豈鄭爲然。至於說「明事勢」、「識利害」，鄭處霸主間，求存所必然。要能達到目的，就有賴於鄭人的盱衡審度。

乃與秦穆公圍鄭。鄭使燭之武見秦穆公。燭之武除說明鄭亡對秦無有利處，
但只壯大晉國，如此將更不利於秦；另舉二十年前晉惠公以許秦焦、瑕之地
做爲穆公助其入晉之酬報，結果卻是「朝濟而夕設版」。燭之武所說的晉惠公
食言之事爲秦穆公所親歷，述如此不利於秦的邇近史迹，自有其具體的說服
力。於是秦穆公乃退兵，而鄭也因此免去一場燃眉之患。

魯文公十七年（610B.C），晉靈公會諸侯於扈，因鄭穆公貳於楚，於是晉
侯不見鄭伯。鄭卿子家遂修書予晉執政趙盾，歷數自燭之武以來，一、二十
年間七次朝晉不懈的近史往事，並溯及魯莊公二十三年（671B.C）朝齊，二
十五年（669B.C）成楚的往史。凡此皆因鄭「居大國之間，而從於強令」，鄭
從齊；而楚亦強，論境遇，是小國的無奈，不應怪罪小國。往昔齊桓公爲霸
主，鄭間亦朝楚。如今晉、楚勢均，鄭介於二強之間，既朝晉不懈，偶迫於
形勢成於楚；以往史況之，齊桓並未責罪，何以晉侯苛求如此。子家的歷史
述論引近史爲據，並藉齊桓公爲盟主的作爲突顯晉靈公的主盟之失，終使晉、
鄭二國得以行成。

魯襄公二十五年（548B.C），子產著戎服獻入陳之捷於晉。晉人問陳人之
罪與戎服何故，子產有一番詳細的史述。《傳》：

> 對曰：「昔虞閼父爲周陶正，以服事我先王。我先王賴其利器用也，
> 與其神明之後也，庸以元女太姬配胡公，而封諸陳，以備三恪。則
> 我周之自出，至于今是賴。桓公之亂，蔡人欲立其出，我先君莊公
> 奉五父而立之，蔡人殺之，我又與蔡人奉戴厲公。至於莊、宣，皆
> 我之自立。夏氏之亂，成公播蕩，又我之自入，君所知也。今陳忘
> 周之大德，蔑我大惠，棄我姻親，介恃楚眾，以馮陵我敝邑，不可
> 億逞，我是以有往年之告。未獲成命，則有我東門之役。當陳隧者，
> 井堙木刊。敝邑大懼不競而恥太姬，天誘其衷，啓敝邑心。陳知其
> 罪，授手于我。用敢獻功。」晉人曰：「何故侵小？」對曰：「先王
> 之命，唯罪所在，各致其辟。且昔天子之地一圻，列國一同，自是
> 以衰。今大國多數圻矣，若無侵小，何以至焉？」晉人曰：「何故
> 戎服？」對曰：「我先君武、莊爲平、桓卿士。城濮之役，文公布
> 命，曰：『各復舊職。』命我文公戎服輔王，以授楚捷。不敢廢王
> 命故也。」士莊伯不能詰，復於趙文子。文子曰：「其辭順。犯順，
> 不祥。」乃受之。

子產此時正當青壯，爲鄭卿，〔註82〕面對大國責難，正言以對，稍無懼色。觀子產所言，緊緊扣住歷史陳迹，論說上下數百年周、陳舊迹，以及鄭、陳往史，遞次陳述，理據分明。始自周初姬、陳姻婭之親，指出嘉先聖存其後嗣，端賴姬姓之德。既入春秋，陳國迭有公室之亂，陳桓公以下迄於陳成公，百餘年間（744～599B.C），鄭頗有立、入之助，是鄭有功於陳。至於今年入陳，則係陳人去年恃楚侵鄭；鄭蒙天衷，得有捷報，遂有獻功。晉人復以「侵小」相責，子產對此不舉史迹，但言大國所以疆域廣大，無不得之於侵小；此爲當世所眾知，亦入春秋以來的常事。〔註83〕最後，晉人詰以戎服獻捷。子產結合鄭國先君爲王室卿士，與晉文公命鄭文公復舊職、以戎服授捷的歷史，說明自己戎服獻捷與晉文公有關，也符合王命。

　　子產的對答，充滿歷史的追憶與釋義，此一歷史述論也恰如其分的爲鄭國入陳，與自己戎服獻捷的理據，提供了強化的佐證。難怪趙武會說子產「辭順」。孔子亦讚許子產能以言足志，言而有文。以子產所論，其志在合理化其行止，欲達此目的，需以言辭鋪陳。在這裏，子產用來強固言辭的，恰恰是他的歷史述論；如此，表層的史迹所承載的意識豈不彰明較著。

　　魯襄公三十一年（542B.C），子產當國次年夏，相鄭簡公如晉，時晉平公因魯襄公新喪，不見鄭君。子產使人破壞客館牆垣以容納車馬，晉士匄有責備之辭。子產在答以約見無期，而貢賦之輸不知如何處理後，更發揮一番對晉文公爲盟主，與晉平公爲盟主，昔今的宜與不宜的訾議。《傳》：

> 僑聞文公之爲盟主也，宮室卑庳，無觀臺榭，以崇大諸侯之館，館如公寢；庫廐繕修，司空以時平易道路，圬人以時塓館宮室。諸侯賓至，甸設庭燎，僕人巡宮；車馬有所，賓從有代，巾車脂轄，隸人、牧、圉各瞻其事，百官之屬各展其物。公不留賓，而亦無廢事。憂樂同之，事則巡之；教其不知，而恤其不足。賓至如歸，無寧菑

〔註82〕子產爲卿在魯襄公十九年（554B.C），時當其父司馬子國死於賊亂後九年，《傳》云：「鄭人使子展當國，子西聽政，立子產爲卿。」參魯襄公八年，子國責子產論獲蔡司馬公子燮將招大國楚、晉之師，謂子產爲「童子」，則二年後，子國死難，子產猶少，至九年後爲卿已成年。分見《左傳正義》，頁 0587、0520、0541。

〔註83〕侵小以壯大，例見魯成公八年（583B.C），晉使申公巫臣對莒君之言：「夫狡焉思啓封疆以利社稷者，何國蔑有？唯然，故多大國矣。」與魯襄公二十九年（544B.C），晉司馬女叔侯答晉平公，謂晉所以壯大，在并姬姓如虞、虢等諸小國，云：「若非侵小，將何所取？武、獻以下，兼國多矣。」分見《左傳正義》，頁 0446、0667。

> 患；不畏寇盜，而亦不患燥濕。今銅鞮之宮數里，而諸侯舍於隸人，
> 門不容車，而不可踰越；盜賊公行，而天厲不戒。賓見無時，命不
> 可知。若又勿壞，是無所藏弊以重罪也。

盟主有接待諸侯的館舍，尤其事情涉及諸侯輸貢納物，因此，館舍的相關設施、編制、庶務等，都有相應且合宜的規制。諸侯委輸與盟主命見，也都有常態的授受。至於毀館舍，事關當事雙方；盟主有責語，毀者亦不能沒有分說。觀子產所言，盟主設館且有專職之掌，早在晉文公時已立下相關的整套規模。綜合而言，文公爲盟主時，頗予諸侯方便，可見對諸侯來說，是一種尊重，也是文公善盡盟主之職的的當之舉。如今晉平公爲盟主，不僅侈大銅鞮之宮，荒廢諸侯館舍，使諸侯朝晉偁促已極；復以今日治安去文公之時不能以道里計，則諸侯不安，貢輸難保。如此危殆，又以賓見無時，命不可知，若有虧失，諸侯豈不獲罪不時。子產所述，在爲己身壞館舍之舉尋求理據，以晉爲盟主前後昔今的差異做爲比較的基礎，捨晉文公則無更好的例子；是以子產以晉文公任盟主的善行往史爲據，以折今日盟主晉平公的荒怠，正突顯自己的舉止有其正當性與合宜性。

子產的述史彰事以儆盟主，於鄭，不僅得見，且禮有加敬；於晉，則知盟主之失，更築館舍。凡此，都得歸功於子產的這番歷史史迹的陳論之辭，而叔向也讚許道：「子產有辭，諸侯賴之。」

魯昭公三年（539B.C），晉平公妾少姜將葬，鄭游吉與葬。晉梁丙、張趯認爲過禮。子太叔答以晉文、襄霸諸侯時，有「君薨，大夫弔，卿共葬事；夫人，士弔，大夫送葬」的命令。如今少姜爲妾，其會葬之制不見於文、襄霸主之命，鄭「唯懼獲戾」，才遣卿會葬。此事可說是權衡，也是變通，而其據以權變的乃「文、襄之命」，此亦援引晉史爲說。

魯昭公十三年（529B.C），諸侯盟於平丘，子產據西周制貢的輕重與爵位的關係，爭辯鄭爲男，不應從公、侯之貢。《傳》云：「自日中以爭，至于昏，晉人許之。」可見其中的分說必不只是寥寥數語，只是言不見於載記，不能臆斷其詳，唯觀子產破題首揭「昔天子班貢，輕重以列，列尊貢重，周之制也。卑而貢重者，甸服也。」則其自日中以爭，或多引史迹亦不無可能。退一步說，子產所說的天子班貢、周制云云，也是行自周初的史迹。〔註84〕

〔註84〕關於貢賦輕重與爵位關係並鄭伯爲男的意見，楊伯峻博引古今諸說，謂：「足
　　　證諸服之分是西周史實。」《春秋左傳注》，頁 1358、1359。

《傳》文雖不載引據史迹之詳言，但揭題之語亦以史實爲理據的基礎。子產自日中以爭，使鄭的貢賦得以寬減，而孔子也稱讚子產：「於是行也，足以爲國基矣。」

　　魯昭公十六年（526B.C），晉韓宣子聘鄭，得知鄭國商人處有自己環之一半，〔註85〕請於鄭定公，子產卻不答應，謂：「非官府之守器，寡君不知。」環之半不在官府，韓起乃買諸賈人。既成交後，商人還稱言「必告君大夫。」於是韓宣子請諸子產。子產則以鄭國先君與商人間互有盟誓的一段史迹折服韓起。《傳》：

> 子產對曰：「昔我先君桓公與商人皆出自周，庸次比耦以艾殺此地。斬之蓬、蒿、藜、藋，而共處之，世有盟誓，以相信也；曰：『爾無我叛，我無強賈，爾有利市寶賄，我勿與知。』恃此質誓，故能相保以至于今。今吾子以好來辱，而謂敝邑強奪商人，是教敝邑背盟誓也，毋乃不可乎！吾子得玉，而失諸侯，必不爲也。若大國令，而共無藝，鄭鄙邑也，亦弗爲也。僑若獻玉，不知所成。敢私布之。」
>
> 韓子辭玉，曰：「起不敏，敢求玉以徼二罪？敢辭之。」

子產說鄭國先君與商人皆出自周，則商人與鄭國公室本爲周姓族裔，有血親的親密關係，這是追溯來源，先點出二者間的親近性。其次指出彼此同心協力，共同經營新地，並立有盟誓，相互支援、信守，二百餘年來行之不變，是鄭國內部能相保最重要的依憑。身爲鄭國執政，如果依大國執政的要求，是爲強奪，有違傳統的盟誓；大國即使強求，鄭亦難以從命。子產上述的答語，口氣雖緩和，然而心意卻強直。其中所透露的不無鄭國立國以來與商人間共蒙其利的成規默契，此一消息反映了鄭國歷史發展的特殊性。子產溯其根源，述其關鍵，雖無長篇之論，卻已彰明自己不能強賈的理據。

　　前面所舉數例，都是鄭國知識分子在外交斡旋上徵引史迹以爲利國的理據。其中又以子產最爲突出。關於子產的作爲，檢索《左傳》，自魯襄公八年起，迄魯昭公二十年止，前後四十四年，見於《傳》文即有三十年，可見子產的活躍。向來論子產者集中在他存鄉校、作丘賦、鑄刑書、論魂魄、論天

〔註85〕《左傳》：「宣子有環，其一在鄭商。」《孔疏》謂環如璧，云：「韓子欲得而雙之。」《左傳正義》，頁 0827。則環與玦異。王國維〈說環玦〉則認爲古環一物可別分片。片整合爲環，闕其一則爲玦。並謂：「以此讀《左氏》，乃得其解」。《觀堂集林（外二種）》，頁 95。則韓起之環乃王氏所謂的玦。《孔疏》說雙，王氏稱闕，皆非完整，故此處言半。

道遠人道邇，與拒禜洧淵之龍等事。〔註 86〕這些當然都很重要，反映子產有比時人更爲開明、前瞻的眼光與見解。以本文此處的論旨來說，身爲執政，經常需要與列國周旋，其中多涉及迎拒取捨與依違進退時申揚的理據。在這種情況下，除了出以一般性的道德綱目之外，史迹的善於援用，是可以發揮相得益彰的效果的。以鄭國的處境來說，顧棟高訾評首鼠，以點鼠相比擬，這是鄭處強國之間，所以「委蛇以從時，權宜以濟變」的不得不然，也是勢所不能免。至於論及子產，則稱許他「能折衷大道」、「本之以禮，而善其辭令」。〔註 87〕馬驌博綜古今載述，謂鄭得子產爲政，「正鄭國，化弱爲彊之時也。而子產之賢足以任之，是以列國之君卿大夫，咸欽其人而重其才。外交固、內事舉，民賴以安，惠孔厚也。」〔註 88〕雖無特出之語，也算持平之論。至於高士奇，撮舉事略，對於獻捷、壞館垣、拒玉環等事，頗爲稱道，謂子產「多聞博物，又足以傾動四國之諸侯，而照耀壇坫。是以外捍牧圉，內庇民社」、「誠賢相矣」。〔註 89〕

（三）其餘諸國

1. 晉與鄭

晉叔向致書責備鄭子產鑄刑書。事在魯昭公六年（536B.C）《傳》：

> 曰：「始吾有虞於子，今則已矣。昔先王議事以制，不爲刑辟，懼
> 民之有爭心也。猶不可禁禦，是故閑之以義，糾之以政，行之以
> 禮，守之以信，奉之以仁；制以祿位，以勸其從；嚴斷刑罰，以
> 威其淫。懼其未也，故誨之以忠，聳之以行，教之以務，使之以
> 和，臨之以敬，涖之以彊，斷之以剛；猶求聖哲之上、明察之官、
> 忠信之長、慈惠之師，民於是乎可任使也，而不生禍亂。民知有
> 辟，則不忌於上。並有爭心，以徵於書，而徼幸以成之，弗可爲
> 矣。」

叔向首先指出對子產已經失望，文詞雖短，語氣卻苛。之所以失望，是因爲鑄刑書之舉，大大違背了長期以來主政者在刑律執行上不公開的慣例與原

〔註 86〕 上舉六例分別爲魯襄公三十一年，魯昭公四年、六年、七年、十八年、十九
年事。分見《左傳正義》，頁 0688、0732、0749、0764、0841、0846。
〔註 87〕 〈春秋鄭執政表・敍〉。《春秋大事表》，頁 1894。
〔註 88〕 《繹史》，頁 382。
〔註 89〕 《左傳紀事本末》，頁 646、647。

則，〔註90〕如此一來，人民將不再敬重統治者，一切以成文規定的律法爲依據，甚且人人有相爭之心，各引刑律作爲己證，使人人心存「徼幸」，國政將難有作爲。

實際上，叔向並不是不知道「刑辟」是早在三代時就已存在，因此他接著說夏作《禹刑》、商作《湯刑》、周作《九刑》；三代刑辟都是「作」，顯然是因應各時代的「亂政」而制作、執行的。叔向說此「三辟之興，皆叔世也」，意指三代有刑辟的制作，比起三代之前無有刑辟的「上世」而言，已是不如。〔註91〕因此，就統治之術來說，顯然不是好方法，而子產之前與如今的作爲——作封洫、立謗政、制參辟、鑄刑書——等事，皆與刑律的制作、公佈有關。想透過刑律安靖百姓，叔向認爲是難事，最好的方法是效法文王，以文王之德爲典型，不必依恃法律：

> 「《詩》曰：『儀式刑文王之德，日靖四方。』又曰：『儀刑文王，萬邦作孚。』如是，何辟之有？民知爭端矣，將棄禮而徵於書，錐刀之末，將盡爭之。亂獄滋豐，賄賂並行。終子之世，鄭其敗乎？肸聞之，『國將亡，必多制』，其此之謂乎！」

周文王作爲周室乃至春秋列國知識分子所欽嚮的典型，已是當代普遍的現象。以文王爲法，比起以三代刑辟爲師，更具有道德的崇高性。能夠師法良

〔註90〕「議事以制，不爲刑辟」，杜預注：「臨事制刑，不豫設法也。」《孔疏》申言：「不豫設法者，聖王雖制刑法，舉其大綱，但共犯一法，……。臨其時事，議其重輕；雖依準舊條，而斷有出入。……。不可一定故也。」《左傳正義》，頁 0749。則刑辟具有某種程度的彈性，久了極有可能成爲慣例、原則。《漢書·刑法志》引《左傳》此語，李奇注云：「先議其犯事，議定然後乃斷其罪，不爲一成之刑著於鼎也。」顏師古也說：「非不豫設，但弗宣露使人知之。」《補注》引王引之謂：「度事之輕重以斷其罪，不豫設爲定法也。」王先謙，《漢書補注》，頁 503。瞿同祖亦指其爲「無公開法律隨事議斷之意。」瞿同祖，《中國法律與中國社會》（台北：里仁書局，1994），頁 261。

〔註91〕關於「叔世」，杜預注云：「言刑書不起於始盛之世。」是「叔世」類如漸衰或衰亂之世。《孔疏》釋云：「言刑書不起於始盛之世議事制罪，叔世不能復，然采取上世決事之比，作書以爲後法。其事是始盛之事，作書於衰亂之時。」《左傳正義》，頁 0750。《孔疏》稱叔世作書，采上世決比，此「上世」爲盛世。《漢書·刑法志》論「肉刑」之制時說：「禹承堯、舜世後，自以德衰，而制肉刑，湯、武順而行之者，以俗薄於唐、虞故也。」王先謙云：「據此文，知班以肉刑始於夏禹，而叔向所云叔世，對上世言之。」《漢書補注》，頁 509。刑書或肉刑的制、行，是否始於夏禹，不能確知，以上面正文與此處注引，都以夏或禹爲上限；據此，所謂的「叔世」當可看成是與沒有刑辟之書、早於三代之前的「上世」的對文。

善的文王德信，根本無需任何文書化的刑律；不然，只依恃刑律，反將招來亂、亡。

叔向箴誡的現實與利害關係，從「民知有辟，則不忌於上」一語可知，他的顧慮主要是統治者掌握對刑罰判決上高下由己、重輕由心的主觀裁量特權，將會隨刑律的公開、書文具體化而失去。他所說的這一句話，與魯昭公二十九年（513B.C），孔子批評晉國鑄刑鼎的「民在鼎矣，何以尊貴」意思相同。前面所說的，整體而言，反映了當時代知識分子德禮刑政的觀念，與變異的時代潮流間的關係。子產在答書中感謝叔向的箴誡大惠，卻也以「救世」表明鑄刑書的初衷。就此而言，二人的目的實無不同，只是叔向偏於傳統舊制的維持；而爲了突顯傳統舊制最能達到「民可任使，不生禍亂」，除了強調普遍性的仁禮德敬等綱目的必要，更舉史迹做爲論據，比較彼此的得失利弊。

戎與晉

魯襄公十四年（559B.C），因吳敗於楚，諸侯使者會吳於向地，主會的晉國執政范宣子以晉君權威不如往昔係戎君洩語所致，將執戎子駒支，當面數說戎君之過，且追溯了一段晉、戎互動的往史。《傳》：

> （宣子）曰：「來！姜戎氏！昔秦人迫逐乃祖吾離于瓜州，乃祖吾離
> 被苫蓋、蒙荊棘以來歸我先君，我先君惠公有不腆之田，與女剖分
> 而食之。今諸侯之事我寡君不如昔者，蓋言語漏洩，則職女之由。
> 詰朝之事，爾無與焉。與，將執女。」

范宣子說的往史約爲百年前事（晉惠公於650～637B.C在位）。惠公予姜戎田地，使姜戎得免於因秦的侵逼而衰亡。范宣子說此一百年前的晉國恩澤，是爲了責備如今戎君所爲，使盟主晉悼公在諸侯間的威信大不如前。前者有矜誇恩惠之意，後者不免推卸、代罪之嫌，也顯示伯主之國的強橫。針對范宣子的責難，戎君駒支非但沒有唯諾俯從，反而就史論史，鋪陳了一番事正理順的述論：

> 對曰：「昔秦人負恃其眾，貪于土地，逐我諸戎。惠公蠲其大德，
> 謂我諸戎，是四嶽之裔胄也，毋是翦棄。賜我南鄙之田，狐狸所
> 居，豺狼所嗥。我諸戎除翦其荊棘，驅其狐狸豺狼，以爲先君不
> 侵不叛之臣，至于今不貳。昔文公與秦伐鄭，秦人竊與鄭盟，而
> 舍戍焉，於是乎有殽之師。晉禦其上，戎亢其下，秦師不復，我
> 諸戎實然。譬如捕鹿，晉人角之，諸戎掎之，與晉踣之。戎何以

不免？自是以來，晉之百役，與我諸戎相繼于時，以從執政，猶
郗志也，豈敢離遏？今官之師旅無乃實有所闕，以攜諸侯，而罪
我諸戎！我諸戎飲食衣服不與華同，贄幣不通，言語不達，何惡
之能爲？不與於會，亦無瞢焉。」賦〈青繩〉而退。宣子辭焉，
使即事於會，成愷悌也。

駒支首先肯定晉惠公顧念諸戎係「四嶽裔胄」，亦即遠古之時，唐堯的方伯，
姜姓後代，而賜地以爲避秦的蕃殖之資，使諸戎得以續存。其次論說諸戎以
晉恩爲念，末曾侵叛。同時盡力於襄助伯主，以魯僖公三十三年（627B.C）
晉、秦的郗役言，晉得以獲勝，諸戎之功不小；自此以後，晉諸次軍興，諸
戎皆在襄助之列。就這二點而言，晉對姜戎固然施恩在前，姜戎非但心存感
激，且以具體行動支持不懈，是姜戎的回報在後豈不遠過於晉之賜地。駒支
前述二端，是具體史迹，其後則從文化內容反駁范宣子的洩語之責。飲食衣
服、贄幣言語，涉及交流互動；前者尚且無礙信息相通上的準確、清晰，後
者則不易使「洩語」的條件得以坐實。二者是當時代文化行爲上的實際差別，
既然如此，戎君或戎人，何以能傳播不利於晉君、有損伯主威權的言詞。

　　綜合具體史迹與文化行爲，駒支可說是不卑不亢的強固他所指謫的論
理：「今官之師旅無乃實有所闕，以攜諸侯，而罪我諸戎！」罪在自取，過由
執政，〔註92〕我諸戎何罪之有。即使范宣子執意不讓姜戎與會，駒支說他「亦
無瞢」，意思便是沒有什麼憂愧不樂。

　　綜觀《左傳》，涉及四夷的人、事、言行舉止，多屬侵奪攻略，負面的譏
評最多，也很少記載人物的言行。類如駒支上述的引史申說，鋪陳理據，顯
彰事理，可謂是僅有。《傳》文說他能賦〈小雅·青蠅〉，且載宣子道歉，應
允與會爲「成愷悌」，則駒支能適時適性的以〈青蠅〉句：「愷悌君子，無信
讒言」諷諫，比較諸夏的知識分子，一點也不遜色；而他的歷史知識，也爲
他自己與姜戎爭得現實處境下有利的地位。

　　2. 越與吳

　　魯昭公二十二年（473B.C），越敗吳，吳王使王孫雒至越行成。數次請成，
皆爲范蠡所阻梗。然而吳使往而復來，辭愈卑，禮愈尊。越王幾乎要答應，
范蠡依然強諫不可，句踐於是要范蠡代己應對。〈越語下〉：

─────────────────────
〔註92〕　「官之師旅」，楊伯峻說是外交辭令上的客氣話，意即晉的執政。《春秋左傳
　　　　注》，頁1007。

> 范蠡乃左提鼓，右援枹，以應使者，曰：「昔者天降禍於越，委制於
> 吳，而吳不受。今將反此義以報此禍，吾王敢無聽天之命，而聽君
> 王之命乎？」

范蠡說的是二十年前吳敗越於夫椒並許越王講和之事，意在指出天與當取，
亦即當以近史爲誡。

> 王孫雒曰：「子范子，先人有言曰：『無助天爲虐，助天爲虐者不祥。』
> 今吳稻蟹不遺種，子將助天爲虐，不忌其不祥乎？」

王孫雒認爲所謂聽天命取人國爲助天爲虐，事屬不祥，請范蠡宜以爲戒。范
蠡則以現實利益爲考量，並簡要的追述越國的國史的特質，以區別王孫雒強
調的所謂「助天爲虐」。

> 范蠡曰：「王孫子，昔吾先君固周室之不成子也，故濱於東海之陂，
> 黿鼉魚鱉之與處，而鼃黽之與同渚。余雖靦然而人面哉，吾猶禽獸
> 也，又安知是諓諓者乎？」

范蠡的意思再明白不過了。他指出越國早期的歷史，自始即與周室關係不密，
〔註93〕長期處於濱海的邊陲之地，與諸夏迢隔，與土著爲近，雖貌如人面，
實爲禽獸，怎能知曉文飾巧辯的言辭。

范蠡如此自況，顯然是爲了拒絕王孫雒的求和，自是一番塘塞的外交詞
令。雖然，意在拒和而取以爲分疏的是對道德禮義的蔑視，此一心態之所以
可能，是因爲越國長期以來歷史發展所使然。因此，范蠡所說越國建國特質
如何，即便是文飾托辭，卻反映他藉此一模糊、簡略史迹以爲現實應對的一
種權變之資。〔註94〕

〔註93〕 韋昭注「周室之不成子」，云：「子，爵也。言越本蠻夷小國，於周室爵列
不能成子也。」《國語》，頁658。韋氏以「蠻夷小國」做爲越不能列爲爵稱
之國的原因，是出以中國蠻夷分疏的文化意識。從文章的脈絡而言，范蠡
的話是有當下的針對性，用意顯然是爲了反駁王孫雒「助天爲虐」此一含
攝道德性的指謫。因此，從封建文化衍生的「助虐」理據，對於以「禽獸」
自況的越人，王孫雒的禮義云云，又豈是越人所在意的。另，稽考先秦文
獻，「不成子」連文只此一見。從此處上下文來看，「不成子」文義類如魯
宣公初立時，太史克所指帝鴻氏有不才子八人的「不才子」；義近不善、不
德、不道等。總之，范蠡意在強調越國從原初到後續發展，與周室關係都
不算密切。

〔註94〕 范蠡此處所說的自況之語，取〈越語下〉所錄他的諫、答合觀，則其爲權變
之資將一目瞭然。按〈越語下〉記事共八則，無一不涉范蠡，稱〈越語下〉
爲范氏專篇亦不爲過。八則所記，頗多他自己所說的「諓諓之言」。

表六：列國自存申說（對外）

魯公紀年（西元前）	當事人	事　由	述論略要	出處
莊28（666）	齊桓公，魯卿臧文仲	魯饑饉，文仲持名器往齊請糴	述二國之君周公、太公掌諸侯所當祀，今魯饑乏祀，齊能賑乏，則二先君及百辟神祇亦得饗	《左傳》《國語·魯語上》
成8（583）	魯卿季文子，晉大夫韓穿	晉景公使韓穿往魯，請魯歸汶陽之田予齊。季文子私言韓穿，謂汶陽之田不可歸齊	述汶陽本魯故地，前為齊奪，復因晉用師故，又歸魯，此於史昭然。今更易前命，欲予齊，是信、義皆失	《左傳》
昭13（529）	魯卿子服惠伯，晉卿韓起	平丘將盟，邾、莒愬魯時侵二國，以致二國乏貢於晉。晉昭公不見魯公。及盟，且絕魯與邾，拘季孫。惠伯見執政韓起，有辯	惠伯舉晉、魯晚近相恤互濟之史迹，論魯在諸侯中，事晉最為盡力	《左傳》《國語·魯語下》
哀7（488）	魯使者子貢，吳太宰嚭	鄫之會，吳既索魯百牢，更召季康子，康子不往，太宰嚭責以「何禮？」康子使子貢往辭	子貢舉吳先祖太伯委端治周禮，而仲雍斷髮文身，不能以禮為拘，乃有其因應之必要。今康子不往，亦不能以禮責，亦因應故也	《左傳》
以上魯國				
僖30（630）	鄭大夫燭之武，秦穆公	秦、晉圍鄭，燭之武夜見秦穆公，請求退兵	燭之武舉晉惠公邇近許秦穆公地而食言之史迹。得解兵禍	《左傳》
文17（610）	鄭卿子家，晉卿趙盾	扈之會，晉靈公因鄭穆公親楚，不見鄭伯，子家修書與趙盾	子家論近溯遠，論鄭國朝晉不懈，即使朝楚，亦因鄭「居大國之間，而從於強令」，此齊桓、晉文亦不以過責	《左傳》
襄25（548）	鄭卿子產，晉卿士弱	鄭入陳，子產戎服獻捷於晉，士弱問陳之罪、何故侵小、何故戎服	子產先述周、陳舊史，鄭、陳往史，論姬周與鄭於陳數有功。而陳竟恃楚侵鄭，鄭既捷，故有獻。次述大國之大在於侵小，此一、二百年	《左傳》

			史實，非鄭唯然。終以戎服獻捷乃晉先君文公命鄭先君文公舊迹爲論	
襄31（542）	鄭卿子產，晉卿士匄	鄭簡公如晉、晉平公因魯襄公新喪，久舍鄭伯不見，子產乃壞館舍，士匄責之。子產有論	子產述晉文公爲盟主時，繕治館舍以處來晉諸侯，諸所治具、規制、儀節周備不殆。乃今晉君以己宮爲念，舍諸侯如隸人，豈可爲盟主	《左傳》
昭3（539）	鄭卿游吉，晉大夫梁丙、張趯	晉平公妾少姜將葬，游吉與送，梁、張謂過禮	游吉述此係往昔晉文公、襄公爲盟主時所制	《左傳》
昭13（529）	鄭卿子產，晉卿韓起	平丘之盟，貢賦各有等差，子產爭鄭所承太重	子產引述天子班貢，有其位重位輕相對負擔，鄭所出過制	《左傳》
昭16（526）	鄭卿子產，晉卿韓起	韓起聘鄭，求賈人環，子產止之。既得環，子產述史使起歸環	子產述鄭國先史，其先君與商賈有信約，韓起索環，是強鄭背盟誓	《左傳》
以上鄭國				
昭6（536）	晉卿叔向，鄭卿子產	鄭鑄刑書，叔向使遺子產書	叔向論治民原則不在刑辟，鑄刑書以靖民，古之所不爲	《左傳》
以上晉國				
襄14（559）	晉卿范宣子，戎君駒支	吳敗楚，諸侯大夫會於向，主會之范宣子謂晉君權威陵替係戎君洩語所致，將執駒支。二者各有說辭	宣子先述晉於戎有德，戎卻不思緬念且洩語毀晉君。駒支亦述其往史，詳言戎於晉盡心戮力以事，豈是忘恩之徒，乃晉威不振，實晉自啓，戎不受此責	《左傳》
以上姜戎				
哀22（473）	越大夫范蠡，吳王孫雒	越敗吳，吳王使王孫雒求成，范蠡止之	范蠡述越先君乃「周室之不成子」，故濱於海，不與華夏同其德禮之史	《國語·越語下》
以上越國				

本章結語

　　齊國的強大，有其地理之利與豐富資源，這是客觀的外在條件。齊桓公能成就霸業，多憑此條件；同時善用管仲之謀，而管仲之謀有其具體的措施之外，還強調某種文化精神的繼承、發揚。此一文化精神有它的源頭以及典型，亦即歷史上既存的「文、武遠績」。管仲在這方面只是提出準則性的概念，不過，也正是這一準則性的文化範式，才能突顯盟主以聖王為法的思維，且為武力舉措尋一道義基礎。以齊桓公為例，宋襄公個人主觀上的圖霸心思、舉措，在宋國知識分子的眼中，不僅大大違離文王伐崇的行為理據—德；同時也遠遠不如齊桓公存三亡國的義。若說管仲致力匡助桓公，係用心於霸業的正面鼓舞，則宋司馬子魚的諫止襄公，便是一種藉史以述霸業不足以力征的消極批判。

　　晉國的霸業，肇始文公，迄於春秋中晚期，中間多有與楚爭雄的角力過程。文公納襄王，是尊王的最具體舉措，而尊王即是尊周；此為晉國國史上曾有的史迹，文公取法往舊，且進一步成為諸夏國家的領袖，並確立其後晉國長為諸夏聯盟的伯主地位。在後續百餘年間，我們看到晉國身為諸夏領袖的確受到不同程度的挑戰，面對這種局勢，晉國的知識分子必須因應各種情況，思索對策，謀求解決之道。盟主、伯主要有實力，卻不能了無文飾；況且硬梆梆的實力未必能真正解決困境，這個時候，外之於實力的某些質素就不得不加以考慮。今日，我們不必依從任何的決定論來論證歷史發展，然而，春秋時代的知識分子或許頗致意於某種他們據以為立說的決定論（不管這種認知含有多大的隨意性、選擇性）；因此，指涉道德概括的歷史述論，就成了既可文飾又可為理據的圓證基礎。而此一性質的歷史述論，其核心的意旨也因此超出了單純的事實辨析，含攝具體而微的德性鋪陳。

　　上述的指涉內容，對諸夏國家領袖的晉如此，對被視為蠻夷的楚也是如此。楚得以長期稱雄南方，自莊王後且常常與晉抗衡，實力依然是最重要的因素。此外，我們也看到楚國的知識分子，事實上是多有文化深度，也有豐厚廣博的歷史知識。因此，當事涉主盟爭伯時，他們最常申揚的理據，本質上與諸夏國家並沒有太大的差別。他們歷史述論的張本，除了自己的國史迹轍，最多且最重要的是諸夏的往史，包括人與事莫不如此。從文化相互濡染的宏觀角度來看，也具實反映影響的層次深及思維內裡。

　　伯主代興，主要就那幾個強大的國家，即使強大且力可爭伯，卻也沒有

任何國家能夠永久稱伯，是以包含未主盟、非爲盟主，乃至即便身爲盟主時，其所涉事態未必是爭盟圖伯，而與其國家利益攸關者；並當時次要、未曾主盟的國家，涉及生存利益時，亦經常述論史迹，以爲辯理析義的理據。

春秋政治，權柄主要掌於列國的強宗巨室，國家生存的考量，主要也是貴胄宗族的利益思辨與應對。宗族掌控政權樞機，享此身分特權，爲保此特權，先得有所托庇；亦即個人庇於宗，而宗托於國。〔註95〕因此，「亡身」也好，「亡宗」也罷，終不能不有存國之思。

知識分子的存國之思，在前一章與本章前半已時有可見，本章的後半基本上可視爲補強，也是比較集中於個別國家及其知識分子。從簡單的分類——對內勸誡與外交應對——來看，文中所舉事例，涉及的莫不是利於國、利於君、利於執政的各種利弊的考量、申說；只是若只論當下事實，似乎有所不足。爲了強化論據，最直接的方式，便是引史爲據，據史顯理了。春秋交通頻仍，交聘、通好，往往在簡短精要的言辭交鋒之間，蘊藏著各種轉化的可能，亦即隱括了各種利弊的候轉機括，是以言辭不得不愼，且又要婉轉；即便強直以對，若能文飾以時人所共知的史迹，不僅增強事態的理據，也可舒緩當下的緊繃氣氛。外交應對如此，對內勸誡亦然。

綜合二章，復以數言略申大意。朱子一生爲學、教人，以《經》爲宗，卻也自稱「平生不敢說《春秋》」，以「去聖人千百年後，如何得知聖人之心」故。對《春秋》如此，至於《左傳》，就不是「不敢說」的敬謹恭恪的心思，而有不宜看的心理，謂：「人若讀得《左傳》熟，直是會趨利避害」，又說：「仲舒云：『仁人正其誼不謀其利，明其道不計其功。』一部《左傳》無此一句。」雖然，朱子也承認《左氏》是史學，「記得事卻詳」。《左傳》存春秋人、事，而人世紛紛，一己之身以至宗族、國家的生存考慮，不可能不表現在禍福利害的取捨趨避上。朱子的批評，從另一個角度來看，不也說明《左傳》中知識分子的言行舉止的利害考量，其實也是當代普遍實存的現象，除非我們能

〔註95〕春秋雖常見流徙出奔者，然而能如蔡聲子所說「楚材晉用」，或如伍氏奔吳的受重用且揚名者終是少數。〈晉語四〉記曹伯（共公）不禮出亡的晉公子重耳時，說：「諸侯之亡公子其多矣，誰不過此！亡者皆無禮者也，余焉能盡禮焉！」《國語》，頁347。曹共公的話包括出亡者多的事實，此見諸《左傳》、《國語》，史足爲證。另一方面，則指涉到貴族社會的身分行宜判準——禮——的規範。二者都不離貴族社會權威的含攝內容，亦即不見容於本宗或本國。是人庇於宗，宗托於國。鄭游吉的「亡身」、「亡宗」與「國政」之利的分辨，多少反映國若不存，宗亦無托的現實；不管執政爲誰。

證成這些知識分子的言辭全係《左傳》成書者的自己創造，否則，《左傳》常見禍福利害的強調，只能是春秋時期知識分子的時代意識的產物。〔註96〕至於「用記言的方式，求達到明德之目的，所以偏重說理」的《國語》，〔註97〕亦可作如是觀。「明德」固然是《國語》的本質，唯欲其彰明猶賴言辭、理據，而言辭、理據常涉史迹；廣義而言，目的彰顯與方法、手段間是有機的關係。明德的體認，言者聽者互合符契，不也是一種普遍的福、利思維的具現。

〔註96〕 朱子便說：「《左傳》、《國語》周人說底話，多有好處。也是文、武、周公立學校，教養得許多人，所以傳得這些言語」、「《左傳》、《國語》惟是周室一種士大夫說得道理大故細密。這便是文、武、周、召在王國立學校，教得人恁地。惟是周室人會恁地說。」《朱子語類》卷第八十二〈詩二·崧高〉，頁 58；卷第八十三〈春秋·綱領〉，頁 12。有教養、善言語，便是《左傳》、《國語》中的知識分子，不是二書的成書者。

〔註97〕 張以仁，〈從《國語》與《左傳》本質上的差異試論後人對《國語》的批評〉。《春秋史論集》，頁 179。

結　論

　　歷史進程是一條緩慢且曲折的長路，歷史內容經緯萬端，而歷史的複雜現象，歷經時空場域的變異，遺留下來的景象，總有巨大、晦暗的空區。

　　歷史研究，基本的前提是對象與現象。屬於人群活動的各種各類足堪探究的問題，便是歷史研究的對象，而這些叢脞駢生的問題，實際上多少會呈露在個別的或聚合的現象上；不論如何，對象與現象之間是有機的聯繫，彼此互爲因果，二者相扣影響。簡言之，現象的揭露、疏通、詮釋，有助於對象的彰明具現；雖然如此，事實依然有它的局限與困境。對象與現象的揭示與體現，可以是可能，或者說是期望與理想中的可能，存在著主觀預期與客觀制約間，難以全然跨越的障礙、阻絕。因此，不可避免的是，在進行歷史研究時，對於對象與現象的揭示、體現，往往需視所能掌握的資料而定。這種情形，是歷史研究先天上的制約，尤其是以遙遠的古史研究爲然。

　　本文研究的時間縱深集中在商、周，尤其是西周以及東周前半的春秋時期，時間的跨度不可謂不長。當然，本文的論旨不在研究此一長時段的歷史內容，僅在於處理此一長時段的歷史時期裡身處其中的知識分子，如何看待歷史上已經發生，以及當下正在發生的現象與他們的歷史知識的運用之間，存在何種聯繫。

　　在疏理前述的命題上，本文所能選擇的對象範圍必然會受到限制，所以就對象的普遍化而言，明顯不足。個人了解，同時也虛心的承認，這樣的缺陷是由論旨所決定的。既然要討論此一長時段的歷史述論，便已預設一個根本性、針對性的對象；亦即不論是「述」還是「論」，都要有一定的知識，甚至也要具有一定的角色、身分，才有機會有可能進行此一知性的活動。知識，當採用最

爲寬廣的定義──具有相應於個人得以在社會生活中取得必要資源的技術──時，〔註1〕不免過於籠統。做爲社會研究，這種指涉有它方法論的好處，可以比較全面且普遍的呈現，只是就遠古的歷史研究而言，它極端欠缺最基本且必要的參酌資料，也就不可能有什麼具體的事例、證據，當然也不可能憑空的以任何學說或模式來彰顯意義。因此，本文基於研究的旨意，不論是外在、客觀的資料依據，或是內在、主觀的命題探討，就只能是這種工藝指涉之外的一群人。亦即具有文字書寫、資料閱讀、言詞修飾、事態描繪、迹象傳述、理據鋪陳，乃至意義申彰等文化行爲與文化思維能力的一群人。

就時代發展的脈絡來說，文字和言詞相關的知識，一方面構成歷史，也漸次的形成載籍；另一方面，此一形態的歷史、載籍又成爲知識分子在進行歷史述論時的主要依憑。這樣的一群所謂的知識分子，已不能以工藝知識類型加以概括，即使以本文的時間斷限時期的先秦知識分子，在深致其意的研究者眼中，可能還夠不上被稱爲知識分子；這主要是緣於研究者在關懷取向上，認定這一時期的知識分子在深度、廣度乃至特殊性與普遍性上有明顯的不足。〔註2〕個人認爲，時代的發展動力固然是多方面的共同構成，可是其中總有部分特爲殊要的一群人。春秋之前，做爲歷史場域裡最爲殊要的一群人，就是前面所說具有文字書寫等能力、條件的文化行爲者與文化思維者。這樣一群人的行動固然不能構成完整的歷史面貌，只是不能不承認，沒有這一群

〔註1〕 波蘭社會學者茲納涅茨基 （Florian Znaniecki）在其代表作《知識人的社會角色》裡，即揭示道：「知識是所有社會角色的先決條件」。這種說法偏向於純工具與技能，也就是一般性的謀生條件。茲納涅茨基知道如此定義「知識人」（The man of Knowledge）不足以說明「知識人」在個人性的工具技能條件外，還有他作爲文化角色的意涵；因此，他進一步將知識大別爲「工藝知識」與「文化知識」。前者指的是作爲個別的社會人的一般性角色及其緊緊依賴的技能，後者則是殊別前一類型，是「被認爲比其他人聰明，並被公認爲是現實中的衝突所產生的社會──或更一般地──文化問題的思想指導者。」前者可稱爲「技術專家」，至於後者，茲納涅茨基給它一個借自古代的名字──「聖哲」。說詳茲納涅茨基著，郟斌祥譯、鄭也夫校，《知識人的社會角色》（南京：譯林出版社，2002），頁17～63。引文見頁17、18、50。

〔註2〕 這種區別與指涉是從深刻與求全的心理出發的，也是從文化思維的深度期許的層次加以界定的。以漢語世界的歷史研究對此一名詞的致意與疏通，最爲學者樂道的意義指涉，是此一名詞背後被賦予的深刻的、大群體的承負與自覺。基於這一前提，中國古代的人物，有資格被稱爲知識分子的，就只能是春秋末期以後的先秦諸子──尤其是儒家型。此一觀點可以余英時一系列與知識分子相關的研究爲代表。

人在歷史舞臺扮演主軸的角色，歷史縱然繼續進行，恐怕其面相不只會全然不同，而歷史的大舞臺上也將只剩下一大片的模糊光影。進一步說，歷史上如果只剩一大群徒具工藝知識的「技術專家」，整個文化累積與傳承，將會是什麼景況？不是在貶低工藝知識或技術專家，但是個人主觀的認知是，文化的累積與傳承必然導向另一方向。在此前提下，後此而產生的所謂深刻且以大群體的承負爲己任，自覺意識高漲的知識分子，恐怕不可能出現。準此而論，本文所選擇的人物主體，即使不能符合嚴格定義的知識分子，不妨視之爲長時段歷史進程中最珍貴的社會群體——知識分子——之形成所必經的過渡產物，它具有某種程度的根源性與蛻變性。

這個時期的知識分子具有文化行爲與文化思維的能力，此可無庸置疑。而此一能力的呈現，於今追索，只能從有限的記載中加以理解。由於春秋之前沒有私人的著作，所有訊息的記載絕大部分只能推到某一類型的「執技之士」（最主要的是史官），主要是一種集體性的書寫產物，也是集合性的、彙編纂集的「載籍」（文本），〔註3〕是以，本文所說的知識分子及其歷史述論，是指「載籍中」的知識分子及其歷史述論，而不是「載籍」本身（或其可考知的彙纂、修作者如孔子、左丘明）的歷史述論。

總結本文各章的討論，除了各章結語所述，進一步就整體的內容脈絡與題旨，約括以下幾點初步的結論：

一、歷史述論的雛形藉巫、史、瞽奠立

史迹傳述，依附口誦與文字形式。文字肇始之初，形義不能充足完備，且以書寫工具受制刀契與骨甲，多有不便；復因文字具有權威象徵，掌握在

〔註3〕　關於文本（Text）以及與之相關的複雜、多樣性的語彙及指涉，是晚近西方文化論述的重要概念。它的提出，首先是針對文學的創作、閱讀、詮釋、批評等範疇賦予理論；繼則擴大到各種文化表現型態，因此有各類複雜、多義的內涵、指涉。這方面的要略說明可參考彼得・布魯克（Peter Brooker）著，王志弘、李根芳譯，《文化理論詞彙》，頁 22、128、195、380。上述的文本及相關的論述範疇，與這裡所說的文本唯一有關的是：作爲呈現書寫內容的原始、或可能經裁製卻是目前所能見到最早的資料。依傳統的說法是「載籍」，如《史記・伯夷列傳》的「載籍雖博，猶考信於六藝。」《漢書・司馬遷傳・贊》所說的：「自古書契之作而有史官，其載籍博矣。」《新校本史記三家注》，頁。《新校本漢書》，頁。雖然時下學界喜言文本，就本文而言，稱「載籍」於義已足，且可免去過多的名詞糾葛。

極少數人的手裏，無法使更多人有接觸的機緣。因而，口誦的「音聲之傳」、歌舞之頌以及簡約之辭，便只在重要的政治與宗教活動場合，由政教密合的政治領袖、神職人員以及「執技事上」的專業、專職人員加以展現。這種歷史述論，不論形式或實質，都不可能有多詳細的呈現，也不容易考知其中的原型知識分子的歷史意識；尤其是宗教性格比較濃厚鮮明的巫覡，基本上，巫覡在歷史知識的親近上是有其直接且當下的便利。一般而言，巫覡在進行祭祀儀式的過程中，針對所祈所禱的人事對象，向冥冥的天、帝、鬼、神訴說目的時，可能將相關於古今的人、事，以頌禱聲歌舞樂的儀式展現出來。既然祭祝行爲的主要對象是鬼神、祖宗，禱祝的意圖在祈福攘凶，針對性與目的性既集中且明確，是以誦記的歷史內涵也就充滿了神話與傳說的色彩。如此，歷史述論之於巫覡，只能是類如格套，機械般的複誦。在某種程度上，巫覡也可視之爲具工藝知識的「技術專家」，不過，由於巫覡所參與的是政治、宗教的活動，而在「國之大事，在祀與戎」的遠古時代，此一「技術專家」與一般謀生式的「技術專家」還是有其本質上的差異；這種差異，主要是在文化累積與傳承上，亦即巫覡類如格套、機械式的歷史述論，爲文字書寫提供了必要素材。

相較於巫覡，史官一方面具有書寫能力，能將當下的言辭行事如實直書；二方面因其爲政治體系中，常態且重要的職官成員，常有機會接觸到各種重大事務的討論，包括世俗性的政務；三方面因其嫻熟既往，多曉人事之興壞成敗，當其有發言機會時，往往有所申彰發揮。簡言之，史官既擁有充分參與重大政務的討論之便的身分，與書寫載記的角色，並有發言的機會，對於既往的追溯，不再只停留於宗教祭祀活動中的詠誦；對於現實世界的種種發展變化，除了加以保留記載，也賦予必要的說明或解釋。史官，一方面隨著職事的專業化，表現出忠於職業的直書性格，一方面則運用豐富的歷史知識，對於當世重大的人、事，提出某種意義指涉的刺譏規諫或臧否月旦，大爲提高了歷史認識與現世陳述的連結。在文化累積與傳承上，比巫覡更爲關鍵，在文化創造上，也體現了屬於史官的角色自覺。

史官具有如此質素，自是不能只以「技術專家」視之，毋寧將其視爲一種前面所說的蛻變型的知識分子，一如本文所舉，眾多的知識分子一般。

至於瞽或瞽師，據載能「諷誦詩」、「爲詩」，與史共職天子聽政時的「教誨」之責，甚而能曉天時、陰陽變異同周行的「天道」，也是具有宗教與俗世

性格的多知多識之人。因此，在遙遠的古代，目盲而心明的瞽或瞽師，在職事上的行使，多少也體現了對歷史過往的些許記憶與述論內容。

　　上述三種角色，共同形成古代中國歷史世界圖像呈現的載記與傳述者，追本溯源，這三種「執技事上」的知識分子，對於歷史述論傳統的形成或建立，有其原初的角色與根源性的意義；他們是載籍型態形成過程中，重要的資訊提供者、保存者，同時也是運用者。他們既專業性的從事「技術專家」的工作，也多少運用他們所熟悉的歷史知識，在有機會的情境下，進行歷史的述論，在整個古代中國的知識界，他們是最早顯示歷史述論型態的一群人。

二、歷史述論中時見國族意識

　　歷史，對後之來者而言，是過往的複合體，也是客觀性的存在。即使如此，也不容易得出不涉價值評騭或價值取捨的科學實證的理性分析與證成。從古代中國的歷史載籍來看，這種客觀、理性的歷史一直就不曾存在過。歷史，向來是以深具價值評價與價值判斷、取拾的內涵呈現它本身的特質與屬性，因此也就不免時時可見有「當時」、「此地」意志與意識貫穿其間。換言之，載籍中知識分子的歷史述論呈現了這群人的價值關懷，也襯托出他們的意義寄託。此一傾向，就人群結構而言，可說是統治階層的族群意識。

　　三代的政權，是以氏族或其集團為基礎。任何一個氏族的出現都有它的根源，它的生存也都曾面臨複雜、難困的挑戰、考驗，它的發展、壯大，成為集團領袖乃至天下共主，無一不是對各種不利因素的克服，或將不利的因素轉變成有利的條件，在困阨的環境、杌隉的時局中創造族群生存、茁壯的契機。

　　族群發展的歷史，載籍所見三代的影像以周代較詳，夏代幾乎闕如，即使有些許線索，也是模糊不清，更根本的是，個人無從確知這些微弱的歷史線索是否夏代後人對其族史的追溯。是以關乎夏代的族群歷史意識，無以得見。相較於夏，殷商時已有冊有典，且有「瞽宗之學」以教宗子。冊、典載筆，瞽宗傳言，文、辭相輔，雖然詳情如何，不得而知；然則以殷人卜筮頻仍，尊神先鬼，祭祀合歌樂舞，自有祝禱之詞。冊、典除載「殷革夏命」這一政權轉移的最後事實，理應還包括革命前後，殷商知識分子記下的當時之事，《尚書》裡周公數稱「殷先哲王」云云，除非是周公有意捏造，不然必有所據。只是周公的用意在告誡勖勉，取資不免是選擇性的。這樣的族群歷史述論，不好說是商人後代的意識。若〈盤庚〉三篇，主旨環繞著對族群發展

歷史傳統的繼承，當下困境的克服，以及後嗣綿衍的思慮，其中已多少傳達群族發展的歷史意識。這裡，族群與個人（或說共主集團中的各個亞族）是一體的，唯有彼此協力同心，完成「底定四方」的先王志業，才能確保所有氏族的生存與發展。

〈盤庚〉中的族群意識藉由籠統的先王「不常厥邑」，原則性的責求氏族成員，雖然不夠具體，不過身爲氏族集團的成員，對於集團共主與自己先人和共主之間的過往史迹，不會懵懂無知；因此，當盤庚如此昭示時，成員對於彼此共同建構的族群歷史，不會沒有繼往思來的緬念、惕勵意識。

比〈盤庚〉更爲完備、具體、鮮明的族群歷史述論是〈商頌〉。孔穎達認爲〈商頌〉是「死後頌德」。〈商頌〉從廟歌言是「頌」先賢王之「德」，從商人的歷史說，則是載籍所見最初的國族發展的概括、濃縮。〈商頌〉諸篇章，極大程度反映出殷商族群之成爲天下共主的要略歷程。〈商頌〉所重在征伐拓土、受命以及再征伐拓土，終至奄有天下，明顯的呈現殷商（或其後代）知識分子對自己國族歷史的榮光，深致情思。〈商頌〉如此集中於武烈、受命的主調，自然不能詳備其漫長史迹，卻也因〈商頌〉的集中、針對，適突顯殷商知識分子的歷史述論的寄意，在於藉由祖靈的召喚，再現族群歷史最彰明的內涵。復有可言，當春秋時期，周的親戚與國動輒文昭武穆、周公之胤、太公之嗣以顯彰自己時，爲「周客」的宋能引以爲榮，能與之頡頏，甚至進思圖霸所需的精神意識，除了國族曾經有過的赫赫史迹，可有其它？是以〈商頌〉既是「頌德」，也反映了爲〈頌〉者與歌〈頌〉者的族群意識。

對於族群意識的張揚，周代的知識分子可謂是三代之最。周以小邦起於西土，迭經努力日以茁壯，即使有天下三分之二的諸侯歸心，進而摧折了大國殷，猶且戒愼恐懼說自己是小邦小國，彷彿辛苦掙來的天下，隨時都會失去。這一層精神上的緊繃，緣於對政權移轉的歷史經驗與實證的體認。俗世的政權，顯赫如夏、商，到了周代，只剩下歷史載籍中的一些文字編碼；只是這些文字編碼對周人來說不只是符號，更是活生生的實例，也是刺激思慮的題材。夏、商失政覆亡，在行爲層面是人謀的不臧，之所以如此，是因爲對於「舊」、「先」的悖離，亦即對國族歷史內涵的輕視。

周代知識分子的族群意識，從《詩經》與《尚書》可見其大概。《詩經》裏的歷史述論，有比較清楚的國史建構內容。從具有神話性質的始祖降生開始，確立天眷與人力突圍交構而成的國史緒章。后稷肇周，是在困阨的考驗

下，憑藉人事的努力而得到族群生存的契機。后稷之後，數世闕如，其詳難解，若以繼之而起的公劉及其後四代先王的歷史述論來看，他們的作爲多少反映周族曾經長時期的晦暗；此一晦暗史迹大概是周族只能勉強存續，而欠缺任何重大發展、突破的消極守成階段。公劉以至武王，周族五世其昌，伐紂爲共主，是周族國史長篇中最光彩的部份；雖然，周代知識分子尚且深懷憂患。透過對這些先王個人的頌詠，突出他們爲國家榮光所做出的貢獻，也透過《尚書》中的誥、命，針對且規範的將國族史迹移諸時主人君或封建親戚、輔弼命臣。

周人於己族發展的歷史，意識上有其敬誠憂思，就文化深度而言，顯然是超邁夏、商二代。而此一國族意識的形成，反映尚文的周代知識分子對國族命脈綿衍的深致敬意。

〈頌〉、〈雅〉用於廟祀、宴饗；《尚書》號令，期責王室、貴族。周族史迹賴此保存，先人史影依此彰明；文言事理，時見覃思，是周族國史意識重在憂患。進一步說，憂患意識之所以深刻，是來自對於族群突困歷史的緬念，對於族群興盛歷史的珍惜，對於現今成就的戰兢履臨，以及對於前此失政者的借鑑取資；四者共同形成此一政治的與文化的思維。其中，抽離了國族歷史述論，將少去必要的證成基礎。就此而言，周代的族群（國史）意識與周代知識分子的歷史述論，是有其清晰內在聯繫的。

三、確立典範殷鑑，〔註4〕並以爲依違取捨

《詩經》、《尚書》、《左傳》乃至《逸周書》、《國語》，諸載籍中知識分子歷史述論的人、事對象，最常見到的是一些可供追嚮、足堪垂訓、宜爲師法、

〔註4〕　「典範」一詞，在漢語文化裡，長期以來都有清楚的意義指涉，要言之，不外乎對賢良聖哲人物的言行舉止足堪取法的概括；簡言之，便是「典型模範」，含括對人的求全型塑。這種意義指涉，在漢語文化中的文史哲範疇裡，根本不必加以說明。只是晚近西方的科學研究，有以「典範」（Paradigms）作爲「公認的科學成就，在某一段期間內，它們對於科學家社群而言，是研究工作所要解決的問題與解答的範例。」因而，「典範」成了既是「（學科）團體信念的集合體」，也是「共享的範例」。總之，它是學科研究的意義共識。這樣的Paradigms，實際與這裡的「典範」幾無關涉。Paradigms 雖非孔恩（Thomas S. Kuhn）最早提出，卻是在他手中得到廣泛、深入的詮釋。詳孔恩著，程樹德等譯，《科學革命的結構》（The Structure of Scientific Revolutions）（台北：遠流出版公司，2002）。引文見頁 38、241、247。

理當深思的典範、原則以及覆轍借鏡的誡鑑。

在漫長的歷史階段，人物的特質或性格決定了作爲，同時；經由作爲的呈現，也適度的反映人物的特質或性格。歷史既然因人而存在，必然也因人而彰顯。對於歷史進行述論，也就含攝了對人物，尤其是對重要人物的述論。中國遠古的歷史，從載籍來說，一直是以人爲主。所謂的記言、記事，從行爲的主體言，其實就是指人；即便此人偏向於神話、傳說的成分，指的依然是人。〔註5〕更清楚的說，即使此人有「神化」的成分，要突顯的仍是此人作爲「人」——而非作爲「神」——較諸一般人更具有殊異質素。

歷史人物，在後人的認知裡常常被區分爲正、反。這種區分自是簡單且粗糙的，卻不能否認它具有方便與直接的化約作用。問題也許不在於它是否周延、全面、精確，而是這種認知含括的主觀意圖，它明顯的揭示，藉由兩極化的定調，賦予人物一個再清晰不過的形象，並由此塑造出依違取捨的範式。載籍中這兩類型的人物，經常出現在知識分子的歷史述論裡。試加以初步的統計，發現正面人物出現的次數多過於反面人物，以人物所屬時代而分，周族或周代的人物最多，以個別的人物言，則以西周建國前後階段的幾個人君時主或輔弼命臣爲衆。這種情況很大一部分的原因是緣於載籍中的時代有先後，時段也有短長；因此，較後的典範、殷鑑就不可能出現在先前載籍中知識分子的歷史述論裡。另一重要因素是這些載籍，都彙纂於「郁郁乎文」的兩周時期。

典範與殷鑑，亦即正面與反面，從本文的討論來看，論意義，都具有正面的導引意義，論目的，不離興壞成敗的比較取捨，論性質，不脫政治的實際情狀。歷史人物及其言行，經過當時記錄者的描繪，是否有所變形不敢說；可以無疑的是，後之來者在他的歷史述論裡必以此爲張本，至於他是否會加以改造，則牽涉到他的運用方式、目的。就此而言，知識分子歷史述論中的

〔註5〕有學者認爲，古史傳說人物的出現，「是人——神——人，歷史——神話——歷史長期變化的結果。」同時指出有一個所謂「神話歷史化」的時期，並將它劃分成三階段：殷商的萌發階段，西周的發展成熟階段以及春秋的結束階段。「神話歷史化」的現象，體現了「通過把人變爲神和把神變爲人來造出一批神人合一，半神半人式的『超人』來體現統治階級的意志和歷史觀念。」參見趙沛霖，《先秦神話思維史論》（北京：學苑出版社，2002）。引文見頁28、55、56、87。就神話學而論，此說有理，畢竟神是人的意志的產物。恰恰如此，以歷史而言，人所傳誦、載記的神，正是人自己創造的。準此，人既可依自己的意志創造神，如此，將人（或者說英雄）變爲神，將神變爲人（英雄），不可或缺的主體是人。

歷史人物及其言行，可能與歷史眞實會有所差距，但在取資者毋寧是信以爲
眞。典範與殷鑑，衍遞日久，最初的面貌與愈後的形象可能演化的加深加重
加大，多少從不同階段知識分子的歷史述論裡見其大概，一般而言，有愈後
愈明、愈詳、愈大；而意義也愈複雜的趨勢，不論是正、反面人物。可以說，
歷史述論一方面含攝了人物的典範、殷鑑，使其得以不間斷的傳衍。一方面，
隨著歷史述論的針對性、目的性需求，往往有所擴充申張，積累日久，此一
典範、殷鑑又得到更多元的發展。

四、史述常涉興廢因果證成的理據

　　常言道：「理有必然，勢有必至」。說明凡百事務，總存在著某種規律，
從經驗論而言，指涉了前後延續、互爲作用的因果關係。歷史，自是不宜單
純且機械的用任何規律加以概括，尤其是歷史的研究。不過，有意思的是，
歷史研究之外的認識歷史、述論歷史的知識分子將如何解釋、理解他們所知
道的歷史現象。更清楚的說，歷史既然是已成結果的事實，不論此一結果的
事實與過程中眞確的事實存在多大的落差，最終所見、所聞、所傳聞如此，
〔註6〕要想得到某種認識，不能不陳明之所以如此的原因。所以，因果關係
不是現代歷史研究的金科玉律，可是對於古代的知識分子，卻是認識歷史、
述論歷史的方便法門。

　　因果，指「當時」、「此地」最當下可察覺的現象，與其前、後的關係。
前此種種存在並其醞釀、沈積，隨時空移遷，看似模糊、淡化、遠颺；實際
是隱晦、幽微卻不曾消散。待得時機合宜，便攢聚迸發，遂有或好或壞，或
深或淺……等等的結果。而此結果又不只是「果」而已。單純的「果」是指
「到此爲止」，意味一切歸零。事實可能是，除非眞能完全割絕，否則難以如
此。以人爲例，一個人之所以是今日的局面，總可尋繹出個大概的歷程，多
年後亦然；因此，除非當下即死，才有可能是「到此爲止」的果，不然，它
正在使自己成爲下一階段的「因」。歷史，在本文所稱的知識分子的認識裏，
雖不完全像單一個人生命歷程的生死成敗，卻也有其形式上的相似。簡言之，

〔註6〕　「所見異辭、所聞異辭、所傳聞異辭」語出《公羊傳》，分見隱公元年、桓
　　　　公二年以及哀公十四年。《公羊傳注疏》，頁 0017、0048、0357。其中以哀
　　　　公十四年釋「西狩獲麟」並論《春秋》始、終，文義較清楚。就非現代專
　　　　門學科研究的知識分子而言，獲得知識並進而應用、發揮的憑藉，也不外
　　　　乎此。

二者都是有機的，有其肇果之因，也有其轉因之果。舉例來說，當周公誠惶憂思，諄告勘勉周人，時時提及夏、商歷史的興廢，莫不明揭此一因果之間的必然。揭明此刻的成敗的因果必然，事實便含括了對當下之果的轉化思維：善果善保，便能成為得保善待良遇之因，反之亦然。

　　當時、此地的遭遇，好壞是非之間，當事態未達鮮明時，如何辨知？或是當以言詞分說時，事態發展的理據可能為真？更進一步說，這種言詞上的理據可有任何的實效？一般而言，除非是純抽象的思維，例如：白馬非馬、我非我……；人通常是經驗性的，依賴自己也參酌別人的經驗，擷此現實也汲取過往的經驗。這種經驗，主要是一般性具體的經驗，偶而會有些許抽象的經驗，二者會有不同程度的相互轉化，端視取資者的個人特質。例如：堯、舜、禹、湯、文、武的經驗，永遠不會是齊桓、晉文、叔向、子產以及一切後之來者的經驗。這些所謂的聖賢，他們被強化的個人形象以及超邁的質素，使他們成為典範，他們也因此而成就了足堪歌頌的事功；而桀、紂、幽、厲反是。先秦知識分子的歷史述論未曾離事空言，都是即事以言理，循理以顯事之可否；而證成言理事據的，最方便、易懂的是取譬於曾經的、或遠或近的歷史經驗。類此，大至天下、國家大政大事，小至一己一家的生存；上自聖賢豪傑，下到厮役承事，當他們必須為他們自身的角色、身分所應承擔的責任，或大（天下、國家）或小（一人一室）的以言詞為說時，往往便引據歷史以為證成。

　　以上四點結論可視為論題主旨的概括，此外，個人尚有二點看法，係由全文討論的脈絡延伸出來的，附記如下：

　　首先是關於這群知識分子的歷史述論，經常有應宜而發的情況，因此，並沒有所謂的系統、體系。

　　歷史與史學，前者是現象表述，有其對象的事實基礎以為其依託；也有其呈現的鋪陳意義、價值賦予。後者則指陳學術形成、發展，長期以來逐漸積累屬於該領域範疇的體例與系統，使歷史的記載有一定的大格套，使歷史現象的呈露有一定的探索、研討方法；也使片面、孤立、隨機的意義解讀與價值判斷、透過此體例、系統，得有周延深刻的展現。

　　歷史，一如本文所呈現的，就先秦知識分子而言，只能說他們有歷史意識，將歷史看成已然的真實。面對當下人、事的應對，運用他們信以為真的史迹以為理據張目才是最確實、最當下的目的。他們取資於已存的「見、聞、

傳聞」，方便於爲自己的言、行圓證，而不是具體、周詳的反覆證成其言、行。
眾所周知，像後面這種做法，已近似學科化的研究了；對於先秦的知識分子
與歷史的關係，或說與歷史述論之間的關係，更完整的將三者連結一起，再
怎麼說都不能歸之於這種意指的研究。進一步來說，他們的歷史意識是基於
明確的現世目的而成其爲有意義的「知識」──一種當下的激發，針對性明
顯的隨機取資，明白曉暢的利弊取譬，宜然當否的必要抉擇。這樣的意識也
可以說是一種思考，一種聯繫「目的」與「手段」的思考，〔註7〕卻不是爲了
通達所述論而進行學科屬性上，各種體例的創發、模型（方法）的提出、對
象的範疇化；簡言之，他們的歷史述論不具有後世的史學方法或史學意識所
高揭，複雜多樣、精細縝密的理論面目或研究旨趣。他們絕大部分不是史官，
而即便史官有其職事性質，甚有進一步的角色自覺；前者記事記言，忠於所
職如一般，後者奮死直書如齊史，或正色斥駁如董狐，說他們有歷史意識則
可，要說他們有近於學科屬性上的史學意識，恐怕言過其實。〔註8〕

　　先秦知識分子的歷史述論，雖然含攝了國族（族群）意識的凝煉，典範
殷鑑的致意，言、事理據的取資，卻也不敢說他們的述論有任何可以稱爲體
例、系統的條件。個人當然知道這一群知識分子的歷史述論，向來就是隨人、

〔註7〕　馬克斯・韋伯在其〈社會科學認識和社會政策認識中的「客觀」〉一文中，如
　　　　此寫道：「一切關於人類有意義的基本成分的思考，首先與「目的」和「手段」
　　　　這兩個範疇直接聯繫在一起。」收入馬克斯・韋伯著，韓水法、莫茜譯，《社
　　　　會科學方法論》（北京：中央編譯出版社，2002），頁4。就人對言、行所期而
　　　　言，這種聯繫可能存有程度上的差別，也因而有成效的顯、晦。至於「一切
　　　　關於人類有意義」的「思考」，可能牽涉到更複雜的「認識論」問題。個人只
　　　　能假設知識分子所進行的「思考」，至少是「有意義」的。而從本文的討論裏，
　　　　相信多少呈現了這一點。
〔註8〕　董狐之例，深被稱頌。孔子讚其「書法不隱」而使「良大夫」趙盾「爲法受
　　　　惡」。中間當事二者，對於「法」各有其堅持與尊重。而所謂的法，依當時的
　　　　文化情狀，當指載諸簡冊的相關成例，除了「君舉必書」，並依其與封建禮制
　　　　相合的身分、角色的言行之當否加以某種臧否月旦。董狐責趙盾：「子爲正卿，
　　　　亡不越竟，反不討賊」，意思豈不清楚？董狐如此書寫，包括了對傳統的歷史
　　　　書寫的繼承，也反映事實不應刻意掩飾，應讓它具實呈現，以爲後之來者取
　　　　資。其中，好的善的，固然不怕書載，壞的惡的，就需一番遮掩了。宋華督
　　　　得罪（弒）宋殤公，衛甯惠子出其君，名在「諸侯之策」。（分見文公十五年、
　　　　襄公二十年《傳》文。《左傳正義》，頁0337、0589。）華督宴居亞旅（上大
　　　　夫），因曾祖弒君而自爲抑退；惠子望其子爲之掩惡始卒，皆此中文辭不待多
　　　　言而觀者自明其義。也是秉筆者心中有保存當世之事以爲後來之史的意識，
　　　　是所謂歷史意識。

事之宜,而爲之申說的;因此,多少有狀況發言的趨向,所以,後世所見的言論,總是類似語錄,不足成其深入、周延的體系。這是受當時學術文化環境所決定的現實,千百年後若以體系云云規範,恐怕是過責古人了。退一步說,歷史果真有用(從本文的討論,這一問題對當時的知識分子而言,根本是多餘),只要言明成敗利鈍,而說者聽者彼此心知肚明,不必如今日論史,纍纍長篇。如此的歷史述論,實利一點,已很足夠。就以後代中國知識分子來說,除非專業史家或特別致意史著、史述者,對於歷史的述論,與先秦知識分子並無本質上的差異。

其次是這群知識分子在進行歷史述論時,擁有比後世更大的揄揚月旦的言論空間。

縱觀《左傳》、《國語》,個中人、事錯綜複雜。數百年間,君臣相與,同僚互動,與國交好,敵國相手;或在廟堂,或在盟會,或在師旅,或在宴饗。言辭機鋒,既可啓小大怨隙,積淺深仇釁,暴不測衝突;也可緩繃弓氣氛,紓誤會疑惑,醒朦昧昏瞶,弭兵戎慘烈。言辭就像刀劍,既可傷人,也可救人;當然,一旦操作不當,也可能傷了自己。總之,言辭不可不慎。歷史斑斑,以言賈禍,因言殺身的,所在多有,此中常見訾議當道,諫諷執政而遭致不測者。以此爲據,當回顧《左傳》與《國語》中的知識分子與他們的言論之間並不存在這種危險時,不得不爲當時知識分子能有此「言論自由」感到高興,也不得不爲秦漢以後大一統帝國體制下,那些因忠言賈禍,因直諫受辱、遭刑的知識分子,深致哀情。

《左傳》、《國語》中知識分子巧妙的運用語言技巧,將歷史的往舊迹轍穿插在整體的言辭論述裡,傳達了他們的思維、見解。「言以足志,文以足言」,孔子引古《志》書之語,贊許子產爲獻入陳之捷辯;並說:「不言,誰知其志,言之無文,行而不遠。」〔註9〕志以言明,只是言辭不能不加講求、修飾;言辭有時雖可單刀直入,有時又不好太過於直接,適當的取譬,往往可成爲言辭的張力,達到一定的效果。《左傳》、《國語》中知識分子既善言也能言,激言也婉言,訾言也美言,其中常涉及歷史迹轍。數百年以降,前後不絕。如果說任何的現象(包括言論)都具體而微反映了一時代的精神、實質,則《左傳》、《國語》中知識分子在言論上的指涉對象與內容,實際上有很大程度是直接針對權威者,如國君、執政。然而,這些最有權威的人,不論知識分子的言論是否自

〔註9〕詳魯襄公二十五年《傳》文。《左傳正義》,頁0623。

己所喜聞，也不論其中的建議是否爲己所用，充其量是不聽、不納，不見這些權威者強以怒責，更別說是加以罪刑了。這種情狀所涉及的問題很多，不是這裏所能說明的，只是從本文的整個脈絡延續下來，發現有此現象。個人認爲，權威者不管緣於何種因由而不責罪當代的知識分子，他們的這一舉措，至少不會帶給所有言以表志的知識分子有壓力感。當然，個人不知道當時的知識分子，是否因此而持續的將歷史迹轍充當言論的理據；至少，從本文中，經常可見相關的歷史述論，不時出現在《左傳》、《國語》中。

　　余英時在《歷史與思想》的〈自序〉裡提到，現代社會的知識分子與知識從業員（mental technician）的區別，在於對群體與一己所懷抱利害得失的關心致意。這樣的區別涉及角色的意義。但余氏也說，在價值上，二者不必然有絕對的高下。〔註10〕先秦的知識分子，事實上很難用現代語意的知識分子、知識從業員，或是茲納湟茨基的技術專家、聖哲加以單一的定義。他們的從業員、專家的要素或許多一些，卻也兼具些許知識分子與文化知識傾向的聖哲特質。簡言之，是承負與自覺程度上的差別。試想，周公的保民思想，子產的「爭承」，邾文公的「利民則遷」，師曠的石言係應「宮室崇侈，民力彫盡」；乃至時時可見的反戰、止戰的思維。凡此，雖說有爲其所屬階層而發的利益考量，然而，平情而論，人民最直接的感受是加諸其身的各種負擔；設使統治階層不橫加徵歛，能稍自克制，則負擔多少不至於隨時轉嫁到人民的身上。且看深爲後世讚許稱頌的歷史上的聖哲，他們人格之所以偉大，不也恰恰就在「以天下爲己任」此一懷抱的推擴。

　　孟子說：「人皆可以爲堯舜」，〔註11〕這句高度自期期人的話，恰好反映孟子當代的人幾乎沒有一個人是堯或舜。道德承負與自覺可以是像孟子這種人的一生懸命，甚至是宗教情懷，它也鼓舞了一群後之來者的知識分子，使後代的知識分子有一個自我安措的精神原鄉，同時也是「心嚮往之」的心理終極，因此，也是特高的難度。退一步，四端的執持，對前述的高度企及，或可說具體而微吧。孔子稱許子產「有君子之道四焉：其行己也恭，其事上也敬，其養民也惠，其使民也義」，〔註12〕四者而民居其半。統治階層任何的一念倐轉，都牽動底層社會的生活。本文所討論的知識分子，幾乎全屬統治

〔註10〕《歷史與思想》（台北：聯經出版公司，1981），頁 3。
〔註11〕《孟子·告子下》。《孟子注疏》，頁 0210。
〔註12〕《論語·公冶長》。《論語注疏》，頁 0044。

階層的基本成員，從這一層面來看，凝聚國族意識、取法典範、論證興廢，雖為一己階層的謀慮多，唯其所責求在於使在上者臻於良善；上能為良善，則下亦受益。余英時所意指價值上不必然有絕對的高下，移諸先秦知識分子的身上，或也不為太過。

徵引與參考書目

一、古　籍（含古今人注疏等，依時間先後為序）

1. 王弼、韓康伯注，孔穎達等疏，《周易正義》。
2. 孔安國傳，孔穎達等疏，《尚書正義》。
3. 毛公傳，鄭玄箋，孔穎達等正義，《毛詩正義》。
4. 鄭玄注，賈公彥疏，《周禮注疏》。
5. 鄭玄注，孔穎達等正義，《禮記正義》。
6. 鄭玄注，賈公彥疏，《儀禮注疏》。
7. 杜預注，孔穎達等正義，《春秋左傳正義》。
8. 公羊壽傳，何休解詁，徐彥疏，《春秋公羊傳注疏》。
9. 穀梁赤傳，范甯集解，楊士勛疏，《春秋穀梁傳注疏》。
10. 何晏注，邢昺疏，《論語注疏》。
11. 唐玄宗注，邢昺疏，《孝經注疏》。
12. 郭璞注，邢昺疏，《爾雅注疏》。
13. 趙歧注，孫奭（或作邢昺）疏，《孟子注疏》——清阮元用文選樓藏本校勘嘉慶二十年重刊宋本《十三經注疏》（台北：新文豐出版公司，未署出版年）。
14. 伏勝，《尚書大傳》，收入《影印叢書集成續編‧漢魏遺書鈔》（台北：藝文印書館，1970 年）。
15. 朱熹，《詩集傳》（香港：中華書局，1976 年）。
16. 胡承珙，《毛詩後箋》（台北：新文豐出版公司，1989 年）。
17. 姚際恆，《詩經通論》（台北：廣文書局，1961 年）。

18. 方玉潤，《詩經原始》，收錄於《續修四庫全書》編委會編，《續修四庫全書》七三・經部・詩類（上海：上海古籍出版社據北京大學圖書館藏清同治十年隴東分署刻本影印，原書未署出版年份）。

19. 沈鎬，《毛詩傳箋異義解》收錄於《續修四庫全書》編委會編，《續修四庫全書》七三・經部・詩類（上海：上海古籍出版社據北京大學圖書館藏清同治十年隴東分署刻本影印，原書未署出版年份）。

20. 方宗誠，《說詩章義》收錄於《續修四庫全書》編委會編，《續修四庫全書》七三・經部・詩類（上海：上海古籍出版社據北京大學圖書館藏清同治十年隴東分署刻本影印，原書未署出版年份）。

21. 屈萬里，《詩經詮釋》（台北：聯經出版公司，1983 年）。

22. 李辰冬，《詩經通釋》（台北：水牛出版社，1996 年）。

23. 程俊英、蔣見元，《詩經注析》（北京：中華書局，1996 年）。

24. 蔡沈，《書經集註》（台北：新陸書局，1986 年）。

25. 孫星衍著，陳抗、盛冬鈴點校，《尚書今古文注疏》（北京：中華書局，1998 年）。

26. 屈萬里，《尚書集釋》（台北：聯經出版公司，2001 年）。

27. 黃懷信、張懋鎔、田旭東撰，李學勤審定，《逸周書彙校集注》（上海：上海古籍出版社，1995 年）。

28. 杜預，《春秋經傳集解》（上海：上海古籍出版社，1988 年）。

29. 洪亮吉，《春秋左傳詁》（北京：中華書局，1987 年）。

30. 顧棟高，《春秋大事表》（北京：中華書局，1993 年）。

31. 高士奇，《左傳紀事本末》（台北：里仁書局，1981 年）。

32. 楊伯峻，《春秋左傳注》（台北：源流出版社，1982 年）。

33. 陳立，《公羊義疏》（台北：鼎文書局，1973 年）。

34. 鍾文烝，《春秋穀梁經傳補注》（北京：中華書局，1996 年）。

35. 韋昭注，《國語》（台北：宏業書局，1980 年）。

36. 易中天注釋，《新譯國語讀本》（台北：三民書局，1995 年）。

37. 朱熹，《四書集注》（台北：漢京文化，1983 年）。

38. 程樹德，《論語集釋》（台北：藝文印書館，1998 年）。

39. 焦循，《孟子正義》（北京：中華書局，1998 年）。

40. 楊伯峻，《列子集釋》（北京：中華書局，1996 年）。

41. 吳則虞，《晏子春秋集釋》（台北：鼎文書局，1977 年）。

42. 孫詒讓，《墨子閒詁》（台北：華正書局，1987 年）。

43. 郭慶藩，《莊子集釋》（台北：河洛圖書出版社，1980 年）。

44. 王先謙，《荀子集解》（北京：中華書局，1997 年）。

45. 李滌生，《荀子集釋》（台北：學生書局，1988 年）。

46. 王夫之，《楚辭通釋》（台北：里仁書局，1981 年）。

47. 蔣天樞，《楚辭校釋》（上海：上海古籍出版社，1989 年）。

48. 陳奇猷，《韓非子新校注》（上海：上海古籍出版社，2000 年）。

49. 王利器，《呂氏春秋注疏》（成都：巴蜀書社，2002 年）。

50. 陳奇猷，《呂氏春秋校釋》（上海：學林出版社，1995 年）。

51. 張雙棣，《淮南子校釋》（北京：北京大學出版社，1997 年）。

52. 司馬遷，《新校本史記三家注》（台北：鼎文書局，1984 年）。

53. 司馬遷著，瀧川資言考證，《史記會注考證》（台北：洪氏出版社，1981年）。

54. 班固，《新校本漢書》（台北：鼎文書局，1979 年）。

55. 王先謙，《漢書補注》（台北：藝文印書館，1982 年）。

56. 劉向編著，石光瑛校釋、陳新整理，《新序校釋》（北京：中華書局，2001年）。

57. 黃暉，《論衡校釋》（北京：中華書局，1995 年）。

58. 段玉裁，《段氏說文解字注》（台北：文化圖書公司，1985 年）。

59. 袁珂，《山海經校注》（台北：里仁書局，1982 年）。

60. 王國維校，《水經注校》（台北：新文豐出版公司，1987 年）。

61. 詹鍈，《文心雕龍義證》（上海：上海古籍出版社，1994 年）。

62. 嚴可均輯，《全上古三代秦漢三國六朝文》（北京：中華書局，1995 年）。

63. 劉知幾著，浦起龍釋、呂思勉評，《史通釋評》（台北：華世出版社，1981年）。

64. 柳宗元，《河東先生集》（北京：中華書局，1964 年）。

65. 蘇軾著，傅成、穆儔標點，《蘇軾全集》（上海：上海古籍出版社，2000年）。

66. 朱熹，《朱子語類》（北京：中華書局，1999 年）。

67. 顧炎武著，黃汝成釋，《日知錄集釋》（台北：台灣中華局，1984 年）。

68. 章學誠著，葉瑛校注，《文史通義校注校讎通義校注》（台北：頂淵文化，2002 年）。

69. 馬驌，《繹史》（上海：上海古籍出版社，1993 年）。

70. 崔述，《考信錄》續修四庫全書本（上海：上海古籍出版社，未署出版年年）。

71. 朱彝尊，《經義考》（台北：世界書局，1986 年）。

72. 王引之，《經義述聞》（台北：廣文書局，1971 年）。

73. 皮錫瑞，《經學通論》（北京：中華書局，1995 年）。

二、一般書籍（含專書、論文集、學位論文依姓氏筆畫）

（一）專書、論文集

1. 丁山，《中國古代宗教與神話考》（北京：科學出版社，1961 年）。

2. 丁山，《商周史料考證》（北京：中華書局，1988 年）。

3. 丁山，《甲骨文所見氏族及其制度》（北京：中華書局，1999 年）。

4. 于省吾，《尚書新證》（台北：崧高出版社，1985 年）。

5. 于省吾，《雙劍誃吉金文選》（北京：中華書局，1998 年）。

6. 于省吾，《甲骨文字釋林》（北京：中華書局，1999 年）。

7. 于省吾，《澤螺居詩經新證澤螺居楚辭新證》（北京：中華書局，2003 年）。

8. 中國先秦史學會、洛陽市第二文物工作隊編，《夏文化研究論集》（北京：中華書局，1996 年）。

9. 中國詩經學會編，《詩經研究叢刊》第三輯（北京：學苑出版社，2002 年）。

10. 方述鑫，《殷虛卜辭斷代研究》（台北：文津出版社，1992 年）。

11. 方詩銘、王修齡，《古本竹書紀年輯證》（台北：華世出版社，1983 年）。

12. 王暉，《周商文化比較研究》（北京：人民出版社，2001 年）。

13. 王仲孚，《中國上古史專題研究》（台北：五南圖書，1996 年）。

14. 王仲孚編，《中國上古史論文摘要》（台北：國立編譯館，2002 年）。

15. 王宇信，《西周甲骨探論》（手抄本，缺出版相關資料，李學勤〈序〉署年：1983 年）。

16. 王廷洽，《中國早期知識分子的社會職能》（鄭州：河南人民出版社，1997 年）。

17. 王長華，《春秋戰國士人與政治》（上海：上海人民出版社，1997 年）。

18. 王健文，《戰國諸子的古聖王傳說及其思想史意義》（台北：國。

19. 立臺灣大學出版委員會，1987 年）。

20. 王國維，《經學研究論集》（台北：黎明文化，1981 年）。

21. 王國維，《古史新證——王國維最後講義》（北京：清華大學出版社，1996 年）。

22. 王國維，《觀堂集林（外二種）》（石家莊：河北教出版社，2002 年）。

23. 王晴佳，《西方的歷史觀念：從古希臘到現代》（台北：允晨文化，1998年）。

24. 王晴佳、古偉瀛，《後現代與歷史學中西比較》（台北：巨流圖書公司，2000年）。

25. 王貴民，《商周制度考信》（台北：明文書局，1989年）。

26. 王葆玹，《今古文經學新論》（北京：中國社會科學出版社，1997年）。

27. 王靜芝，《詩經通釋》（台北：輔大文學院，1969年）。

28. 北大歷史系考古教研室商周組編著，《商周考古》（北京：文物出版社，1979年）。

29. 朱廷獻，《尚書研究》（台北：臺灣商務印書館，1987年）。

30. 朱芳圃編，《甲骨學商史編》（香港：香港書店，1973年）。

31. 朱貽庭主編，《中國傳統倫理思想史》（上海：華東師範大學出版社，1994年）。

32. 朱維錚，《中國經學史十講》（上海：復旦大學出版社，2002年）。

33. 朱鳳瀚、徐勇編著，《先秦史研究概要》（天津：天津教育出版社，1996年）。

34. 朱鳳瀚、張榮明，《西周諸王年代研究》（貴陽：貴州人民出版社，1998年）。

35. 何兆武主編，《歷史理論與史學理論──近現代西方史學著作選》（北京：商務印書館，1999年）。

36. 余英時，《中國知識階層史論古代篇》（台北：聯經出版公司，1980年）。

37. 余英時，《歷史與思想》（台北：聯經出版公司，1981年）。

38. 余英時，《史學與傳統》（台北：時報出版公司，1982年）。

39. 余英時，《論戴震與章學誠：清代中期學術思想史研究》（台北：東大圖書公司，1996年）。

40. 余英時，《樂師與史官──傳統政治文化與政治制度論集》（北京：三聯書店，2001年）。

41. 余英時，《士與中國文化》（上海：上海人民出版社，2003年）。

42. 吳浩坤、潘悠，《中國甲骨學史》（台北：貫雅文化，1990年）。

43. 宋兆麟，《巫與巫術》（四川：四川民族出版社，1989年）。

44. 岑仲勉，《兩周文史論叢》（北京：中華書局，1958年）。

45. 李孝定，《甲骨文集釋》史語所專刊之五十（台北：中央研究院，1970年）。

46. 李孝定，《漢字的起源與演變論叢》（台北：聯經出版公司，1997年）。

47. 李辰冬，《詩經通釋》（台北：水牛出版社，1971 年）。

48. 李亞農，《李亞農史論集》（上海：人民出版社，1978 年）。

49. 李宗侗，《中國古代社會史》（台北：中華出版事業委員會，1954 年）。

50. 李振興，《尚書學述》（台北：東大圖書公司，1994 年）。

51. 李國章、趙昌平主編，《中華文史論叢》第七十七輯（上海：上海古籍出版社，2004 年）。

52. 李啓原編著，《左傳著述考》（台北：國立編譯館，2003 年）。

53. 李新霖，《從左傳論春秋時代之政治倫理》（台北：文津出版社，1991 年）。

54. 李學勤，《東周與秦代文明》（台北：駱駝出版社，1983 年）。

55. 李學勤，《周易經傳溯源》（高雄：麗文文化，1995 年）。

56. 李學勤、彭裕商，《殷墟甲骨分期研究》（上海：上海古籍出版社，1996 年）。

57. 李學勤、郭志坤，《中國古史尋證》（上海：上海科技教育出版社，2002 年）。

58. 李澤厚，《中國古代思想史論》（台北：三民書局，2000 年）。

59. 杜正勝編，《中國上古史論文選集》（台北：華世出版社，1979 年）。

60. 杜正勝編，《古代社會與國家》（台北：允晨文化，1992 年）。

61. 杜松柏編，《《尚書》類聚初集》（台北：新文豐出版公司，1984 年）。

62. 杜維運，《史學方法論》增訂新版（台北：三民書局，2003 年）。

63. 杜維運、黃進興編，《中國史學史論文選集》（台北：華世出版社，1979 年）。

64. 沈玉成、劉寧，《春秋左傳學史稿》（南京：江蘇古籍出版社，2000 年）。

65. 阮芝生，《從公羊學論春秋的性質》（台北：國立臺灣大學出版委員會，1969 年）。

66. 周予同著，朱維錚編，《周予同經學史論著選集（增訂本）》（上海：上海人民出版社，1996 年）。

67. 周法高主編，《金文詁林》（香港：中文大學，1975 年）。

68. 周策縱，《古巫醫與「六詩」考——中國浪漫文學探源》（台北：聯經出版公司，1989 年）。

69. 李旭昇，《詩經古義新證》（台北：文史哲出版社，1995 年）。

70. 屈萬里，《先秦文史資料考辨》（台北：聯經出版公司，1983 年）。

71. 屈萬里，《書傭論學集》（台北：聯經出版公司，1984 年）。

72. 林安梧，《中國近代思想觀念史論》（台北：學生書局，1995 年）。

73. 林慶彰主編，《經學研究論著目錄》一、二、三（台北：漢學研究中心，

1989、1995、2002 年)。

74. 林慶彰主編,《(1950～2000)五十年來的經學研究》(台北:學生書局,2003 年)。

75. 金春峰,《周官之成書及其反映的文化與時代新考》(台北:東大圖書公司,1993 年)。

76. 金景芳,《中國奴隸社會史》(上海:上海人民出版社,1993 年)。

77. 金景芳、呂紹綱,《《尚書·虞夏書》新解》(瀋陽:遼寧古籍出版社,1996 年)。

78. 金開誠,《屈原辭研究》(南京:江蘇古籍出版社,1992 年)。

79. 金毓黻,《中國史學史》(台北:鼎文書局,1998 年)。

80. 侯外廬主編,《中國思想通史》第一卷(北京:人民出版社,1957 年)。

81. 姜廣輝主編,《中國經學思想史》卷一、二(北京:中華社會科學出版社,2003 年)。

82. 姚小鷗,《詩經三頌與先秦禮樂文化》(北京:北京廣播學苑出版社,2000 年)。

83. 姚曼波,《《春秋》考論》(南京:江蘇古籍出版社,2002 年)。

84. 胡厚宣主編,《甲骨文合集》(北京:中華書局,1979 年)。

85. 胡厚宣主編,《甲骨學商史論叢初集(外一集)》(石家莊:河北教育出版社,2002 年)。

86. 胡厚宣、胡振宇,《殷商史》(上海:上海人民出版社,2003 年)。

87. 夏傳才,《思無邪齋詩經論稿》(北京:學苑出版社,2000 年)。

88. 夏傳才,《詩經研究史概要》(台北:萬卷樓圖書公司,1993 年)。

89. 孫曜編,《春秋時代之世族》(上海:中華書局,1931 年)。

90. 孫作雲,《詩經與周代社會研究》(北京:中華書局,1966 年)。

91. 徐浩、侯建新,《當代西方史學流派》(台北:昭明出版社,2001 年)。

92. 徐旭生,《中國古史的傳說時代》(北京:科學出版社,1960 年)。

93. 徐復觀,《中國經學史的基礎》(台北:學生書局,1982 年)。

94. 徐復觀,《兩漢思想史》(台北:學生書局,1984 年)。

95. 徐復觀,《中國人性論史》(台北:商務印書館,1990 年)。

96. 馬宗霍,《中國經學史》(台北:商務印書館,1986 年)。

97. 康有為,《新學偽經考》(北京:三聯書店,1998 年)。

98. 張以仁,《國語斠證》(台北:商務印書館,1969 年)。

99. 張以仁,《國語左傳論集》(台北:東昇出版公司,1980 年)。

100. 張以仁,《春秋史論集》(台北:聯經出版公司,1990 年)。

101. 張光直,《中國青銅器時代》(台北:聯經出版公司,1983 年)。

102. 張光直,《中國青銅器時代(第二集)》(台北:聯經出版公司,1990 年)。

103. 張光直,《中國考古學論文集》(台北:聯經出版公司,1995 年)。

104. 張亞初、劉雨,《西周金文官制研究》(北京:中華書局,1986 年)。

105. 張松如,《商頌研究》(天津:南開大學出版社,1995 年)。

106. 張松如、郭杰,《周族史詩研究》(長春:長春出版社,1998 年)。

107. 張秉權,《甲骨文與甲骨學》(台北:國立編譯館,1988 年)。

108. 張啓成,《詩經風雅頌研究論稿》(北京:學苑出版社,2003 年)。

109. 張紫晨,《中國巫術》(上海:三聯書店,1990 年)。

110. 張榮明,《殷商政治與宗教》(台北:五南圖書,1997 年)。

111. 張端穗,《左傳思想探微》(台北:學海出版社,1987 年)。

112. 張廣智、張廣勇,《史學:文化中的文化》(台北:淑馨出版社,1994 年)。

113. 張鶴泉,《周代祭祀研究》(台北:文津出版社,1993 年)。

114. 許倬雲主編,《中國上古史論文選輯》(國立臺灣大學歷史系選輯)(台北:
台聯國風,1966 年)。

115. 許倬雲主編,《求古編》(台北:聯經出版社,1989 年)。

116. 許倬雲主編,《西周史(增訂版)》(台北:聯經出版公司,1990 年)。

117. 許倬雲主編,《中國古代文化的特質》(台北:聯經出版社,1991 年)。

118. 許倬雲主編,《許倬雲自選集》(上海:上海教育出版社,2002 年)。

119. 許錟輝編著,《尚書著述考》(台北:國立編譯館,2003 年)。

120. 郭沫若,《青銅時代》(重慶:文治出版社,1945 年)。

121. 郭偉川編,《周公攝政稱王與周初史事論集》(北京:北京圖書館出版社,
1998 年)。

122. 郭寶鈞,《商周青銅器綜合研究》(北京:文物出版社,1981 年)。

123. 郭寶鈞,《中國青銅器石代》(台北:駱駝出版社,1987 年)。

124. 陳來,《古代宗教與倫理——儒家思想的根源》(北京:三聯書店,1996
年)。

125. 陳來,《古代思想文化的世界——春秋時代的宗教、倫理與社會思想》(北
京:三聯書店,2002 年)。

126. 陳槃,《不見于春秋大事表之春秋方國稿》史語所專刊之五十九(台北:
中央研究院,1982 年)。

127. 陳槃,《左氏春秋義例辨(重訂再版本)》史語所專刊之十七(台北:商

務印書館，1993 年）。

128. 陳啓雲，《中國古代思想文化的歷史論析》（北京：北京大學出版社，2001年）。

129. 陳夢家，《殷墟卜辭綜述》（北京：科學出版社，1956 年）。

130. 陳夢家，《尚書通論》（石家莊：河北教育出版社，2001 年）。

131. 章太炎，《春秋左傳讀春秋左傳讀叙錄駁箴膏肓評》（台北：學海出版社，1984 年）。

132. 章太炎，《章太炎全集》（上海：上海出版社，1985 年）。

133. 傅修延，《先秦敘事研究——關於中國敘事傳統的形成》（北京：東方出版社，1999 年）。

134. 傅斯年，《性命古訓辨證》（台北：新文豐出版公司，1985。

135. 傅斯年，《民族與古代中國》（石家莊：河北教育出版社，2002 年）。

136. 單周堯，《左傳學論集》（台北：文史哲出版社，2000 年）。

137. 彭林編，《經學研究論文選》（上海：上海書店出版社，2002 年）。

138. 斯維至，《中國古代社會文化論稿》（台北：允晨文化，1997 年）。

139. 曾勤良，《左傳引詩賦詩之詩教研究》（台北：文津出版社，1993 年）。

140. 童書業，《春秋史》（台北：開明書店，1978 年）。

141. 童書業，《春秋左傳研究》（上海：人民出版社，1980 年）。

142. 華中師範大學歷史系中國古代史教研室編，《中國古代史論集》（武漢：華中師範大學出版社，2001 年）。

143. 馮浩非，《歷代詩經論說述評》（北京：中華書局，2003 年）。

144. 黃凡，《周易——商周之交史事錄》（汕頭：汕頭大學出版社，1995 年）。

145. 黃俊傑，《春秋戰國時代尚賢政治的理論與實際》（台北：問學出版社，1977 年）。

146. 黃然偉，《殷周史料論集》（香港：三聯書店，1995 年）。

147. 黃進興，《歷史主義與歷史理論》（台北：允晨文化，1992 年）。

148. 黃懷信，《古文獻與古史考論》（濟南：齊魯書社，2003 年）。

149. 楊寬，《古史新探》（北京：中華書局，1965 年）。

150. 楊寬，《戰國史增訂本》（台北：谷風出版社，1986 年）。

151. 楊寬，《西周史》（台北：商務印書館，1999 年）。

152. 楊寬，《楊寬古史論文選集》（上海：上海人民出版社，2003 年）。

153. 楊陽，《王權的圖騰化——政教合一與中國社會》（杭州：浙江人民出版社，2000 年）。

154. 楊向奎,《宗周社會與禮樂文明修訂本》(北京:人民出版社,1997 年)。

155. 楊向時,《左傳賦詩引詩考》(台北:中華叢書編審委員會,1972 年)。

156. 楊希枚,《先秦文化史論集》(北京:中國社會科學出版社,1995 年)。

157. 楊朝明,《儒家文獻與早期儒學研究》(濟南:齊魯書社,2002 年)。

158. 楊儒賓、黃俊傑編,《中國古代思維方式探討》(台北:正中書局,1996 年)。

159. 楊樹達,《積微居金文說甲文說(合訂本)》(台北:大通書局,1971 年)。

160. 楊樹達,《積微居讀書記》(台北:大通書局,1976 年)。

161. 葉政欣,《杜預及其春秋左氏學》(台北:文津出版社,1989 年)。

162. 葉達雄師,《西周政治史研究》(台北:明文書局,1982 年)。

163. 葛荃,《權力宰制理性──士人、傳統政治文化與中國社會》(天津:南開大學出版社,2003 年)。

164. 董作賓、胡厚宣,《甲骨年表正續合編》線裝本,中研院史語所單刊乙種之四(台北:中央研究院,1976 再版年)。

165. 董作賓,《殷曆譜》(台北:中央研究院,1990 年)。

166. 董金裕等編,《十三經論著目錄》(台北:洪葉文化,2000)全八冊。

167. 裘錫圭,《古代文史研究新探》(南京:江蘇古籍出版社,2000 年)。

168. 雷家驥,《中古史學觀念史》(台北:學生書局,1988 年)。

169. 聞一多,《神話與詩》(台中:藍燈出版社,1975 年)。

170. 蒙文通,《蒙文通文集(第三卷)經史抉原》(成都:巴蜀書社,1995 年)。

171. 趙生群,《《春秋》經傳研究》(上海:上海古籍出版社,2000 年)。

172. 趙沛霖,《先秦神話思維史論》(北京:學苑出版社,2002 年)。

173. 齊思和,《中國史探研》(台北:弘文館出版社,1985 年)。

174. 趙制陽,《詩經名著評介》一、二、三(分由台北:學生書局、五南圖書、萬卷樓出版,1983、1993、1999 年)。

175. 劉桓,《甲骨徵史》手抄本(哈爾濱:黑龍江教育出版社,2002 年)。

176. 劉翔,《中國傳統價值觀念詮釋學》(台北:桂冠圖書公司,1992 年)。

177. 劉正浩,《周秦諸子述左傳考》(台北:商務印書館,1966 年)。

178. 劉正浩,《兩漢諸子述左傳考》(台北:商務印書館,1968 年)。

179. 劉伯驥,《春秋會盟政治》(台北:中華叢書編審委員會,1962 年)。

180. 劉俊文主編,《日本學者研究中國史論著選譯》(北京:中華書局,1993 年)。

181. 劉俊文主編,《日本中青年學者論中國史》上古秦漢卷(上海:上海古籍

出版社，1995 年）。

182. 劉起釪，《尚書學史》（北京：中華書局，1996 年）。

183. 劉起釪，《日本的尚書學與其文獻》（北京：商務印書館，1997 年）。

184. 蔡鋒，《春秋時期貴族社會生活研究》（北京：中國社會科學出版社，2004年）。

185. 翦伯贊，《先秦史》（台北：知書房出版社，2003 年）。

186. 蕭兵，《中國文化的精英──太陽英雄神話比較研究》（上海：上海文藝出版社，1989 年）。

187. 蕭公權，《中國政治思想史》（台北：中國文化大學出版部，1985 年）。

188. 錢穆，《中國史學名著》（台北：三民書局，1964 年）。

189. 錢穆，《兩漢經學今古文平議》（台北：東大圖書公司，1971 年）。

190. 錢穆，《國史大綱》（台北：國立編譯館，1980 年）。

191. 錢穆，《中國近三百年學術史》（北京：商務印書館，1997 年）。

192. 錢穆，《國史新論》（台北：東大圖書公司，1998 年）。

193. 錢穆，《中國學術思想史論叢（一）、（二）》（台北：蘭臺出版社，2000年）。

194. 閻步克，《士大夫政治演生史稿》（北京：北京大學出版社，1995 年）。

195. 閻步克，《樂師與史官──傳統政治文化與政治制度論集》（北京：三聯書店，2001 年）。

196. 戴君仁，《春秋三傳研究論集》（台北：黎明文化，1982 年）。

197. 戴晉新，《先秦史學史論稿》（台北：國泰文化，2000 年）。

198. 謝秀文，《春秋三傳考異》（台北：文史哲出版社，1984 年）。

199. 瞿同祖，《中國法律與中國社會》（台北：里仁書局，1994 年）。

200. 羅根澤，《諸子考索》（北京：人民出版社，1993 年）。

201. 譚其驤主編，《中國歷史地圖集》第一冊（上海：地圖出版社，1985 年）。

202. 嚴建強、王淵明，《西方歷史哲學》（台北：慧明文化，2001 年）。

203. 嚴耕望，《治史經驗談》（台北：商務印書館，1981 年）。

204. 顧立三，《左傳與國語之比較研究》（台北：文史哲出版社，1983 年）。

205. 顧德融、朱順龍，《春秋史》（上海：上海人民出版社，2004 年）。

206. 顧頡剛，《史林雜識》（北京：中華書局，1963 年）。

207. 顧頡剛等編，《古史辨》一～七冊（台北：明倫出版社據樸社初版重印，1970 年）。

208. 顧頡剛著，劉起釪筆記，《春秋三傳及國語之綜合研究》（成都：巴蜀書

社，1988 年）。

209. 顧頡剛著，劉起釪筆記，《中國上古史研究講義》（台北：文史哲出版社，1989 年）。

210. 顧頡剛著，劉起釪筆記，《顧頡剛古史論文集》（北京：中華書局，1996 年）。

（二）學位論文

1. 方炫琛，《左傳人物名號研究》，國立政治大學中文研究所博士論文，1983 年。

2. 白中道，《左傳引詩研究》，國立臺灣大學中國文學研究所碩士論文，1968 年。

3. 何桂容，《左傳辭令研究》，香港新亞研究所碩士論文，1986 年。

4. 余培林，《群經引詩考》，國立臺灣師範大學國文研究所碩士論文，1963 年。

5. 李小平，《左傳五霸形象之研究》，國立政治大學中文研究所碩士論文，1984 年。

6. 李小平，《左傳晉國建霸君臣言行探討》，國立政治大學中文研究所博士論文，1990 年。

7. 李隆獻，《晉文公復國定霸考》，國立臺灣大學中國文學研究所碩士論文，1988 年。

8. 林佳蓉，《詩經雅頌中德治思想研究》，國立臺灣師範大學國文研究所碩士論文，1988 年。

9. 林奉仙，《詩經與詩研究》，國立臺灣師範大學國文研究所博士論文，1998 年。

10. 林登昱，《《尚書》學在古史辨思潮中的新發展》，國立中正大學中文研究所博士論文，1999 年。

11. 夏鐵生，《左傳國語引詩賦詩之比較研究》，國立臺灣大學中國文學研究所碩士論文，1967 年。

12. 奚敏芳，《左傳賦詩引詩之研究》，國立臺灣師範大學國文研究所碩士論文，1982 年。

13. 張素卿，《左傳稱詩研究》，國立臺灣大學中國文學研究所碩士論文，1990 年。

14. 張寶三，《毛詩釋文正義比較研究》，國立臺灣大學中國文學研究所碩士論文，1986 年。

15. 梁國真，《商周時代的東夷與淮夷》，文化大學史學研究所博士論文，1994 年。

16. 許秀霞，《左傳職官考述》，國立政治大學中文研究所博士論文，1999 年。

17. 陳熾彬，《左傳中巫術之研究》，國立政治大學中文研究所博士論文，1989 年。

18. 黃耀崇，《左傳霸者的研究》，國立臺灣大學中文研究所碩士論文，1993 年。

19. 葉文信，《左傳「君子曰」考述》，國立政治大學中文研究所碩士論文，1999 年。

20. 葉達雄師，《詩經史料分析》，國立臺灣大學歷史學研究所碩士論文，1972 年。

21. 劉正浩，《太史公左氏春秋義述》，國立臺灣師範大學國文研究所碩士論文，1961 年。

22. 劉逸文，《詩經與西周史關係之研究》，國立中興大學中國文學研究所博士論文，1997 年。

23. 劉瑞箏，《春秋軍制研究》，國立政治大學中文研究所碩士論文，1988 年。

24. 劉瑞箏，《左傳禮意研究》，國立政治大學中文研究所博士論文，1998 年。

25. 潘秀玲，《詩經存古史考辨：詩經與史記所載史事之比較》，國立政治大學中文研究所碩士論文，1989 年。

26. 盧心懋，《左傳「君子曰」研究》，國立政治大學中文研究所碩士論文，1987 年。

27. 錢昭萍，《尚書「德」概念研究》，輔仁大學哲學研究所碩士論文，1979 年。

28. 簡文山《《左傳》出奔研究》，國立中山大學中文研究所碩士論文，1999 年。

29. 藍麗春，《詩經所反映之周代社會》，國立高雄師範學院國文研究所碩士論文，1986 年。

30. 藍麗春，《春秋齊桓霸業考述》，國立高雄師範大學國文研究所博士論文，2000 年。

31. 龔慧治，《左傳「君子曰」問題研究》，國立臺灣大學中國文學研究所碩士論文，1988 年。

三、期刊、論文 (依姓氏筆畫)

1. 丁山，〈宗法考源〉，《中央研究院歷史語言研究所集刊》4 本 4 分，九期，台北，1934 年。

2. 丁山，〈由三代都邑論其民族文化〉，《中央研究院歷史語言研究所集刊》5 本 1 分，1935 年。

3. 尤學工，〈先秦史官角色意識的歷史演變〉，收入華中師範大學歷史系中國古代史教研室編，《中國古代史論集》。

4. 王和，〈商周人際關係思想的發展與演變〉，《歷史研究》，1991 年第 5 期。

5. 王中江，〈德、力之爭的演變及「焚書坑儒」〉，《中國經學思想史》第一卷。

6. 王文耀，〈周代的「德」和「德治」——兼論「德治」的歷史影響〉，《華東師大學報（哲學社會科學版）》，1989 第 6 期。

7. 王玉哲，〈楚族故地及其遷移路線〉，《中國上古史論文選集》。

8. 王仲孚，〈文獻史料與中國上古史研究〉，國史館，《民國以來的史料與史學——中華民國史專題第四屆討論會》，台北，1997 年。

9. 王仲孚，〈大禹與夏初傳說試釋〉，《國立臺灣師範大學歷史學報》8 期，1980 年。

10. 王明蓀，〈論上古的夷夏觀〉，原刊《政治大學邊政研究所年報》14 期，後收入《中國史學論文選集》第六輯。

11. 王健文，〈古代中國的天人關係及其中介角色〉，《大陸雜誌》84：6，1992 年。

12. 王國維，〈釋史〉，《觀堂集林（外二種）》。

13. 王國維，〈說〈商頌〉上、下〉，《觀堂集林（外二種）》。

14. 王國維，〈殷虛卜辭中所見地名考〉，《觀堂集林（外二種）》。

15. 王國維，〈殷卜辭中所見先王先公考〉，《觀堂集林（外二種）》。

16. 王國維，〈殷卜辭中所見先王先公續考〉，《觀堂集林（外二種）》。

17. 王國維，〈鬼方昆夷獫狁考〉，《觀堂集林（外二種）》。

18. 王國維，〈洛誥解〉，《觀堂集林（外二種）》。

19. 王國維，〈殷周制度論〉，《觀堂集林（外二種）》。

20. 王國維，〈說環玦〉，《觀堂集林（外二種）》。

21. 王樹明，〈帝舜傳說與考古發現詮釋〉，《故宮學術季刊》9：4，1992 年。

22. 安介圭，〈中國古史的「萬邦時代」——兼論先秦時期國家與民族發展的淵源與地理格局〉，《復旦學報》（社會科學版），2003 年第 3 期。

23. 朱廷獻，〈《尚書》篇目異同表〉，《尚書研究》。

24. 何敬群，〈詩在周代應用之分析〉《民主評論》13：6～8，1962 年。

25. 余英時，〈古代知識階層的興起與發展〉，《中國知識階層史論古代篇》。

26. 余英時，〈中國史學的現階段：反省與展望〉，《史學與傳統》。

27. 余英時，〈道統與政統之間——中國知識份子的原始型態〉，《史學與傳統》。

28. 余英時，〈中國知識人之史的考察〉，收入中華書局編，《中華文化的過去、現在和未來——中華書局八十週年紀念論文集》，香港，1992 年。

29. 余培林，〈周頌析疑〉，臺灣師範大學《國文學報》24 期。

30. 岑仲勉，〈夏時與狄族〉，《兩周文史論叢》。

31. 李亞農，〈殷代社會生活〉，《李亞農史論集》。

32. 李宗侗，〈史官制度——附論對傳統的尊重〉，《臺大文史哲學報》14，1965 年。

33. 李宗侗，〈封建的解體〉，《國立臺灣大學文史哲學報》15，1966 年。

34. 李宗侗，〈春秋時代社會的變動〉，《國立臺灣大學文史哲學報》22，1973 年。

35. 李朝遠，〈試論先周經濟文化區的興起與發展——兼論武王革命的社會基礎〉，《華東師大學報》（哲學社會科學版），1991 年第 5 期。

36. 李學勤，〈兮甲盤與駒父盨——論西周末年周朝與淮夷的關係〉，《西周史研究》，（西安：人文雜誌叢刊第 2 輯，1984）。

37. 李學勤，〈〈世俘〉篇研究〉，《史學月刊》，1988 年第 2 期。

38. 李學勤，〈史密簋銘所記西周重要史實考〉，《中國社會科學研究生院學報》，1991 年第 2 期。

39. 杜衎，〈詩經時代的社會變革與其思想的反映〉，《東方雜誌》26：7～12，1929 年。

40. 杜正勝，〈夏商時代的國家形態〉下篇〈夏商爭霸反映的國家形態〉，《古代社會與國家》。

41. 杜正勝，〈導論——中國上古史研究的一些關鍵問題〉，《中國上古史論文選集》。

42. 杜正勝，〈夏文化可能討論嗎？〉，《古代社會與國家》。

43. 杜正勝，〈〈牧誓〉反映的歷史情境〉，《古代社會與國家》。

44. 杜正勝，〈封建與宗法〉，《古代社會與國家》。

45. 杜其容，〈詩毛傳引書考〉，《學術季刊》4：2，1955 年。

46. 沈長雲，〈先秦史研究的百年回顧與前瞻〉，《歷史研究》，2001 年第 1 期。

47. 周予同，〈章學誠「六經皆史說」新探〉，《周予同經學史論著選集（增訂本）》。

48. 周予同，〈六經與孔子的關係〉，《中國史學史論集》，1980 年。

49. 李旭昇，〈《詩經》研究也應「走出疑古時代」〉，中國詩經學會編，《詩經研究叢刊》第三輯。

50. 屈萬里，〈史記殷本紀及其他記錄所載殷商時代的史事〉，《國立臺灣大學文史哲學報》14，1965。

51. 屈萬里，〈西周史事概述〉，《中央研究院歷史語言研究所集刊》42 本 4 分，1971。

52. 屈萬里，〈先秦說詩的風尚和漢儒以詩說教的迂曲〉，原刊《南洋大學學報》5，1971；後收入《詩經論文集》第一集（台北：學生書局，1983 年）。

53. 林安梧，〈章學誠「六經皆史」及其相關問題的哲學反省〉，《中國近現代思想觀念史論》。

54. 林玫儀，〈左傳賦詩之剖析〉，《幼獅月刊》35：4，1972 年。

55. 俞平伯，〈論〈商頌〉的年代〉，《古史辨》第三冊下編。

56. 姜廣輝，〈論中國文化基因的形成〉，《中國經學思想史》第一卷。

57. 胡厚宣，〈殷代封建制度考〉，《甲骨學商史論叢初集（外一種）》。

58. 胡厚宣，〈論殷代五方觀念及中國稱謂之起源〉，《甲骨學商史論叢初集（外一種）》。

59. 胡厚宣，〈甲骨學緒論〉，《甲骨學商史論叢初集（外一種）》。

60. 夏傳才，〈周人的開國史詩和古史問題〉，《思無邪齋詩經論稿》。

61. 夏傳才，〈論西周的頌歌〉，《思無邪齋詩經論稿》。

62. 夏傳才，〈張松如先生《商頌研究》序〉，《思無邪齋詩經論稿》。

63. 孫作雲，〈從詩經中所見的西周封建社會〉，《詩經與周代社會研究》。

64. 孫作雲，〈中國古代鳥氏族諸酋長考〉，《中國上古史論文選集》。

65. 孫作雲，〈從詩經中所見滅商以前的周社會〉，《詩經與周代社會研究》。

66. 孫作雲，〈讀〈七月〉〉，《詩經與周代社會研究》。

67. 孫作雲，〈周初大武樂考實〉，《詩經與周代社會研究》。

68. 孫作雲，〈論二雅〉，《詩經與周代社會研究》。

69. 孫作雲，〈從讀史的方面談談《詩經》的時代和地域性〉，《歷史教學》，1957 年 3 月號。

70. 孫海波，〈國語真偽考〉，《燕京學報》16，1934 年。

71. 徐中舒，〈殷周文化的蠡測〉，《中央研究院歷史語言研究所集刊》2 本 3 分，1931 年。

72. 徐中舒，〈殷周之際史蹟之檢討〉，《中央研究院歷史語言研究所集刊》7 本 2 分，1936 年。

73. 徐中舒，〈豳風說〉，收入許倬雲編，《中國上古史論文選輯》，1965 年。

74. 徐旭生，〈我國古代部族三集團考〉，《中國上古史論文選集》。

75. 徐復觀，〈原史──由宗教通向人文的史學的成立〉，《兩漢思想史》卷三。

76. 徐復觀，〈陰陽五行及其有關文獻的研究〉，《中國人性論史》。

77. 徐復觀，〈周初宗教中人文精神的躍動〉，《中國人性論史》。

78. 徐復觀，〈西周政治社會的結構性格問題〉，《兩漢思想史》卷一。

79. 晁福林，〈論平王東遷〉，《歷史研究》，1991 年第 6 期。

80. 晁福林，〈論中國古史的氏族時代——應用長時段理論的一個考察〉，《歷史研究》，2001 年第 1 期。

81. 高葆光，〈從詩經觀察周代社會的主要情形〉，《東海學報》4：1，1962 年。

82. 張亨，〈論語論詩〉，《文學評論》6，1980 年。

83. 張以仁，〈孔子與春秋的關係〉，《春秋史論集》。

84. 張以仁，〈春秋鄭人入滑的有關問題〉，《春秋史論集》。

85. 張以仁，〈從《國語》與《左傳》本質上的差異試論後人對《國語》的批評〉，《春秋史論集》。

86. 張以仁，〈論國語與左傳的關係〉，《中央研究院歷史語言研究所集刊》33 本，1962 年。

87. 張以仁，〈關於左傳「君子曰」的一些問題〉，《孔孟月刊》3：3，1964 年。

88. 張以仁，〈晉文公年壽辨誤〉，《中央研究院歷史語言研究所集刊》36 本上冊，1965 年。

89. 張以仁，〈從司馬遷的意見看左丘明與國語的關係〉，《中央研究院歷史語言研究所集刊》52 本 4 分，1981 年（該刊脫期，實際出版在 1983 年）。

90. 張光直，〈商代的巫與巫術〉，《中國青銅器時代第二集》。

91. 張光直，〈夏商周三代都制與三代文化異同〉，《中國青銅器時代第二集》。

92. 張光直，〈談「琮」及其在中國古史上的意義〉，《中國青銅器時代第二集》。

93. 張光直，〈中國古代藝術與政治——續論商周青銅器上的動物紋樣〉，《中國青銅器時代第二集》。

94. 張光直，〈從商周青銅器談文明與國家的起源〉，《中國青銅器時代第二集》。

95. 張光直，〈連續與破裂：一個文明起源說的草稿〉，《中國青銅器時代第二集》。

96. 張光直，〈商周神話與美術中所見人與動物關係之演變〉，《中國青銅器時代》。

97. 張光直，〈商周青銅器上的動物紋樣〉，《中國青銅器時代》。

98. 張光直，〈仰韶文化的巫覡資料〉，《中國考古學論文集》。

99. 張光直，〈中國創世神話之分析與古史研究〉，《中央研究院民族學研究所集刊》8 本，1959 年。

100. 張光直，〈商王廟號新考〉，《中央研究院民族學研究所集刊》15 本，1963年。

101. 張政烺，〈「春秋事語」解題〉，《文物》1977，1 期。

102. 張英琴，〈左傳引詩的研究〉，《思與言》6：3，1969 年。

103. 張高評，〈《左傳》預言之基型與作用〉，《經學研究論文選》。

104. 張啓成，〈《詩經》頌詩新論〉，《詩經風雅頌研究論稿》。

105. 張啓成，〈《魯頌》新探〉，《詩經風雅頌研究論稿》。

106. 張啓成，〈論《商頌》爲商詩〉，《詩經風雅頌研究論稿》。

107. 張啓成，〈論《商頌》爲商詩補證〉，《詩經風雅頌研究論稿》。

108. 梁國眞，〈試論西周晚期的外患〉，《中國歷史學會史學集刊》第二十九期，台北，1997 年。

109. 許倬雲，〈中國古代社會與國家之關係的變動〉，《許倬雲自選集》。

110. 許倬雲，〈周人的興起及周文化的基礎〉，《求古編》。

111. 許倬雲，〈春秋戰國間的社會變動〉，《求古編》。

112. 郭杰，〈從《生民》到《離騷》——上古詩歌歷史發展的一個實證考察〉，中國詩經學會編，《詩經研究叢刊》第三輯。

113. 郭鵬飛，〈《爾雅》〈釋詁〉「林烝天帝王后辟公侯，君也」探析〉，《漢學研究》18：2，2000 年。

114. 陳槃，〈詩三百篇之采集與刪定問題〉，《學術季刊》3：2，1954 年。

115. 陳槃，〈春秋經與魯舊史〉，《文史叢刊》2，1959 年。

116. 陳夢家，〈商代的神話與巫術〉，《燕京學報》20，1936 年。

117. 陸曉光，〈春秋政治與孔子《詩》「可以觀」的歷史意蘊〉，《華東師大學報》（哲學社會科學版），1990 年第 2 期。

118. 傅斯年，〈夷夏東西說〉，《民族與古代中國》。

119. 傅錫壬，〈楚辭天問中周族神話解析〉，收入高雄師範大學國文系所編，《第一屆先秦學術國際研討會論文集》，台北，1992 年。

120. 斯維至，〈公劉遷豳與先周文化兼論魯之東遷〉，《中國古代社會文化論稿》。

121. 斯維至，〈封建考原〉，《中國古代社會文化論稿》。

122. 游均晶、黃智明，〈經學文獻整理概況〉，《（1950～2000）五十年來的經學研究》。

123. 程元敏，〈跋孔子刪詩說折衷〉，《大陸雜誌》45：5，1972 年。

124. 程水金，〈西周末年的的鑒古思潮與今文《尚書》的流傳背景——兼論《尚書》的思想意蘊〉，《漢學研究》19：1，2001 年。

125. 馮浩非,〈關於三《頌》〉,《歷代詩經論說述評》。

126. 黃俊傑,〈先秦儒家義利觀念的演變及其思想史的涵義〉,《漢學研究》4:1,1986 年。

127. 黃俊傑,〈中國古代儒家歷史思維的方法及其運用〉,《中國古代思維方式探索》。

128. 黃俊傑,〈從儒家經典詮釋史觀點論解經者的「歷史性」及其相關問題〉,《臺大歷史學報》24,1999 年。

129. 黃俊傑,〈儒家論述中的歷史敘述與普遍理則〉,《臺大歷史學報》25,2000 年。

130. 黃振民,〈論古人之賦詩及引詩〉,《師大學報》15,1970 年。

131. 黃然偉,〈西周《史墻盤》銘文釋義〉,原刊日本《池田末利博士古稀紀念東洋學論集》,1989 年;後收入《殷周史料論集》。

132. 黃愛梅,〈西周中晚期君臣體系的變化及其對王權的影響〉,《華東師大學報》(哲學社會科學版),2001 年 5 月。

133. 黃新光、郭瑋,〈《七月》的名物訓釋與歷史文化底蘊的發掘〉,中國詩經學會編,《詩經研究叢刊》第三輯。

134. 楊寬,〈中國上古史導論〉,《古史辨》第七冊上編。

135. 楊寬,〈西周列國考〉,《楊寬古史論文選集》。

136. 楊寬,〈禹、句龍與夏后、后土〉,《楊寬古史論文選集》。

137. 楊向奎,〈論左傳之性質及其與國語之關係〉,《左傳論文集》。

138. 楊向奎,〈論左傳「君子曰」〉,《春秋三傳研究論集》。

139. 楊向時,〈左傳引詩考〉,《淡江學報》3,1964 年。

140. 楊向時,〈左傳賦詩考〉,《孔孟學報》13,1967 年。

141. 楊希枚,〈中國古代太陽崇拜研究〉,《先秦文化史論集》。

142. 楊晉龍,〈《詩經》學研究概述〉,原刊《漢學研究通訊》20:3,2001;後收入林慶彰主編,《(1950〜2000)五十年來的經學研究》。

143. 楊朝明,〈魯國與《詩經》〉,《儒家文獻與早期儒學研究》。

144. 楊朝明,〈周訓:儒家人性學說的重要來源〉,《儒家文獻與早期儒學研究》。

145. 楊朝明,〈《逸周書》有關周公諸篇芻議〉,《儒家文獻與早期儒學研究》。

146. 楊朝明,〈《尚書·皋陶謨》與儒學淵源問題〉,《儒家文獻與早期儒學研究》。

147. 楊朝明,〈魯國禮樂傳統研究〉,《歷史研究》,1995 年第 3 期。

148. 楊樹達,〈讀左傳〉,《積微居讀書記》。

149. 葉國良,〈詩三家說之輯佚與鑒別〉,《國立編譯館館刊》9:1,1980 年。

150. 葉達雄師，〈西周兵制的探討〉，《臺灣大學歷史系學報》6 期，1979 年。

151. 葉達雄師，〈商周時代的師與師職試論〉，《臺灣大學歷史系學報》17 期，1992 年。

152. 葉達雄師，〈春秋戰國時代的知識分子〉，《歷史月刊》99 期，台北，1996 年。

153. 葉達雄師，〈民國以來的詩經史料學〉，國史館，《民國以來的史料與史學——中華民國史專題第四屆討論會》，台北，1997 年。

154. 詹鄞鑫，〈華夏考〉，《華東師大學報》（哲學社會科學版），2001 年 9 月。

155. 路新生，〈顧頡剛疑古學淺說〉，《華東師大學報》（哲學社會科學版），2002 年 1 月。

156. 廖名春，〈六經次序探源〉，《歷史研究》，2002 年第 2 期。

157. 聞一多，〈高唐神女傳說之分析〉，《神話與詩》。

158. 蒙文通，〈中國史學史〉，《蒙文通文集（第三卷）經史抉原》。

159. 蒲衛忠，〈《春秋》與三傳〉，《中國經學思想史》第一卷。

160. 齊思和，〈周代錫命禮考〉，《中國史探研》。

161. 劉師培，〈古學出於史官論〉，《中國史學史論文選集一》。

162. 劉挺生，〈從測天到治人——《尚書》與中國古代的治安思想探源〉，《華東師大學報》（哲學社會科學版），1999 年第 1 期。

163. 蔣秋華，〈《尚書》研究〉，《（1950～2000）五十年來的經學研究》。

164. 錢杭，〈春秋時期晉國的宗、政關係〉，《華東師大學報》（哲學社會科學版），1989 年第 6 期。

165. 錢穆，〈經學與史學〉，《民主評論》3：20，1952 年。

166. 錢穆，〈中國智識分子〉，《國史新論》。

167. 錢穆，〈周公與中國文化〉，《中國學術思想史論叢（一）》。

168. 錢穆，〈鯀的異聞〉，《中國學術思想史論叢（一）》。

169. 錢穆，〈論春秋時代人之道德精神（上）、（下）〉，《中國學術思想史。

170. 錢穆，〈讀《周官》〉，《中國學術思想史論叢（二）》。

171. 錢穆，〈讀《詩經》〉，《中國學術思想史論叢（一）》。

172. 錢穆，〈西周書文體辨〉，《中國學術思想史論叢（一）》。

173. 錢穆，〈劉向歆父子年譜〉，《兩漢經學今古文平議》。

174. 錢玄同，〈答顧頡剛先生書〉〈論春秋性質書〉，《古史辨》第一冊中編。

175. 錢玄同，〈左氏春秋考證書後〉，《古史辨》第五冊。

176. 閻步克，〈樂師、史官文化傳承之異同及意義〉，《樂師與史官——傳統文化與政治制度論集》。

177. 戴君仁,〈釋「史」〉,《中國史學史論文選集一》。

178. 戴君仁,〈春秋在羣經中的地位〉,《孔孟月刊》1：3,1962 年。

179. 戴君仁,〈孔子刪詩說折衷〉,《大陸雜誌》45：5,1972 年。

180. 戴晉新,〈討論孔子與春秋關係的方法與方法論〉,收入高雄師範大學國文系所編,《第一屆先秦學術國際研討會論文集》,台北,1992 年。

181. 瞿兌之,〈釋巫〉,《燕京學報》7,1930 年。

182. 羅根澤,〈戰國前無私家著作說〉,《諸子考索》。

183. 羅根澤,〈古代政治學中之「皇」「帝」「王」「霸」〉,收入羅根澤,《管子探源》,（香港：太平書局,1966 年）。

184. 饒宗頤,〈荊楚文化〉,《中央研究院歷史語言研究所集刊》41 本 2 分,1969 年。

185. 顧頡剛,〈《詩經》在春秋戰國間的地位〉,《古史辨》第三冊下編。

186. 顧頡剛,〈討論古史答劉胡二先生〉,《古史辨》第一冊中編。

四、外文、譯著

（一）書　籍

1. 小島祐馬,〈左傳引經考〉《支那學》第三卷一、二、六期,1922～1923 年。

2. 小島祐馬,《古代中國研究》（東京：筑摩書房,1968 年）。

3. 小島祐馬,《中國思想史》（東京：創文社,1968 年）。

4. 小倉芳彥,《中國古代政治思想研究——「左傳」研究ノート》（東京：青木書店,1970 年）。

5. 小野澤精一,《中國古代傳說の思想史研究》（東京：汲古書院,1982 年）。

6. 中江丑吉,《中國古代政治思想》（東京：岩波書店,1950 年）。

7. 平岡武夫,《經書の成立——天下的世界觀》（東京：創文社,1983 年）。

8. 平勢隆郎,《左傳の史料批判的研究》（東京：東京大學東洋文化研究所,1998 年）。

9. 本田成之著,孫俍工譯,《中國經學史》（台北：廣文書局,1979 年）。

10. 白川靜,《詩經研究》（台北：幼獅文化事業,1974 年）。

11. 白川靜著,蔡哲茂譯,《甲骨文的世界》（台北：譯者發行,巨流總經售,1977 年）。

12. 白川靜著,加地伸行、范月嬌譯,《中國古代文化》（台北：文津出版社,1983 年）。

13. 白川靜著，溫天河、蔡哲茂譯，《金文的世界——殷周社會史》（台北：聯經出版公司，1989 年）。

14. 白川靜著，王孝廉譯，《中國神話》（台北：長安出版社，1991 年）。

15. 白川靜著，杜正勝譯，《詩經的世界》（台北：東大圖書公司，2002 年）。

16. 伊藤道治著，江藍生譯，《中國古代王朝的形成——以出土資料爲主的殷周史研究》（北京：中華書局，2002 年）。

17. 池田末利，《尚書通解稿》（廣島大學文學部紀要 30、特輯 2）（廣島：廣島大學，1971 年）。

18. 池田末利，《尚書》（全譯漢文大系 11）（東京：集英社，1976 年）。

19. 竹添光鴻，《毛詩會箋》（台北：大通書局，1970 年）。

20. 竹添光鴻，《左傳會箋》（台北：廣文書局，1991 年）。

21. 松本雅明，《詩經諸篇の成立に關る研究》（東京：東洋文庫，1958 年）。

22. 重澤俊郎，《原始儒家思想と經學》（東京：岩波書店，1949 年）。

23. 重澤俊郎編，《左傳人名地名索引》（台北：廣文書局，1962 年）。

24. 島邦男，《殷墟卜辭綜類》（台北：大通書局，1970 年）。

25. 栗田直躬，《中國上代思想の研究》（東京：岩波書店，1948 年）。

26. 諸橋轍次，《詩經研究》（東京：目黑書店，1912 年）。

27. 孔恩（ThomasS.Kuhn）著，程樹德等譯，《科學革的結構》（台北：遠流出版公司，2002 年）。

28. 卡爾（EdwardH.Carr）著，王任光譯，《歷史論集》（台北：幼獅文化，1998 年）。

29. 布克哈特著，施忠連譯，顧曉鳴校閱，《歷史的反思》（台北：桂冠圖書公司，1992 年）。

30. 布勞岱爾（FernandBraudel）著，劉北成譯，《論歷史》（台北：五南圖書公司，1991 年）。

31. 克羅齊（BenedettoCroce）著，傅任敢譯，《歷史學的理論和實際》（北京：商務印書館，1997 年）。

32. 狄爾泰（WilheimDilthey）著，艾彥、逸飛譯，《歷史中的意義》（北京：中國城市出版社，2002 年）。

33. 彼德·布魯克（PeterBrooker）著，王志弘、李根芳譯，《文化理論詞彙》（台北：巨流圖書公司，2003 年）。

34. 哈耶克（FriedrichA.Hayek）著，馮克利譯，《科學的反革命：理性濫用之研究》（南京：譯林出版社，2003 年）。

35. 柯靈烏（RobinGeorgeCollingwood）著，黃宣範譯，《歷史的理念》（台北：聯經出版公司，1981 年）。

36. 韋伯（MaxWeber）著，簡惠美譯，《中國的宗教：儒教與道教》（台北：遠流出版公司，1989 年）。

37. 韋伯（MaxWeber）著，韓水法、莫茜譯，《社會科學方法論（北京：中央編譯出版社，2002 年）。

38. 茲納涅茨基（FlorianZnaniecki）著，郏斌祥譯、鄭也夫校，《知識人的社會角色》（南京：譯林出版社，2002 年）。

39. 康德（ImmanuelKant）著，何兆武譯，《歷史理性批判文集》（北京：商務印書館，1996 年）。

40. 高本漢著，陸侃如口譯，衛聚賢筆記，《左傳眞偽考及其它》（上海：商務印書館，1935 年）。

41. 張光直著，郭淨、岳紅彬、陳星譯，《美術‧神話與祭祀》（台北：稻鄉出版社，1993 年）。

42. 張光直著，張良仁、岳紅彬、丁曉雷譯，《商文明》（瀋陽：遼寧教育出版社，2002 年）。

（二）期刊、論文

1. 大野圭介，〈論《詩經》中的禹〉，收入中國詩經學會編，《詩經研究叢刊》第三輯。

2. 山田統，〈周代封建制と血族聚團制〉，《社會經濟史學》17：2，1968 年。

3. 中江丑吉，〈談商書盤庚篇〉，收入中江丑吉，《中國古代政治思想》，1950 年。

4. 日原利國，〈王道かり霸道への展開〉，收入木村英一博士頌壽紀念事業會編，《中國哲學の展開と摸索》（東京：創文社，1976 年）。

5. 木村秀海，〈西周金文に見える小子について〉，《史林》64：6，1981 年。

6. 白川靜著，劉志揚譯，〈周初殷人之活動〉，原爲原作者《古代學》之章節，1942，收入劉俊文主編，《日本學者研究中國史論著選譯》。

7. 白川靜著，劉志揚譯，〈帝の觀念〉，收入《立命館文學十五周年紀念號》（京都，1945 年）。

8. 白川靜著，劉志揚譯，〈殷の社會基礎〉，《立命館創立五十周年紀念論文集》（京都：立命館大學，1951 年）。

9. 白鳥庫吉，〈尚書の高等批判——堯舜禹について〉，《東亞研究》，1912 年 4 月號。

10. 伊藤道治，〈春秋會盟地理考——西周地理考の二〉，《田村博士頌壽東洋史論叢》，京都，1968 年。

11. 伊藤道治著，黃金山譯，〈由宗教方面所見的殷代幾個問題〉，選譯原作者《中國古代王朝的形成》，1975 年，收入劉俊文主編，《日本學者研究

中國史論著選譯》。

12. 吉本道雅，〈春秋國人考〉，《史林》69：5，1986 年。本文後由徐世虹中譯，收入劉俊文主編，《日本中青年學者論中國史》上古秦漢卷。

13. 吉本道雅，〈史記述春秋經傳小考〉，《史林》71：6，1988 年。

14. 吉本道雅，〈春秋齊霸考〉，《史林》73：2，1990 年。

15. 吉本道雅，〈西周冊命金文考〉，《史林》74：5，1991 年。

16. 吉本道雅，〈春秋晉霸考〉，《史林》76：3，1993 年。

17. 貝塚茂樹，〈孔子と子產〉，收入貝塚茂樹，《古代中國の精神》（東京：筑摩書房，1967 年）。

18. 貝塚茂樹著，黃金山譯，〈關於殷末周初的東方經略〉，選譯自《貝塚茂樹著作集》第三卷，1977 年，收入劉俊文主編，《日本學者研究中國史論著選譯》。

19. 松丸道雄著，田建國、黃金山譯，〈西周後期社會所見的變革萌芽〉，原刊《西嶋定生博士還曆紀念・東亞史中的國家與農民》，1984 年，收入劉俊文主編，《日本學者研究中國史論著選譯。

20. 松井嘉德，〈西周時期鄭（奠）の考察〉，《史林》69：4，1986 年。本文後由徐世虹中譯，收入劉俊文主編，《日本中青年學者論中國史》上古秦漢卷。

21. 松井嘉德，〈周王子弟の封建——鄭の始封、東遷をめぐつて一〉，《史林》72：4，1989 年。

22. 河地重造，〈先秦時代の「士」の諸問題〉，《史林》42：5，1959 年。

23. 持井康孝，〈試論殷王室の構造〉，《東洋文化研究所紀要》第 82 冊。本文後由徐世虹中譯，收入劉俊文主編，《日本中青年學者論中國史》上古秦漢卷。

24. 相原俊二，〈孟子の五霸について〉，收入《池田末利博士古稀紀念東洋學論集》，（東京：池田末利古稀紀念會，1980 年）。

25. 宮崎市定，〈中國上代は封建制か都市國家か〉，《史林》33：2，1950 年。

26. 高木智見，〈春秋時代の結盟習俗について〉，《史林》68：6，1985 年。

27. 高木智見，〈春秋時代の軍禮について〉，《名古屋大學東洋史研究報告》2，1986 年。本文後由徐世虹中譯，收入劉俊文主編，《日本中青年學者論中國史》上古秦漢卷。

28. 橋本增吉，〈支那古代の封建制度〉，《白鳥博士還曆紀念東洋史論叢》（東京：岩波書店，1925 年）。

29. 卜德，〈左傳與國語〉，《燕京學報》16，1934 年。

30. 顧立雅，〈釋天〉，《燕京學報》18，1935 年。